Sigrid Lambertz
Die "femme de lettres" im "Second Empire"

SAARBRÜCKER HOCHSCHULSCHRIFTEN

Band 24

Sigrid Lambertz

Die "femme de lettres" im "Second Empire"

Juliette Adam, André Léo,
Adèle Esquiros
und ihre Auseinandersetzung
mit dem weiblichen Rollenbild im
19. Jahrhundert

1994

Röhrig Universitätsverlag
St. Ingbert

Die Deutsche Bibliothek - CIP-Einheitsaufnahme

Lambertz, Sigrid:
Die "femme de lettres" im "Second Empire":
Juliette Adam - André Léo - Adèle Esquiros und
ihre Auseinandersetzung mit dem weiblichen
Rollenbild im 19. Jahrhundert /
Sigrid Lambertz. - St. Ingbert: Röhrig, 1994
  (Saarbrücker Hochschulschriften; Bd.24:
  Romanistik)
  Zugl.: Saarbrücken, Univ., Diss., 1994
  ISBN 3-86110-051-7
NE: GT

© 1994 by Röhrig Universitätsverlag
Postfach 1806, D-66368 St. Ingbert

Umschlag: Jürgen Kreher
Herstellung: Strauss Offsetdruck GmbH, Mörlenbach
Printed in Germany 1994
ISBN 3-86110-051-7

Und Gott schuf den Menschen nach seinem Bilde, nach dem Bilde Gottes schuf er ihn, als Mann und Frau schuf er sie.
Gen 1, 27

Inhaltsverzeichnis

Einleitung

Viele Werke haben sich in der Vergangenheit mit dem Thema der Emanzipation der Frau beschäftigt und sind zu grundlegenden Zeugnissen für die Entwicklung des literarischen Feminismus geworden. Dennoch tauchen auch im Zeitalter der intensiven Frauenforschung noch Persönlichkeiten auf, die in diesem Zusammenhang durchaus von Bedeutung, deren Werke aber noch nicht näher untersucht worden sind. Dazu gehören Juliette Adam, André Léo und Adèle Esquiros, die es als Schriftstellerinnen nie geschafft haben, in den Kanon der "Arrivierten" aufgenommen zu werden, und die im 20. Jahrhundert fast in Vergessenheit geraten sind.

Im Rahmen der vorliegenden Untersuchung geht es darum, am Beispiel dieser heute weniger bekannten Schriftstellerinnen Frankreichs die Standpunkte zur Frauenfrage aus dem Blickwinkel der das 19. Jahrhundert prägenden Wertesysteme zu betrachten. Durch ihr öffentliches Wirken hatten die drei "femmes de lettres" die Möglichkeit, Bewußtsein zu bilden und Öffentlichkeit zu schaffen. Sie sind nicht nur Stellvertreterinnen von bestimmten Meinungen in der Feminismus-Debatte, sondern tragen mit ihrem Wirken dazu bei, diese Diskussion zu beeinflussen.

Ihr Urteil über das zu ihrer Zeit dominierende Frauenbild und das Rollenverhalten in der Gesellschaft ist auch deshalb sehr interessant, weil alle drei Autorinnen Vertreterinnen des im 19. Jahrhundert gesellschaftstragenden Bürgertums sind. Da sie unterschiedlichen Vermögensverhältnissen entstammen, lassen auch die Unterschiede in ihren Konzeptionen interessante Rückschlüsse auf die Haltung bestimmter Gesellschaftsgruppen zu diesem Thema zu.

In der vorliegenden Untersuchung soll zunächst kurz die Entwicklung des Feminismus gezeigt werden. Im weiteren Verlauf werden dann die spezifischen Verhältnisse im 19. Jahrhundert beleuchtet, um zu zeigen, auf welchem sozialen und geistigen Hintergrund das Engagement der drei Frauen entsteht. Des weiteren soll die theoretische Auseinandersetzung der Schriftstellerinnen mit den in der französischen Gesellschaft ihrer Zeit weitverbreiteten und daher einflußreichen Konzeptionen von Proudhon und Michelet dargelegt werden. Hier interessiert vor allem, was von den Frauen kritisiert wird und wie sie selbst das Bild der Frau und ihre Rolle in der Gesellschaft definieren. Der Blick auf ihr persönliches Leben und ihre literarischen Produkte dient dann als "Gegenprobe". Hier erhoffen wir uns eine Antwort auf die Frage, ob Juliette Adam, André Léo und Adèle Esquiros ihre theoretischen Überlegungen nur auf dem Papier entwickeln und als Diskussionsbeitrag verstehen, der bestenfalls anderen zur Orientierung dienen kann, oder ob sie sich in ihrem persönlichen Leben nach ihren theoretisch erörterten Überzeugungen richten. Anders gewendet: Es ist der Frage nachzugehen, ob ihr literarisches Schaffen als eine konkrete Applikation ihrer theoretischen Konzeptionen gewertet werden kann. Übereinstimmungen und Differenzen der drei Bereiche Theorie, Realität und Fiktion sowie der drei Schriftstellerinnen untereinander könnten somit ein "rundes Bild" geben.

In der folgenden Untersuchung geht es weniger darum herauszufinden, ob oder warum nicht eine der drei Schriftstellerinnen bahnbrechend für bestimmte Entwicklungen der Emanzipationsbewegung war. Vielmehr sollen die bereits vorliegenden Erkenntnisse über die kanonisierten Vertreterinnen des Feminismus um signifikante "Stimmen aus dem Volk" erweitert werden. Je mehr Stimmen man hört, desto deutlicher zeichnen sich Strömungen ab, und es wird verhindert, einzelnen Erscheinungen mehr Bedeutung zuzumessen, als sie in der Realität hatten. Außerdem wird so der Verbreitungsgrad von Ideen meßbar. Es wird erkennbar, ob es sich um elitäre Vorstellungen einiger weniger handelt oder ob es um Ideen geht, die in der Gesellschaft allgemein diskutiert werden. Wir meinen, daß das Leben und die Werke von Juliette Adam, André Léo und Adèle Esquiros in charakteristischer Weise einen Einblick in die französische Gesellschaft der zweiten Hälfte des 19. Jahrhunderts geben, in der der ideologische Disput um die Festschreibung des traditionellen Rollenparadigmas immer heftiger und intensiver geführt wird.

1   Die Frau in der Geschichte Frankreichs

Die Stellung der Frau in der französischen Gesellschaft unterscheidet sich nicht von der ihrer Geschlechtsgenossinnen im übrigen Europa. Zwar hat die keltische Frau in Familie und Gesellschaft eine sehr viel bessere Position als ihre römische Schwester[1], aber da sich die römische Kultur durchsetzte, kann man sagen, daß diese "barbarischen" Zustände sicherlich keinen großen Einfluß auf die frauenfeindliche Entwicklung hatten. So kommt es schließlich sogar zu einer ganz dezidierten Festschreibung der Diskriminierung der Frau, als im Zuge der Thronfolgeschwierigkeiten nach dem Tode von Philippe le Bel (1285–1314) die états généraux am 2. Februar 1317 das salische Gesetz als für Frankreich gültig erklären. Damit ist definitiv und für immer die weibliche Thronfolge ausgeschlossen. Natürlich muß man diese Entscheidung auf dem Hintergrund der schwierigen politischen Lage -man denke an die Rivalität zwischen Frankreich und England- sehen, dennoch bleibt die Tatsache bestehen, daß diese realpolitische Entscheidung -langfristig gesehen- ideologisierende Wirkung zeigt. In der Folgezeit kann sich nämlich die Interpretation durchsetzen, daß Frauen deshalb abgelehnt werden, weil sie weniger zum Herrschen geeignet sind.

1.1   Die Anfänge des Feminismus

Das Problem der Frau in der Geschichte besteht vor allem darin, daß sie zwar im Alltag unter Umständen eine Position der Stärke hat, aber immer vom Wohlwollen ihrer Umgebung abhängig bleibt, da sie keine Rechte geltend machen kann.

Immer wieder jedoch gibt es Menschen, die sich über diese Sachlage und über die Frau und ihren Wert an sich Gedanken machen. Viele kommen dabei zu dem Schluß, daß die Frau diskriminiert wird, und

---

1 Siehe Maïté Albistur/Daniel Armogathe, *Histoire du féminisme français*, Paris 1977, S. 11 ff.

kämpfen für eine Verbesserung ihrer Stellung, indem sie ihre Gedanken über die Frau als Person und über ihre Rolle in der Gesellschaft verbreiten. So zum Beispiel Robert d'Arbrissel (1047–1117), den man aufgrund seiner religiösen Reformen zu den ersten Feministen in Frankreich zählen kann.[1]

Interessantestes Beispiel einer Feministin ist im französischen Mittelalter Christine de Pisan (1365–1430), da es mit ihr erstmals eine Frau selbst ist, die für die Frauen eintritt. Sie gilt als die erste Frau Frankreichs, die von der Feder lebt, die erste "femme de lettres"[2] und die erste politische Schriftstellerin Frankreichs, was ihr prompt in der Literaturgeschichte das Attribut "bas-bleu" einbringt[3]. Sie, die am eigenen Leib erleben muß, daß Frauen keine Rechte haben, tritt mit recht revolutionären Gedanken an die Öffentlichkeit. In ihrem Buch *Le livre de la cité des dames* greift sie den frauenfeindlichen Theologieprofessor Jean de Meun (+ 1305) an und behauptet die Gleichwertigkeit von Mann und Frau, was sie anhand von Bibel und Heiligenlegenden beweist. Sie leugnet die Unterlegenheit weiblicher Intelligenz und fordert gleiche Bildungschancen für Mann und Frau. Die Behauptung, daß Bildung der weiblichen Moral schade, ist für sie Ausdruck der männlichen Angst vor einer dem Mann an Wissen überlegenen Frau.[4] Die Feststellung der Gleichheit von Mann und Frau

---

1 Vgl. ebd., S. 37 ff. Er stellte die Abtei Fontevrault unter weibliche Leitung und trennte im allgemeinen seine Anhänger bei seinen Predigtreisen nicht streng in ein weibliches und ein männliches Lager, was ihm strenge Kritik wegen Promiskuität eintrug.

2 Elayne Dezon-Jones, *Les écritures féminines*, Paris 1983, S. 8.

3 Renate Baader/Dietmar Fricke, *Die französische Autorin vom Mittelalter bis zur Gegenwart*, Wiesbaden 1979, S. 43 und S. 46. Dieses Urteil gibt, wie hier erwähnt, noch 1951 G. Lanson ab.

4 Vgl. Irene Schmale, "...wenn man nach ihnen suchte, fände man viele begabte Frauen auf der Welt", in: *Frau und Mutter*, Nr. 10 und Nr. 11, 1991. Besonders wichtig ist, daß Christine de Pisan als adelige Witwe nicht auf die eintretende Situation vorbereitet war, ihre Familie ernähren zu müssen. Ohne eine Ausbildung, ohne soziales Netz und von Beamten und Richtern betrogen war dies eine sehr schwierige Aufgabe. Da sie diese Aufgabe bewältigt, kann sie sich mit Fug und Recht gegen die Diskriminierung der Frau -sehr deutlich im Rosenroman von Jean de Meun zum Ausdruck gebracht- zur Wehr setzen.

hinsichtlich ihrer geistigen Fähigkeiten und die Forderung nach gleichen Bildungschancen stellen ein Novum in der Geschichte des Feminismus dar.[1]

Es folgen ihr zwar noch viele Männer nach, die "feministisch" engagiert sind, aber erst Poullain de la Barre (1647-1723) bringt wieder einen wirklichen Fortschritt, weil er mithilfe der cartesischen Methode die Gleichheit von Mann und Frau feststellt und gleiche Bildungschancen fordert. Er geht sogar so weit, den Frauen alle Berufe und Funktionen zuzubilligen.[2] Dabei legt er großes Gewicht auf das Komplementäre von Mann und Frau, das notwendig sei und die Gesellschaft bereichere.[3] Seine beiden Werke *L'égalité des deux sexes* (1673) und *De l'éducation des dames* (1674; es ist darin auch eine Liste von vorgeschlagenen Lehrwerken enthalten) legen seine Gedanken vom nur geschlechtlich begründeten Unterschied zwischen Mann und Frau und seine Argumente gegen die traditionelle Rolle der Frau dar. Im Gegensatz zu vielen seiner Vorgänger fällt er auch später nicht in den Konservativismus der alten Vorstellungen zurück.[4] Wie ungewöhnlich solche Denkweise ist, beweist zum Beispiel Mme de Maintenon (1635-1719), die als Frau selbst an die weibliche Unterlegenheit glaubt und deshalb die Erziehung der Mädchen im alten Zustand belassen möchte.[5]

---

1 Siehe Albistur/Armogathe, a.a.O, S. 80.
2 Siehe ebd., S. 225 ff.
3 Elisabeth Badinter, *L'un est l'autre*, Paris 1986, S. 199.
4 Vgl. Madeleine Alcover, *Poullain de la Barre: Une aventure philosophique*, Paris/Seattle/Tübingen 1981, S. 38 f und S. 45.
5 Siehe Albistur/Armogathe, a.a.O., S. 221. Da das Lebensziel der Frau die Ehe sei, müsse sie auch für ihre zukünftige Position erzogen werden, wobei strenge Unterschiede nach der Klassenzugehörigkeit gemacht werden. Selbstverständlich brauche ein adeliges Fräulein auch eine gewisse Bildung. Für keine Frau hingegen sei die "curiosité malsaine du savoir" zu rechtfertigen.

1.2   Die Frau und die Französische Revolution

Die Aufklärung bringt den Feminismus nicht entscheidend weiter, da z.B. die Enzyclopädie nicht für die Gleichheit der Geschlechter eintritt und der hergebrachten Meinung nicht widerspricht. In Hinblick auf die Frau kann von revolutionärem Gedankengut der Enzyklopädie nicht gesprochen werden. Greift man so bekannte Persönlichkeiten wie Voltaire (1694-1778) und Rousseau (1712–1778) heraus, so ist die Haltung Voltaires Frauen gegenüber zwiespältig undder Antifeminismus Rousseaus hinreichend bekannt.[1]

Beim Enzyklopädisten Diderot (1713–1784) findet man ein Frauenbild, das später bei Michelet in ausgeprägterer Form wieder auftritt: die durch ihre Verschiedenheit vom Mann von Natur her schwache und emotional geprägte Frau, die Sklavin ihres Uterus ist. Er verlangt zwar, daß die Frau nicht mehr als unmündiges Kind behandelt werden soll, weist aber ausdrücklich darauf hin, daß sie auf Schutz angewiesen ist, da sie ein hehres Wesen sei, das er persönlich über das Gesetz stellen würde.[2]

Erst die Revolution bringt den Feminismus wieder ein gutes Stück voran. Dieses Verdienst muß vor allem einem Mann gutgeschrieben werden: Condorcet (1743–1794). Auf der Basis seines Grundkonzepts von der natürlichen Gleichheit der Menschen[3] entsteht seine Forderung nach der Zulassung der Frau zu allen Bürgerrechten[4]. Da es zwar keine natürliche Unterlegenheit der Frau gibt, wohl aber faktische Unterschiede im alltäglichen Rollenverhalten[5], fordert er, der an die fortschreitende

---

1 Siehe ebd., S. 276 f.
2 Vgl. Badinter, *L'un est l'autre*, S. 199 ff.
3 Siehe Uwe Dethloff, "Le féminisme dans la révolution française: Condorcet et Olympe de Gouges", in: *Les Cahiers de Varsovie*, 18/1991, S. 69. Condorcet bezieht die Frau ganz ausdrücklich in die "égalité naturelle des êtres humains" mit ein, woraus man rückschließen kann, wie wenig es im Verständnis der Zeit lag, daß "Mensch" Mann und Frau meint.
4 Wegen dieser am 3.7.1790 gestellten Forderung ordnet Jules Michelet in *Les femmes de la révolution* (in: J. Michelet, *Oeuvres complètes*, Bd. 16, Paris 1980, S. 386) Condorcet unter die Vorläufer des Sozialismus ein.
5 Dethloff, "Le féminisme dans la révolution française", S. 67 f.

Verbesserung der Menschheit durch Bildung glaubt, gleiche Erziehung für Mann und Frau[1], wobei er die Frau als legitime Konkurrentin des Mannes in zahlreichen Berufen und Ämtern apostrophiert[2].

Ermutigt durch Wortführer wie Condorcet, dessen politischer Ruf zwar unter seinem Engagement für die Sache der Frau litt[3], stellen die Frauen der Revolution endlich ihre Forderungen nach Scheidung, Verbesserung der Stellung lediger Mütter, Versammlungsrecht der Frauen, Wahlrecht usw.[4] Wenn auch die Frauen der Revolution bald Rückschläge erleiden, so muß gleichwohl als Erfolg verbucht werden, daß sie mit ihren öffentlich erhobenen Forderungen das weibliche Bewußtsein der eigenen Situation erweitert haben.[5] Der Unterdrückung der von Michelet in *Les femmes de la révolution*[6] zu Anfang noch wohlwollend betrachteten "sociétés des femmes" im Jahre 1793 durch die *Convention*, die bereits wieder dazu zurückgekehrt ist, die Frau zu den Minderjährigen und geistig Zurückgebliebenen zu zählen[7], steht die nicht wieder auszulöschende Erinnerung an Frauen wie Olympe de Gouges (1755–1793) gegenüber. Ihre Persönlichkeit ist wie geschaffen für ein vorbehaltloses Engagement für die Sache, an die sie glaubt, hat sie doch nicht nur die Schwierigkeit, sich als uneheliches Kind im Leben zu behaupten, sondern will sich ihren Unterhalt mit dem Schreiben von Theaterstücken verdienen, was ihr nicht glückt, da Stücke von Frauen nicht gespielt werden.[8] Sie, die in vielen Frauenclubs Gründerin und Triebfeder war, rechtfertigt die Forderung der Frauen nach gleichem Bürgerrecht mit den Worten: "Elles ont bien le droit de monter à la tribune, puisqu'elles ont celui de monter à l'échafaud."[9]

---

1 Ebd., S. 68 f.
2 Badinter, *L'un est l'autre*, S. 203.
3 Elisabeth et Robert Badinter, *Condorcet, Un intellectuel en politique*, Paris 1988, S. 298.
4 Vgl. Albistur/Armogathe, a.a.O., S. 337. In einer Zeitung wird dabei sogar bereits die Forderung nach sexueller Freiheit der Frau gestellt.
5 Dethloff, "Le féminisme dans la révolution française", S. 64.
6 Michelet, *Les femmes de la révolution*, S. 387.
7 Dethloff, "Le féminisme dans la révolution française", S. 63.
8 Siehe Dezon-Jones, a.a.O., S. 133.
9 So paraphrasiert Michelet, *Les femmes de la révolution*, S. 400, ein Zitat aus ihrer

Den durch die *Convention* 1793 besiegelten und 1804 im *Code civil* festgeschriebenen Rückzug auf das klassische Rollenverhalten, das im 19. Jahrhundert wieder die Norm war[1], erklärt Olympe de Gouges auch mit mangelnder Solidarität unter den Frauen[2]. So bleibt als Fazit bestehen, daß die Frauen, bedingt durch ihre bisher schwache Position, die Revolution nicht für eine grundlegende Veränderung ihrer Lage nutzen können, daß aber die Vorkämpferinnen dennoch mit ihren öffentlich gestellten Forderungen und ihrem persönlichen Lebensbeispiel eine Plattform schaffen, auf der sich im 19. Jahrhundert der Feminismus zu einer breiten Bewegung entwickeln kann.

1.3 Die Stellung der Frau im Frankreich des 19. Jahrhunderts

Die zum Ende des 18. Jahrhunderts von England ausgehende industrielle Revolution leitet die großen Veränderungen des 19. Jahrhunderts ein, in dem die Beziehung des Menschen zu seinem Broterwerb progressiv von Fabriken, langen Arbeitszeiten, Frauen- und Kinderarbeit und minimalen Löhnen unter miserablen Lebensumständen in den Großstädten geprägt wird. Es kommt zu Vermassung, Verelendung, sozialer Schutzlosigkeit und Vereinsamung. Auch die Zerstörung der Naturlandschaft nimmt hier ihren Anfang.[3]

Durch die industrielle und politische Revolution kommt es im 19. Jahrhundert zur Ausformung der bürgerlichen Klassengesellschaft, die sich auf rechtliche Gleichheit, Erwerb, Arbeit und Kapitaleigentum stützt. Auch die europäische Geisteskultur verbürgerlicht sich. Ihren Träger findet sie im Bildungs- und Besitzbürgertum.[4] Jetzt wird auch der Femi-

---

"Déclaration des droits de la femme et de la citoyenne" von 1791, die man z.B. bei Dezon-Jones, a.a.O., S. 135 ff, abgedruckt findet.
1 Dethloff, "Le féminisme dans la revolution française", S. 64.
2 Ebd., S. 72.
3 Vgl. *Das Bild der Menschheit*, Baden-Baden 1976, Bd. 13, Sp. 6169 ff.
4 Siehe ebd., Bd. 14, Sp. 6273 ff.

nismus zu einer Bewegung.[1] Im 19. Jahrhundert werden die Grundlagen gelegt für die rechtliche Gleichberechtigung der Frauen, die erst im 20. Jahrhundert erreicht wird.[2]

Welche Schwierigkeiten die Frauenbewegungen hatten, kann man sich vorstellen, wenn man das zum Beispiel in der Malerei ganz konkret vorgestellte Frauen"bild" des 19. Jahrhunderts betrachtet. In *Das Bild der Menschheit* heißt es dazu: "Die weiblichen Bildnisse zeigen das, was der Bürger von der Frau und wohl sie selbst auch von sich erträumt: Weltfremdheit, Sehnsüchtigkeit, Sinnlichkeit, Geheimnisse bergend, während ihr in der Wirklichkeit kaum Zeit bleibt, diesen Wunschbildern nahezukommen: Ihr Eingebundensein in die bürgerliche Ehe mit all ihren konkreten Aufgaben steht dazu im Widerspruch."[3] Dabei sollte die Malerei auch erzieherisch auf die Frau einwirken, diesen Aufgaben gerecht zu werden, da die Darstellung des vom Gatten verstoßenen, im Elend hungernden Weibes nicht selten Abbild der Wirklichkeit war.

Friedrich Sieburg weist in seinem Buch *Napoleon, Die Hundert Tage* nicht nur darauf hin, daß der Historiker Taine (1828–1893) in seinem Werk *Les Origines de la France Contemporaine* (1875–93) feststellt, die Gesellschaftsordnung von 1800 sei im Jahre 1894 immer noch lebendig[4], er stellt sich auch hinter dessen Meinung, daß eine Nation, die das Band mit ihrer Geschichte zerreiße, niemals zu einer stabilen Regierungsform kommen könne.[5] Diese Äußerungen lassen sich dahingehend interpretieren, daß eine radikale Veränderung aller bestehenden Verhältnisse zum Bruch mit der Geschichte führt, was nichts anderes als Chaos

---

1 Die Zeit von 1789 bis 1871 wird z. B. in: Albistur/Armogathe, a.a.O., explizit zum Kapitel "Le féminisme comme mouvement" zusammengefaßt.
2 So erhalten beispielsweise Frauen das Wahlrecht in Deutschland 1919, in den USA 1920, in Großbritannien 1929 usw.
3 Das Bild der Menschheit, Bd. 15, Sp. 6949 f.
4 Diese Einschätzung teilen auch Albistur/Armogathe, a.a.O., S. 466 f: "La loi napoléonienne régit toujours l'existence quotidienne de la femme. Tout au long du XIXe siècle la jurisprudence traduit le raidissement du pouvoir patriarcal. Le mariage est toujours le seul établissement proposé aux filles."
5 Friedrich Sieburg, *Napoleon, Die Hundert Tage*, Stuttgart 1956, S. 422 f.

bedeutet, da man damit jeglichen Rückbezug auf vorher von Menschen gemachte Erfahrung ausschließt. Das Pech der Frauen bestand unserer Einschätzung nach darin, daß die französische Revolution eine in vielen Bereichen krasse Veränderung darstellte und eine Zeit großer Wirren und Kriege nach sich zog, so daß ein Fixpunkt zur Orientierung und zur Aufrechterhaltung des dem Menschen notwendigen Sicherheitsgefühles gesucht und in der Fortschreibung des klassischen Rollenschemas gefunden wurde. In einer Welt der großen Veränderungen mag das Festhalten an einem "klassischen" Familienleben das Gefühl geben, daß die Weltordnung nicht völlig aus den Fugen gerät. Dies geht dann allerdings auf Kosten der Frauen. Da sie aber auf eine lange wirksame Beschneidung ihrer Rolle in der Gesellschaft zurückblicken, ist es ein probates Mittel, sie "die Rechnung zahlen zu lassen".

So erklärt sich auch der in der Frauenfrage reaktionäre Geist des *Code civil* von 1804, der zwar die Scheidung zuläßt, Vaterschaftsklagen jedoch ausdrücklich verbietet. Betrachtet man die dort festgeschriebenen Unterscheidungen zwischen Untreue seitens der Frau und der vom Mann verantworteten Untreue, kann man feststellen, daß die Ermöglichung der Scheidung keineswegs ein Nachgeben auf Forderungen der Frauen ist, sondern den Männern ein Druckmittel an die Hand gibt, um die Frauen zum klassischen angepassten Rollenverhalten zu erziehen. Können sie doch mit der Scheidung drohen.

Diese Familienkonzeption findet sich auch in den Werken von Joseph de Maistre (1753–1821) und Louis de Bonald (1754-1840). Sie beeinflussen nicht unwesentlich das Denken ihrer Zeit und tragen zur Konsolidierung der antifeministischen Strömung des 19. Jahrhunderts bei.[1] Auch eine herausragende Frauengestalt wie Mme de Staël (1766–1817) kann dies nicht "verhindern", da sie zwar ein lebendes Beispiel für potentielle Fähigkeiten der Frau ist, es aber aus Mangel an Solidarität mit ihren Geschlechtsgenossinnen nicht auf sich nimmt, für ein positiveres Frau-

---

1 Vgl. Albistur/Armogathe, a.a.O., S. 364.

enbild und eine Verbesserung der Lage der Frau einzutreten.[1] Sie selbst hat es sicher nicht nötig, um Anerkennung ihrer Fähigkeiten oder um bestimmte Rechte zu kämpfen. So fehlt ihr vielleicht der Blick für die Lage anderer, zumal es im Laufe des 19. Jahrhunderts in vielen Schriften zu einer Idealisierung der Frau[2] kommt, zu einer Art "verbalen Wertschätzung", die über deren alltägliche Diskriminierung hinwegtäuscht. Deshalb kann man sie nicht als Feministin bezeichnen, da sie zwar damit angefangen hat, die Emanzipation der gebildeten Frau zum literarischen Gegenstand zu erheben, sich aber damit begnügt, sich zu beklagen, statt zu fordern.[3] Offenbar ist sie doch noch zu stark in der die Frauen diskriminierenden Gedankenwelt ihrer Zeit zuhause.[4]

Ganz unmittelbar drückt sich die Diskriminierung der Frau im Werk von Auguste Comte (1798–1857) aus, der seine These von der angeborenen physiologischen und intellektuellen Unterlegenheit der Frau trotz aller Bemühungen des englischen feministischen Philosophen John Stuart Mill (1806–1873) -dieser hatte sehr weitreichende Forderungen für die Frauen gestellt[5]- aufrechterhält. Er macht sie fest an der im 19. Jahrhundert hartnäckig immer wiederkehrenden Feststellung, die Frau habe das kleinere Hirn, und mangelnde Masse bedeute mangelnde Qualität.[6]

---

1 Siehe ebd., S. 368 ff.
2 Erinnert sei in diesem Zusammenhang an Michelet, auf dessen Frauenbild später noch näher eingegangen werden wird.
3 Baader/Fricke, a.a.O., S. 179 ff.
4 Bei Dezon-Jones, a.a.O., wird auf S. 142 eine Äußerung Mme de Staëls erwähnt, wonach der einzige Ruhm einer Frau in der Bindung an einen großen Mann bestehe. Und bei Charles Turgeon, *Le féminisme français*, Paris 1902, heißt es in Bd. 1, S. 147, sie sei so streng zu ihrem eigenen Geschlecht gewesen, daß sie ihm Tiefe und Folgerichtigkeit in den Gedanken und Genie im allgemeinen abgesprochen habe.
5 Vgl. Annelie Hegenbarth-Rösgen, *Soziale Normen und Rollen im Roman*, München 1982, S. 197: Er fordert eine gleiche Erziehung von Jungen und Mädchen, volles Wahlrecht der Frau und freien Zugang der Frau zu allen Berufen, wobei er den qualifizierten Beruf besonders für die unverheiratete Frau befürwortet, die Aufgaben der Ehefrau aber in der Familie sieht.
6 Vgl. Albistur/Armogathe, a.a.O., S. 438 ff. Im Gegensatz zu dieser These wies Mill stets darauf hin, daß die Unterlegenheit der Frau eine kulturelle sei, da ihre Fähigkeiten nie durch entsprechende Erziehung gefördert worden sei. Hier findet der alte Konflikt um die Mädchenerziehung seine Fortsetzung.

Selbst das Eintreten für die Rechte der Frau bedeutet nicht immer zugleich auch, daß die Diskriminierung bekämpft wird. So ist Ernest Legouvé (1807–1903) zwar ein Vorreiter der Rechtsgleichheit der Frau, tritt aber gleichzeitig für eine rigorose Ehemoral ein und kämpft erbittert gegen eine Liberalisierung der weiblichen Sexualität.[1] Man kann also sagen, daß es zwar einen Blick für die negative Lage der Frau gibt, er aber stark beschränkt wird durch das Festhalten an moralischen Normen, die der Autonomie der Frau wehrend gegenüberstehen.

1.3.1   George Sand - die emanzipierte Frau ihrer Zeit

Auch auf Seiten der Frauen findet in der ersten Hälfte des 19. Jahrhunderts noch immer keine grundlegende Veränderung statt, was man mit dem Beispiel George Sands (1804-1876) belegen kann. Sie legt zwar im Jahr 1846 mit "Isidora" eine Charta der Frauenrechte vor, die von der Grundfrage ausgeht, ob die Frau in Gottes Plan dem Mann gleich sei. Außerdem fordert sie für ihr eigenes Leben das Recht, es dem Mann gleichzutun, indem sie z. B. ihre Partner unabhängig von den Moralvorstellungen ihrer Zeit wählt.[2] Sie lehnt es aber ab, für die Rechte der Frau zu kämpfen, weigert sie sich doch, sich als Kandidatin zur Wahl zu stellen, wie Jeanne Deroin es tut.[3] Sie schlägt sogar ihre von Sainte-Beuve (1804-1869) betriebene Wahl in die *Académie française* aus mit dem Hinweis darauf, der Platz der Frauen sei ebensowenig in der *Académie* wie im Senat, in der Legislative oder in den Streitkräften.[4]

---

1 Vgl. Uwe Dethloff, *Die literarische Demontage des bürgerlichen Patriarchalismus*, Tübingen 1988, S. 231 ff. Hier werden auch Ausschnitte zitiert aus Legouvés Schriften *Histoire morale des femmes* (1849) und *La Femme en France au dix-neuvième siècle* (1864), die diese Haltung deutlich zum Ausdruck bringen.
2 Vgl. Dezon-Jones, a.a.O., S. 169 f.
3 Siehe Albistur/Armogathe, a.a.O., S. 452. Ihre Kandidatur war von den Feministen des *La Voix des Femmes* vorgeschlagen und vom Jakobinerclub angenommen worden. Sie lehnte jedoch in einem in *La Réforme* veröffentlichten Brief heftig ab. Sie geht sogar so weit, Jeanne Deroins Kampf um die politischen Rechte der Frau ausdrücklich zu bekämpfen (ebd., S. 456).
4 Baader/Fricke, a.a.O., S. 207.

Auch macht sie sehr deutlich, daß sie große Unterschiede macht zwischen dem, was im Einzelfall nötig ist, und dem, was allgemeine Norm sein soll, wenn sie zum Beispiel über die Ehe spricht. So kritisiert sie zwar die Ehe als konventionelle Institution, in der ein individueller Glücksanspruch mit der geforderten Pflicht (u.a. eheliche Treue) kollidieren kann, weist aber den Vorwurf, grundsätzlich gegen die Ehe zu sein, entschieden zurück.[1]

So gilt sie durch ihre Verhaltensweise im privaten Bereich zwar ihrer Zeit als Prototyp der emanzipierten Frau[2], hat aber die Sache der Frauen nicht wesentlich weitergebracht. Man könnte ihr sogar einen gewissen negativen Einfluß zusprechen, wenn man bedenkt, wie ihre Freizügigkeit in den Augen ihrer Umwelt gewirkt haben mag. Sicherlich dachte so mancher bei ihrem Anblick, daß dies ein Beispiel dafür sei, wie zügellos sich die Frauen verhielten, gestände man ihnen dieselben Rechte zu wie den Männern.

Außerdem hat sie in ihrem literarischen Werk ein "refuge idéal" geschaffen[3], eine ländliche Idylle, die an der rauhen Wirklichkeit des 19. Jahrhunderts mit all seinen Problemen vorbeisieht, was sich sicherlich auch in Bezug auf die Veränderung der Situation der Frau ausgewirkt hat. Denn Zuflucht in die Idylle bedeutet letztlich, die Augen zu schließen vor allen Problemen des alltäglichen Lebens.

1.3.2 Der Saint-Simonismus als Ausgangspunkt des Feminismus im 19. Jahrhundert

Für viele Frauen des 19. Jahrhunderts ist der Saint-Simonismus die Ausgangsbasis ihres feministischen Engagements, obwohl die Frauenfrage im Werk Saint-Simons (1760–1825) nur einen sehr begrenzten

1 Vgl. ebd., S. 200 f.
2 Siehe Albistur/Armogathe, a.a.O., S. 401.
3 Vgl. Yves Lequin, *Histoire des français XIXe-XXe siècles*, Paris 1984, Bd. 2, S. 135.

Platz einnimmt, ja sich fast auf die Äußerung beschränkt, die der sterbende Saint-Simon gemacht haben soll, nämlich: "l'homme et la femme voilà l'individu social".[1] Mit dieser Aussage wird schon deutlich, welches Frauenbild hier favorisiert wird. Man geht zwar von einer grundsätzlichen Gleichheit von Mann und Frau aus, hält aber eben daran fest, daß nur Mann und Frau zusammen ein sinnvolles Ganzes ergeben, was die Frau aber wieder mehr oder weniger in das alte Rollenklischee preßt. Muß sie sich letztlich doch mit vorhandenen Strukturen und Denkweisen arrangieren, weil eindeutige Anregungen, wie dieses Zusammenspiel funktionieren soll, fehlen. Auch Enfantin (1796-1864), der eifrigste Feminist des Saint-Simonismus, schafft keine wirkungsvolle Abhilfe, da er das Problem der Begründung für die Gleichheit der Geschlechter zunächst auf die religiöse Ebene hebt und dann zur im Mittelalter bereits bei Feministen üblichen übersteigerten Wertschätzung der Frau gelangt.[2] Einerseits leistet er mit dieser "Überfrau" der bereits erwähnten Idealisierung des Frauenbildes Vorschub, andererseits ist seine Konzeption denjenigen ein Ärgernis, die bereit sind, über Gleichheit der Geschlechter und ihre Verwirklichung im Alltag zu reden.

Fourier (1772–1837) hingegen geht das Problem von der praktischen Seite her an: er will die ökonomische Misere der Frauen ändern, um ihnen zu ihren Rechten zu verhelfen. Besonderen Wert legt er auf eine grundlegende Erziehungsreform. Sein Insistieren auf dieser Forderung zeigt, daß diese schon früher von anderen gestellte Forderung noch immer keine adäquate Erfüllung gefunden hat.[3] Der Fourierist Eugène Sue

---

1 Siehe Albistur/Armogathe, a.a.O., S. 405 ff.
2 Vgl. ebd., S. 408 ff. Er setzt dabei an, daß das Gottesbild korrigiert werden muß, da Gott nicht nur männlich sondern auch weiblich sei. So rechtfertigt sich dann die Gleichheit. Unverständlich bleibt aber, wieso er bei dieser Begründung der Gleichheit zum Bild einer dem Mann überlegenen, vergöttlichten und zu verehrenden Frau kommt.
3 Siehe Albistur/Armogathe, a.a.O., S. 411 ff.

(1804–1857) vermittelt seinen Zeitgenossen mit *Les mystères de Paris*
eine Reihe grundlegender Ideen Fouriers, so zum Beispiel, wenn er Elend
und Prostitution als Ursache der schlechten Lage der Frauen anprangert.
Eine ähnliche Vorgehensweise findet sich auch bei den feministischen
Frauen wie Flora Tristan (1803–1844) und Pauline Roland (1805–1852),
die in ihrem eigenen Leben erfahren müssen, mit welchen Schwierigkeiten Frauen tagtäglich zu kämpfen haben. Flora Tristan ist ein repräsen-
tatives Beispiel für die feministische Sozialistin ihrer Zeit. Sie gilt sogar
als die erste große politische Schriftstellerin, die den Sozialismus mit dem
Feminismus verbunden hat.[1] Als unehelich geborenes Kind trifft sie auf
sämtliche Vorurteile ihrer Zeit. Als sie dann noch ihren Mann verläßt, kann
sie nicht mehr mit der Nachsicht der Gesellschaft rechnen. Als 1828 das
Gericht die Gütertrennung von ihrem Mann verkündet und ihr das Sorgerecht für ihre drei Kinder überträgt, muß sie allein für den Unterhalt
aufkommen und erlebt die ungleiche Behandlung von Mann und Frau im
Berufsleben am eigenen Leibe.[2] Durch die eigene Situation wird ihr
Wahrnehmungsvermögen für die "condition" der Frauen geschärft und
sie kämpft zeitlebens für die Emanzipation der Frau und der Arbeiterklas-
se, in der es um die Lage der Frau sehr schlecht bestellt ist.[3] Ihr früher
Tod beweist das Aufreibende ihres Engagements. Was hingegen in ihrem
Schaffen fehlt, ist ein echtes Eintreten für die Prostituierten. Zwar erklärt
sie, wie alle Sozialisten, die Prostitution mit der Herabwürdigung der Frau
und der Verderbtheit der Gesellschaft, solidarisiert sich aber nicht mit den
Prostituierten, sondern behält in diesem Punkt einen distanzierten Ton
bei, obwohl gerade sie, die als ihrem Mann "davongelaufene" Frau der
Gesellschaft fast gleich unwert erschien, am ehesten Grund dazu gehabt
hätte, sich stärker einzusetzen.[4]

---

1 Siehe Dezon-Jones, a.a.O., S. 179.
2 Vgl. Baader/Fricke, a.a.O., S. 188.
3 Ebd., S. 426 ff.
4 Siehe Laure Adler, *Flora, Pauline et les autres*, in: Jean-Paul Aron, *Misérable et
   glorieuse la femme du XIXe siècle*, Paris 1980, S. 194.

Auf der politischen Ebene ist es Jeanne Deroin (1804-1894), die durch ihr eigenes Beispiel am meisten für die Frauen tut. Sie kämpft unermüdlich für die politischen Rechte der Frau und läßt durch ihr Bemühen um Anerkennung ihrer Kandidatur zur Wahl der *Assemblée législative* 1848 das Problem der Lage der Frau nicht aus dem Blick der Öffentlichkeit entschwinden.[1] Sie ist zwar wenig erfolgreich in ihrem Bemühen, hat aber der Sache der Frauen schon allein durch ihr Engagement sehr gedient. Zudem muß man sich mit dem Faktum auseinandersetzen, daß Frauen solche Forderungen, wie zum Beispiel das Recht auf Arbeit außer Haus, überhaupt stellen. Es ist ein Verdienst von Jeanne Deroin, mit ihrem Brief an Proudhon (1849) den Frauen den Weg geöffnet zu haben, in der Presse Antworten zu fordern. Ohne sie wären die daraufhin erscheinenden *Idées anti-proudhoniennes* von Juliette Adam, von denen später noch die Rede sein wird, vielleicht nicht zustandegekommen.[2]

Wenn auch das Zweite Kaiserreich einen reaktionären Rückschlag für die Frauenbewegung, insbesondere für diejenige sozialistischer Couleur[3], bringt, so bleiben die mutigen Beispiele der ersten Jahrhunderthälfte in der Erinnerung lebendig. Die Feministen der ersten Jahrhunderthälfte haben Lösungen angedacht, die später zum Tragen kommen werden, sei es auch erst im 20. Jahrhundert.

1.4   Juliette Adam, André Léo und Adèle Esquiros

Wie aus dem Überblick über die Geschichte des Feminismus zu ersehen ist, handelt es sich insbesondere im 19. Jahrhundert um eine sehr facettenreiche Entwicklung, die auch heute noch näherer Betrachtung wert ist. Die *Histoire du féminisme français* stellt fest, daß im frühen

---

1 Vgl. Albistur/Armogathe, a.a.O., S. 455 f.
2 Siehe Dezon-Jones, a.a.O., S. 195.
3 Vgl. Albistur/Armogathe, a.a.O., S. 476.

19. Jahrhundert nur unter den Frauen des Bürgertums echte Feministinnen zu finden sind.[1]

Die im folgenden behandelten Autorinnen gehören denn auch der bürgerlichen Sozialschicht an, wenn auch ihr finanzieller Status unterschiedlich ist. Die drei "femmes de lettres" zählen nun nicht zum engeren Kreis der kanonisierten Autorinnen. Diese sind bereits ausführlich von der Kritik beachtet worden. Andererseits sind nur wenige Autorinnen in den Kanon aufgenommen worden, da schriftstellernde Frauen quasi zensiert wurden. Nur Frauen, die nicht zu stark vom durch Männer für Frauen festgelegten Stil abweichen, werden akzeptiert. Es gilt der Grundsatz: "les confessions, les mémoires, le roman, la poésie lyrique, voilà un domaine authentiquement féminin!"[2] Diese Gattungen sind im literarischen Schaffen der drei ausgewählten "femmes de lettres" vertreten. Außerdem illustrieren gerade die sogenannten "kleinen" Schriftsteller am besten die gesellschaftlichen Zustände ihrer Zeit, da sie die allgemeine Meinung wiedergeben.[3]

Die Wahl der drei in der vorliegenden Untersuchung behandelten Schriftstellerinnen kann auch damit begründet werden, daß eine persönliche Bekanntschaft der drei Frauen angenommen werden muß, da sie alle drei Mitglieder der *Société des Gens de Lettres* waren.[4]

Darüberhinaus bieten die drei Schriftstellerinnen noch eine Besonderheit: Sie setzen sich ausnahmslos mit dem diskriminierenden männlichen Frauenbild ihrer Zeit auseinander. Alle drei haben eine Antwortschrift verfaßt auf die Theorien von Proudhon und Michelet.

---

1 Ebd., S. 421.
2 Ebd., S. 380.
3 Siehe dazu Gabriele Strecker, *Frauenträume Frauentränen, Über den deutschen Frauenroman*, Weilheim/Oberbayern 1969. Sie stellt ihrem sich mit verschiedenen Vertretern der sogenannten "Trivialliteratur" beschäftigenden Werk als Motto ein Zitat des großen deutschen Historikers Treitschke (1834–1896) voran, in dem er dieser hier angesprochenen Meinung Ausdruck verleiht.
4 Siehe dazu Evelyne Lejeune-Resnick, *Les femmes-écrivains sous la monarchie de juillet (Société et littérature)*, Paris 1983, S. 162 und S. 164 f. Der Ende 1838 gegründeten Gesellschaft gehörten J. Adam bis Januar 1876, A. Léo bis Oktober 1875 und A. Esquiros bis zu ihrem Tod im Dezember 1886 an.

Damit ist dann auch die zeitliche Eingrenzung des Themas dieser Untersuchung vorgegeben. Zwar ist das Zweite Kaiserreich nur eine Phase im Leben der drei Frauen. Da aber deren theoretische Auseinandersetzung mit dem Frauenbild in dieser Zeit stattfindet, erscheint es uns sinnvoll, diesen zeitlichen Rahmen zu wählen. Es soll anhand dieser drei Beispiele untersucht werden, wie Frauen die Lage der Frau sehen und welches ihr Selbstverständnis als Frau ist.

2 Zur Situation der Frau in der Mitte des 19. Jahrhunderts

Um die Frauen des 19. Jahrhunderts und ihre Anliegen zu verstehen, ist es notwendig, die Verhältnisse in Staat und Gesellschaft näher zu betrachten.

Frankreich erlebt im 19. Jahrhundert viele Erschütterungen, welche große soziale und politische Veränderungen nach sich ziehen. Die großen Einschnitte sind das aus der Revolution von 1789 hervorgegangene Kaiserreich Napoleons I., die Restauration, die Hundert Tage, die zweite Restauration, die Revolution von 1830, die Revolution von 1848, das Zweite Kaiserreich und der preußisch-französische Krieg von 1870/71.

Auf den ersten Blick erkennt man, daß für die in dieser Epoche lebenden Menschen die Zeiten sehr unruhig sind und ständig mit der Ablösung überkommener Wertsysteme gerechnet werden muß. Fortgesetzte politische Instabilität erzeugt den Wunsch nach Ordnung, der sich immer deutlicher artikuliert, ja der sogar ein "parti de l'Ordre" entstehen läßt.[1] Ordnung wird gleichgesetzt mit Sicherheit. Alles hat seinen Platz und seine Aufgabe, so daß nichts Unvorhergesehenes Leiden schaffen kann. Da bei Lequin in einer Kapitelüberschrift sogar die Formulierung "retour de l'ordre"[2] gewählt wird, kann man rückschließen, daß mit Ordnung früher bestehende, in der Revolution bekämpfte Strukturen zu verstehen sind. Für die Frauen heißt das, daß man alte Familienstrukturen und Rollenverhältnisse festzuhalten versucht, um deren Veränderung Frauen in der Revolution verstärkt gekämpft haben.

Doch zunächst sollen nun die politischen und gesellschaftlichen Verhältnisse kurz dargelegt werden.

---

1 Siehe Lequin, a.a.O., Bd. 3, S. 15 ff. Hier wird die Entwicklung des Ordnungsgedankens beschrieben, der in den Wirren der großen Revolution seinen Anfang nahm.
2 Ebd., Bd. 3, S. 15.

2.1 Die wirtschaftlichen und sozialen Entwicklungen im 19. Jahrhundert

Die französische Revolution steht am Anfang der politischen Entwicklung des 19. Jahrhunderts. Ausgangspunkt sind die Abschaffung der Feudalrechte vom 4. August 1789 und die Erklärung der Menschenrechte vom 26. August 1789. Auch die wirtschaftliche Entwicklung des 19. Jahrhunderts hat ihren Ursprung in der Revolution, da zum einen die Abschaffung der Feudalrechte und zum anderen das Verbot von Korporationen (z.B. Zünfte, aber auch gewerkschaftsähnliche Vereinigungen) eine Liberalisierung der Wirtschaft ermöglichen.[1]

Eine liberale Wirtschaft bewirkt das freie Spiel der Kräfte, wobei die Schwächeren leicht auf der Strecke bleiben können. Sie begünstigt hingegen diejenigen, welche auf einer soliden ökonomischen Grundlage aufbauen können. Die freie Wirtschaft ist ein Grundpfeiler der französischen Gesellschaft im 19. Jahrhundert und bedingt durch ihre Wechselfälle soziale Mobilität, wobei besonders das wirtschaftstragende Bürgertum betroffen ist.[2] Die "bourgeoisie" bestimmt Wirtschaft und Finanzen und entwickelt dadurch ein starkes Selbstbewußtsein. Sie unterscheidet sich dadurch vom Bürgertum des *Ancien Régime*, daß jetzt nicht mehr die Zugehörigkeit zum alten Adel erstrebt wird, sondern daß sich ein bürgerlicher Adel herausbildet, der stolz auf seine eigenen Namen ist. Der Bürger im 19. Jahrhundert ist ein Priviligierter wie sein Vorgänger in früheren Zeiten, bewahrt aber seine privilegierte Stellung nur durch ständige Bemühungen, da das Erreichte durch wirtschaftliche Veränderungen auch wieder verloren gehen kann.[3]

Die Ängste des Bürgertums, resultierend aus der Veränderung der wirtschaftlichen Verhältnisse und der damit verbundenen sozialen Mobilität, versucht man damit zu bekämpfen, daß man in der Familie Halt und

---

1 Vgl. ebd., Bd. 1, S. 463 ff.
2 Siehe Adeline Daumard, *La bourgeoisie parisienne de 1815 à 1848*, Paris 1963, S. 222 ff.
3 Vgl. ebd., S. 643 ff.

Sicherheit sucht.[1] Das bedeutet, daß an überkommenen Strukturen festgehalten wird, was wiederum die Frauen in ihre alte vorrevolutionäre Position zurückdrängt. Und da das Bürgertum eine immer wichtigere Rolle in der Gesellschaft spielt, ist folglich ein relativ großer Teil der Frauen Frankreichs von diesem "Rückschlag" betroffen.

Auf dem Hintergrund der wachsenden Bedeutung des Bürgertums muß jetzt kurz noch ein Wort dazu gesagt werden, was eigentlich ein Bürger ist. Der Begriff ist mit verschiedenen Bedeutungen beladen, positiv wie negativ. Zunächst einmal ist ein Bürger der Bewohner einer Stadt mit bestimmten Privilegien, später dann ganz allgemein ein Nicht-Adeliger, der ganz verschiedenen sozialen Schichten angehören kann. Durch den wirtschaftlichen Aufschwung und das dadurch entstandene Selbstbe- wußtsein des Bürgertums bilden sich bestimmte bürgerliche Verhaltens- weisen, eine bürgerliche Mode und ein bürgerlicher Lebensstil heraus, die einerseits adelige Vorbilder kopieren, andererseits jedoch auch be- wußte Veränderungen herbeiführen.[2] Durch seinen Erfolg und sein zah- lenmäßiges Erstarken setzt sich das Bürgertum auch der Kritik aus. Das führt über die sozialistisch-kommunistische Denunziation der Bürger als Kapitalisten bis hin zur karikierenden Bezeichnung "Spießbürger", die sich zum Beispiel in Ausdrücken wie "bourgeoises Verhalten" spiegelt. Schon Proudhon hat 1850 das Bürgertum als solches kritisiert, indem er Bürgertum und Mittelschicht als zwei getrennt zu betrachtende Gruppen bezeichnet.[3] Diese Unterscheidung zeigt, daß sich das Bürgertum in viele verschiedene soziale Stufen gliedert, von sehr reich bis arm.

---

1 Siehe Jean-Paul Aron, Préface, in: Aron, a.a.O., S. 13 f.
2 Vgl. Adeline Daumard, *Les bourgeois et la bourgeoisie en France depuis 1815*, Paris 1987, S. 30 ff.
3 Siehe ebd., S. 46. Er bezeichnet das Bürgertum als Kapitalaristokratie, die von ihrem Kapital, ihren Privilegien und ihrem Eigentum lebt, wohingegen die Angehörigen der Mittelschicht -es werden Berufe aufgezählt wie Unternehmer, Wissenschaftler, Künstler usw.- wie die Proletarier arbeiten.

2.1.1   Die Situation im Zweiten Kaiserreich

Die in der ersten Jahrhunderthälfte begonnenen Entwicklungen -Industrialisierung, Bildung eines Verwaltungsapparates, Erstarken des Bürgertums usw.- prägen das Zweite Kaiserreich. Der große wirtschaftliche Erfolg dieser zwanzig Jahre[1] wird als Rechtfertigung für das gesamte politische und gesellschaftliche System gesehen. Gerade weil es in Frankreich keine take-off-Phase gibt, sondern der Aufschwung langsam und beharrlich vorangeht[2], verfestigt sich die Meinung, daß das Festhalten an alten Strukturen den Erfolg ermöglicht.[3]

Die Verwaltung hat sich vervollkommnet. Dabei muß in Kauf genommen werden, daß sich auch ihre negativen Seiten verstärken. So nimmt zum Beispiel auch die *Sûreté* einen großen Aufschwung.[4] Begünstigt wird eine solche Entwicklung durch den häufigen Wechsel der politischen Regime[5], der sein relatives Ende erst mit der Dritten Republik findet. Sie ist die im 19. Jahrhundert am längsten währende Staatsform Frankreichs. Dabei erklären sich sowohl die Probleme des Kaiserreiches als auch der tiefe Einschnitt zwischen Kaiserreich und Dritter Republik mit der einfachen Tatsache, daß Napoleon III. seinen Bedarf an Mitarbeitern auf allen Ebenen -Politik und Verwaltungsapparat- aus einem Reservoir deckt, das

---

1 Vgl. Lequin, a.a.O., Bd. 1, S. 51. In dieser Zeit wurden viele Entwicklungen zum Katalysator des ersten großen wirtschaftlichen Aufschwungs, der in den Zwanziger Jahren beginnt und bis 1896 dauert (ebd., S. 458 ff). Diese Entwicklungen sind zum Beispiel der Aufbau eines Eisenbahnnetzes, der Siegeszug der Dampfmaschine und vieles mehr.

2 Vgl. ebd., Bd. 1, S. 466. Als Gründe werden genannt: der technologische Rückstand, das Bevölkerungsdefizit und die archaische Landwirtschaft.

3 Vgl. ebd., Bd. 2, S. 154 ff, S. 195 und S. 204: Hier wird auf die Bedeutung des Bürgertums für die Entwicklung und Prosperität des Unternehmertums hingewiesen. Auf die Verbindung von Bürgertum und dem Erhalt traditioneller Strukturen wurde bereits verwiesen.

4 Ebd., Bd. 1, S. 97.

5 Die Kapitelüberschrift "Cent cinquante ans, sept invasions, treize régimes..." bei Lequin, a.a.O., Bd. 3, S. 13, führt die Lage deutlich vor Augen.

mehrere politische Systeme erlebt und teilweise mitgestaltet hat. Da
keine Verjüngung des Mitarbeiterapparates stattfindet, ist er zum Zeitpunkt des politischen Wechsels schlicht überaltet.[1]

2.2 Die Frau im Zweiten Kaiserreich vor dem Hintergrund des bürgerlichen Rollenparadigmas im 19. Jahrhundert

Die Zeit des Zweiten Kaiserreiches (1852–1870) als Kristallisationspha-
se dieser Untersuchung zugrunde zu legen, liegt aus verschiedenen
Gründen nahe. Zum einen sind die Schriftstellerinnen, um die es in dieser
Studie hauptsächlich geht, während dieser Zeit bereits in einem Alter, in
dem man sich bewußt mit Zeit- und Rollenproblemen auseinandersetzt
und in dem vom Einzelnen ein aktives Gesellschaftsleben gefordert wird.
Zum anderen handelt es sich um einen Zeitraum von zwanzig Jahren,
welcher im Leben eines Menschen ein lange Spanne ist. Außerdem
werden die hier zugrunde gelegten theoretischen Schriften von Proudhon
und Michelet sowie die Antworten von Juliette Adam, André Léo und
Adèle Esquiros in dieser Zeit veröffentlicht.

Wie jede historische Epoche baut auch das Kaiserreich auf dem
Vorangegangenen auf. Auf die Frauen und ihren Kampf um Gleichberechtigung bezogen impliziert dies, daß im folgenden zunächst einmal die
Situation der Frau im 19. Jahrhundert näher betrachtet werden muß, und
zwar in Bezug auf Ehe und Familie, auf Bildung und vor allem in Hinblick
auf die gesellschaftliche Bedeutung der Frau. Auch der Einfluß der Kirche
auf das Rollenverhältnis muß berücksichtigt werden.

---

1 Siehe ebd., Bd. 3, S. 109 f.

2.2.1   Die Frau und ihre Stellung in der Gesellschaft

Die Frau wird in der französischen Gesellschaft des 19. Jahrhunderts sehr unterschiedlich gesehen, definiert und beurteilt. Die Beurteilungsskala geht dabei von "göttlich", wie zum Beispiel bei Enfantin, bis zu "diabolisch", wie bei Barbey d'Aurevilly (1808–1889)[1]. Man kann davon ausgehen, daß extreme Meinungen im Alltag seltener vertreten sind. Dennoch beeinflußt die Diskussion über das Wesen der Frau die allgemeine Einstellung und damit auch ihr tägliches Leben. Dabei spielt bei der Rezeption der verschiedenen Ideen nicht nur die Lebensrealität desjenigen, der im Alltag mit Frauen in Berührung kommt, eine Rolle. Sicher ist die persönliche Erfahrung wichtig bei der eigenen Urteilsbildung und darf als Faktor nicht unterschätzt werden, sonst hätten in frauenfeindlichen Zeiten Frauen kaum eine Chance gehabt, ein menschenwürdiges Leben zu führen - sieht man von ihrer physischen Unentbehrlichkeit bei der Fortpflanzung einmal ab. Insofern darf man davon ausgehen, daß der Alltag der meisten Frauen zwar durch ein bestimmtes Rollenbild eingeengt war, man aber im täglichen Umgang den Wert der Frau doch nicht so niedrig einschätzte, wie das die offizielle Meinung vermuten lassen könnte. Schließlich war die Frau zu allen Zeiten eine dem Mann unverzichtbare Hilfe, ebenso wie umgekehrt.[2] Aber trotzdem wirken negative oder auch nur einseitige Meinungen im Alltag nach, besonders, wenn sie von Leuten stammen, deren Ansehen in der Gesellschaft sehr hoch ist. Aus diesem Grunde ist die Diskussion über die Rolle der Frau in der Mitte des 19. Jahrhunderts schwierig, weil angesehene Männer wie Michelet

---

1   Eine seiner Sammlungen von Erzählungen über Frauen trägt sogar den Titel *Les diaboliques.*
2   Siehe Daumard, *La bourgeoisie parisienne de 1815 à 1848*, S. 361 ff. A. Daumard verweist auf den Unterschied zwischen der Position, die Gesetz und Sitte der Frau zuweisen, und tatsächlicher Position im Alltag und führt an, daß es im Bürgertum oft eine "prééminence intellectuelle" der Frau gegeben habe.

und Proudhon sich in dieser Diskussion engagieren, teils offen auf der Seite der Frauengegner wie Proudhon, teils vordergründig frauenfreundlich, im Grunde aber schädlich wie Michelet.

Wie oben ausgeführt, wollte man in den unruhigen Zeiten der Umwälzungen einen Zufluchtsort der Sicherheit und Geborgenheit haben und fand ihn in der Familie. Die Familie im traditionellen Sinne gruppiert sich um die Frau und Mutter, die sich um alles kümmert, ohne sich in den Vordergrund zu spielen. Will man nun dieses Modell aufrechterhalten, kann man den Frauen nicht zugestehen, das traditionelle Rollenverhalten in Frage zu stellen und neue Lebensmodelle zu erproben, die ihnen den Zugang zur Politik, zu einem freien Arbeitsleben und zu wirtschaftlicher Unabhängigkeit vom Mann ermöglichen. Dazu kann man sich zweier Methoden bedienen: Entweder geht man von einer naturgegebenen geistigen und physischen Inferiorität aus, mit der sich ihre gesellschaftliche Sekundärrolle legitimieren läßt. Diese Grundhaltung liegt dem *Code civil* zugrunde, der die Frau unter die Vormundschaft des Mannes stellt. Oder aber man verherrlicht sie als erhabenes Wesen, das mit weltlichen, vergänglichen Dingen nicht beschmutzt werden soll.[1] Beide Vorgehensweisen sind frauenfeindlich, unterscheiden sich jedoch hinsichtlich ihrer Wirkungsweise. Die erste Methode ist ganz offensichtlich frauenfeindlich. Die zweite, subtilere Methode hingegen erlaubt es, sich als Bewunderer und Freund der Frauen zu gebärden und die Frauen trotzdem auszugrenzen. Beide Methoden werden später noch weiter behandelt werden, wenn es um die Darstellung des Frauenbildes bei Proudhon und Michelet geht. Die deutlichste Illustration dafür, daß beide Vorgehensweisen dieselbe frauenfeindliche Motivation haben, ist die Karikatur von Gavarni, deren Text lautet: "O Femme! chef-d'oeuvre de la création! Reine de l'humanité, mère du genre humain ... tire mes bottes."[2]

---

1 Vgl. Jean-Marie Aubert, *La femme, Antiféminisme et christianisme*, Paris 1975, S. 109.
2 Stéphane Michaud, *Muse et madone, Visages de la femme de la Révolution française aux apparitions de Lourdes*, Paris 1985, S. 11.

2.2.1.1 Der Einfluß der Ärzte auf das Bild der Frau

Das Bild der unfähigen Frau wird gestützt von den "wissenschaftlichen" Gutachten der Ärzte, die sich in der Geschichte immer wieder zum weiblichen Körper und den sich daraus ergebenden Konsequenzen für die Frau als Wesen äußern. Vorausschicken muß man an dieser Stelle, daß die Beschäftigung mit dem menschlichen Körper und seinen Funktionen Sache der Ärzte, sprich der Männer, war. In den meisten Gesellschaften ist der weibliche Körper, z.b. aus Gründen von religiösen Moralvorstellungen, tabu und deshalb der offenen Untersuchung nicht zugänglich. Schon in der Antike sind diese Beschränkungen der Grund für den niedrigen Stand der Frauenheilkunde und Geburtshilfe, die nur aufs Praktische ausgerichtet sind. Dabei ist der Arzt, also der geschulte Fachmann, nur Ratgeber. Die Behandlung selbst liegt in den Händen von Frauen, die dafür speziell ausgebildet werden.[1] Diese Ausbildung ist aber nur eine partielle, so daß Frauen nie das komplette medizinische Wissen ihrer Zeit zur Verfügung steht. Sie müssen, aufbauend auf dem wenigen ihnen zur Verfügung stehenden Fachwissen, auf ihre eigene Beobachtungsgabe zurückgreifen. Da die so gewonnenen Einsichten nicht schulmedizinisch abgesichert sind, versteht man die schwierige Situation der sogenannten "weisen Frauen" und ihre Verfolgung in der Zeit der Hexenhysterie.

Auch in der von katholischen Moralvorstellungen geprägten französischen Gesellschaft unterliegt der Arzt Beschränkungen in der Untersuchung des weiblichen Körpers. Eine solche Untersuchung wird durch die Kleider hindurch durchgeführt. Doch selbst diese Konzession an die Moral reicht nicht aus, die Sperre zu durchbrechen. Noch Ende des 19. Jahrhunderts können nur etwa 20% der Entbindungen mit dem Beistand eines Arztes stattfinden.[2] Da der Arzt aber in den letzten zwei Jahrhunderten eine immer wichtigere Rolle spielt und ein großes Ansehen ge-

---

1 Siehe *Das Bild der Menschheit*, Bd. 5, Sp. 2368 und Bd. 7, Sp. 3319.
2 Lequin, a.a.O., Bd. 1, S. 332.

wonnen hat, haben die Aussagen der verschiedenen Ärzte zum weiblichen Körper große Auswirkungen auf das Frauenbild. Grundlage aller
Äußerungen ist die Tatsache, daß die Existenz des Uterus den entschei-
denden Unterschied zwischen Mann und Frau ausmacht. Nun wird alles
weibliche Verhalten als durch diesen physischen Unterschied bestimmt
dargestellt, alle Krankheiten werden damit erklärt. Es kommt noch hinzu,
daß die Menstruationsblutung wie bei einer äußeren oder inneren Verletzung als normale Blutung angesehen wird. So ist es verständlich, daß
man zu der Schlußfolgerung kommt, daß die Frau von Natur aus ein
krankes Wesen sei: "femme, donc malade; et malade parce que femme".[1]

Über den rein physischen Aspekt dieser Thesen kann man diskutieren,
zumal wenn körperlich gesunde und leistungsfähige Frauen der lebende
Gegenbeweis dazu sind. Man denke an die von Frauen verrichteten
schweren Arbeiten im Haus und auf dem Feld. Problematisch hingegen
ist die Auswirkung der aus den physischen Tatsachen gezogenen Rückschlüsse auf die geistigen und moralischen Kapazitäten der Frau. Die
jetzt wissenschaftlich belegte "nervöse" Struktur des weiblichen Körpers
gilt nicht nur als geschlechtsspezifisch, sondern erklärt auch die geistige
Unterlegenheit der Frau.[2] Gestützt wird die Behauptung der geistigen
Unterlegenheit der Frau außerdem noch von der phrenologischen Lehre
vom partiell unterentwickelten weiblichen Gehirn[3], die sich aus der Tatsache ergibt, daß das weibliche Hirn im allgemeinen kleiner ist als das
männliche.

---

1   Jean-Pierre Peter, *Les médecins et les femmes*, in: Aron, a.a.O., S. 79 ff.
2   Vgl. Henning Mehnert, *Weibliche Inspiration zwischen Ekstase und Uterogenese*,
    in: Baader/Fricke, a.a.O., S. 13 ff.
3   Siehe Thomas M. Scheerer, *Ein "feministischer" Literaturhistoriker des 20.
    Jahrhunderts: Jean Larnac*, in: Baader/Fricke, a.a.O., S. 19. Hier wird die Diskussion
    um das kleinere Gehirn der Frau und die daraus sich ergebenden Rückschlüsse
    angesprochen. Außerdem wird darauf verwiesen, daß noch zu Larnacs Zeiten -er
    schrieb seine Geschichte der weiblichen Literatur in Frankreich 1929- als Feminist
    galt, wer die weibliche Unterlegenheit mit jahrhundertelangem Mangel an Erfahrung
    erklärte und ihn durch Erziehung auszugleichen *hoffte*.

Hier wird die theologische Minderwertigkeit der Frau im Mittelalter weitergeführt und auf alle Ebenen ausgeweitet. Beispiel dafür ist unter anderem die Hysteriediskussion des 19. Jahrhundert. Allein das Wort "Hysterie" -von griechisch *"hystera"* = Gebärmutter- beweist schon das Geschlechtsspezifische des Phänomens und schließt eine Anwendung des Begriffes auf den Mann aus. Findet er dennoch Anwendung bei der Beurteilung eines Mannes, gilt er dadurch natürlich als ganz besonders negativ. Der Ursprung dieser Deutung der Hysterie als durch den Uterus bedingter und damit beim Mann unmöglicher Krankheit liegt in Griechenland, bei Hippokrates.[1] Zwar erkennen im Laufe der Geschichte Ärzte, daß diese Ansicht falsch ist, können sich aber nicht allgemein durchsetzen, so daß die Hysteriedisputation im 19. Jahrhundert den misogynen Absichten dienlich sein kann.[2] Dabei ist die Schlußfolgerung von Frédéric Dubois (1799–1873, seit 1847 "secrétaire perpétuel de l'Académie de Médecin") wesentlich, der sagt, daß eine Einschließung der Frau, wie sie der Orient kennt, sich auf die Eindämmung der Hysterie günstig auswirke.

2.2.1.2 Die Mode und ihre Bedeutung für das Frauenbild

Die körperliche Seite in der Diskussion um Frauenbild und Frauenverhalten findet des weiteren seinen Niederschlag in der Modediskussion. Die Frage nach der Bekleidung durchzieht die ganze Geschichte. Kleidung dient nicht nur vordergründig dem Schutz des Körpers vor Hitze, Kälte oder anderen Witterungseinflüssen und Verletzungen. Sie kann ebenso äußeres Zeichen von Funktion und Bedeutung ihres Trägers sein.[3] Formen, Farben, Materialien und Verzierungen drücken aus, welchen Platz der Einzelne in seiner Gesellschaft innehat. Ein Blick in Modegeschichtsdarstellungen zeigt die dabei mögliche Variationsfülle.

---

1 Vgl. Regina Schaps, *Hysterie und Weiblichkeit, Wissenschaftsmythen über die Frau,* Frankfurt/New York 1982, S. 21.
2 Siehe ebd., S. 48 ff.
3 So findet man z.B. in *Das Bild der Menschheit* im Anhang der einzelnen Bände immer eine kleine Modegeschichte der im jeweiligen Band abgehandelten Zeit.

Dabei gilt für Frauen allerdings sehr häufig eine Einschränkung mehr als für Männer. Frauen unterliegen ja nicht nur der Bekleidungsvorschrift der sozialen Gruppe, der sie angehören, sondern haben sehr häufig auch zu berücksichtigen, daß ihnen, zum Beispiel im Judentum, das Tragen von Männerkleidung untersagt ist. Oft aber bestimmt trotzdem nur die Zweckmäßigkeit die Kleidung der Frau oder erlaubt ihr zu bestimmten Anlässen ein Umgehen der Vorschrift. Bei Reitervölkern tragen Frauen zum Beispiel ganz selbstverständlich Hosen, da das Überleben des Stammes vom Funktionieren der Gruppe abhängt. Das Gemeinwohl kann also nicht abhängig gemacht werden von der anderswo üblichen Schicklichkeitsvorstellung, daß Frauen keine Hosen tragen dürfen.[1]

Im Frankreich des 19. Jahrhunderts gewinnt die Bekleidung als Ausdrucksmöglichkeit noch an Bedeutung. So bildet sich in den Dreißiger Jahren der bürgerliche Anzug heraus, der durch den in den Vierziger Jahren erreichten Fortschritt in der Textilindustrie, der die Massenkonfektion erst ermöglicht, die Gesellschaft prägt, da das Bürgertum wichtiger Gesellschaftsfaktor geworden ist. Dieser Anzug und sein weibliches Gegenstück, die Krinoline, engen die Bewegungsmöglichkeit stark ein.[2] D. Mey geht sogar soweit zu sagen, daß man in der Krinoline den Ausdruck für die Einengung der Denkfreiheit der Frauen sehen kann.[3] Aufgabe der bürgerlichen Kleidung ist aber auch nicht mehr Zweckmäßigkeit. Jetzt wird sie fast ausschließlich zum Repräsentationsmittel ohne Rücksicht auf Funktionalität. Mode ist also eine erste Möglichkeit des wettbewerbsmäßigen Konsums und Darstellung des wirtschaftlichen Erfolges. Dabei spielt die Frau eine große Rolle. An ihr zeigt sich der Reichtum des Mannes, wobei die Krinoline diesem Demonstrationsbe-

---

1 Siehe *Das Bild der Menschheit*, Bd. 5, Sp. 2345 und Bd. 7, Sp. 3342: In Mesopotamien ist in der Frühgeschichte der Hosenrock belegt. Und im Rom des 4. nachchristlichen Jahrhunderts zeigen Mosaiken junge Mädchen in einem Sportdress, der ein Vorläufer zum erst im 20. Jahrhundert aufkommenden Bikini ist.
2 Philippe Perrot, *Le jardin des modes*, in: Aron, a.a.O., S. 101 ff.
3 Dorothea Mey, *Die Liebe und das Geld, Zum Mythos und zur Lebenswirklichkeit von Hausfrauen und Kurtisanen in der Mitte des 19. Jahrhunderts in Frankreich*, Weinheim/Basel 1987, S. 68.

dürfnis entgegenkommt, da auf ihr sehr viel Stoff drapiert werden kann. Diese Repräsentationsaufgabe der bürgerlichen Frau zeigt, daß die Frau des reichen Bürgertums immer mehr die Rolle übernimmt, die früher der adeligen Dame vorbehalten war.[1] Aber so wie die bürgerliche Dame des 19. Jahrhunderts keine tatsächliche Adelige ist, so ist auch ihre Kleidung im Vergleich verändert. Zwar bietet die Abendmode des Zweiten Kaiserreiches Einblicke in großzügige Dekolletés, aber während des Tages ist die Frau züchtig verhüllt, möglichst mit Stehkragen und langen Ärmeln. Denkt man nun noch an das einschnürende Korsett, kann man sich die Wirkung dieser Kleidung auf die Denk- und Konzentrationsfähigkeit vorstellen. Schließlich macht das Korsett eine steife Haltung und gemäßigte Bewegungen zwingend notwendig. Die Gesellschaft wünscht dieses Bild, das die so angezogenen Frauen bieten. Da das äußere Bild meist Abbild der inneren Haltung ist, kann man also folgern, daß die Frau sich auch innerlich im vorgeschriebenen gesellschaftlichen Korsett bewegen sollte. Die rigide Bewegungseinengung durch die Kleidung findet erst ihre allmähliche Auflösung, als in den Achtziger Jahren die sportliche Betätigung beginnt, zum Beispiel Tennis und Fahrradfahren.[2]

2.2.1.3 Der Einfluß der Kurtisane auf das Urteil über die Frau

Das Bild der bis oben zugeknöpften und mit viel Stoff verhüllten Frau prägt auch die Sexualität des 19. Jahrhunderts. Dabei wird ein scharf akzentuierter Unterschied gemacht zwischen der Frau im eigenen Haus und der Fremden. Die eigene -"anständige"- Frau bekommt von ihrem Mann ein gewisses Maß an dosiertem Vergnügen und sexuellem Genuß zugewiesen.[3] Ganz anders hingegen geht man mit den "käuflichen" Frauen um. Für sie gelten andere Maßstäbe. Sie sind die Inkarnation des

---

1 Siehe Hegenbarth-Rösgen, a.a.O., S. 66 f.
2 Perrot, a.a.O., S. 113.
3 Siehe Alain Corbin, *La prostituée*, in: Aron, a.a.O., S. 49.

Luxus und der Verschwendung im Zweiten Kaiserreich.[1] Frauen wie Cora Pearl, Caroline Letessier, Hortense Schneider, Léonide Leblanc[2] nennt man die "grandes horizontales" oder die "grandes courtisanes"[3], was nicht nur ihren persönlichen Erfolg ausdrückt, sondern auch den diesem Erfolg entgegengebrachten Respekt konnotiert. Dabei ist die Kurtisane in dieser Zeit nicht mehr wie früher gebildet, sondern eingebildet, dumm und einfältig[4], vielleicht ein Spiegel der beginnenden und dabei gleich maßlos übertreibenden Konsumgesellschaft, die in Menge und Größe den Erfolg sieht, weniger in der Qualität.

Trotz des Erfolges der wenigen großen Kurtisanen darf aber nicht übersehen werden, daß selbst den Großen dieses Gewerbes im Grunde nur Verachtung entgegengebracht wird. Die Prostituierte, und eine solche bleibt auch die erfolgreichste Kurtisane letztendlich, ist ihrer Menschenrechte beraubt und Freiwild des öffentlichen Spottes. Wenn es einer Celeste de Mogador passieren kann, daß Musset (1810-1857) sie mit Sprudel übergießt, um sie dem öffentlichen Gelächter preiszugeben, kann man sich vorstellen, was einfache Prostituierte erlebt und erduldet haben müssen.[5]

Die große Kurtisane prägt das äußere Bild des luxuriösen Gesellschaftslebens im Zweiten Kaiserreich durch den Luxus in ihrer Lebensführung. Kostbare Gegenstände umgeben sie, besonders verschwenderisch gestaltete Kleidung. Mit ihrem Äußeren macht sie Reklame für ihre Ware Körper. Ihr äußerer Stil bestimmt ihren Marktwert und damit ihren

---

1 Mey, a.a.O., S. 64.
2 Ihr Spitzname "Madame Maximus" (siehe nächste Anmerkung) kennzeichnet bereits ihren Lebensstil und den im Zweiten Kaiserreich in diesem gesellschaftlichen Umgang üblichen Luxus. Ein gelungenes plastisches Bild dieser Sphäre gibt die Verfilmung der Oper "La Traviata" von Franco Zeffirelli aus dem Jahre 1983.
3 Auf diese bekannten "Damen" wird zum Beispiel bei einer der größten Bestseller-Autorinnen der Trivialliteratur des 20. Jahrhunderts, Barbara Cartland, Bezug genommen in ihrem Roman *A gamble with hearts* (1975). Sie bringt in einer dem Roman vorangestellten Anmerkung nähere Angaben zu Léonide Leblanc, Caroline Letessier und Hortense Schneider.
4 Vgl. Mey, a.a.O., S. 131.
5 Ebd., S. 150 f.

wirtschaftlichen Erfolg. Für die anderen Frauen ergibt sich daraus eine Art Zwang, das äußere Auftreten der Kurtisane zum Beispiel zu gesellschaftlichen Anlässen zu kopieren und sich ebenso -aufwendig und dekolletiert- zu kleiden. Sind aber die anständige und die käufliche Frau in ihrer Aufmachung nicht voneinander zu unterscheiden, liegt es nahe, den Rückschluß zu ziehen, daß sie auch denselben inneren Wert haben. So wird ein Teil der Verachtung, die man der Prostituierten entgegenbringt, auf die Frau generell übertragen. Es entsteht die Meinung, daß jede Frau im Innern eine Hure sei oder es zumindest werden könnte. Die Frau bedarf also der moralischen Unterweisung des Mannes, der dadurch das Recht bekommt, der Frau ihr Verhalten vorzuschreiben. Die Diskussion um den Einfluß der Kurtisane auf die Gesellschaft und die Schuld der "anständigen" Frau an dieser Entwicklung, die im Zusammenhang mit dem Theaterstück *La dame aux camélias* von Alexandre Dumas fils (1824-1895) die Gemüter erhitzt[1], findet sich später wieder bei Michelet, wenn er die "Ehemüdigkeit" seiner Zeit kommentiert.

2.2.1.4 Antifeminismus und Feminismus

Auf dem Hintergrund der vorangehenden Darlegungen werden die Probleme in der Diskussion um die Frau und um ihre Rolle im 19. Jahrhundert verständlich. Eine Vielzahl unterschiedlicher, zum Teil sehr kontroverser Meinungen verschärfen die Auseinandersetzung. Besonders schwierig gestaltet sich der Kampf der Frauen um die Anerkennung ihres Wertes und um die Rechtmäßigkeit ihrer Forderungen. Da ein negatives Bild der Frau und ihres Wertes in der Gesellschaft existiert, kann man Frauen selbst als Vertreterinnen ihrer eigenen Interessen nicht

---

1 Siehe dazu das Vorwort zum Theaterstück *La dame aux camélias* (Erstaufführung 2.2.1852) von Alexandre Dumas fils, das 1868 im Bd. I seines *Théâtre complet* bei Calmann Lévy abgedruckt ist. Hier ist es zitiert nach: Alexandre Dumas fils, *La dame aux camélias*, Paris, Garnier Flammarion, 1981. Auf S. 507 findet sich Dumas Äußerung zum Einfluß der Kurtisane auf die Gesellschaft und S. 509 sein Urteil über die Schuld der "anständigen" Frau.

anerkennen, ohne diesem Negativbild zu widersprechen. Man würde der Frau durch ein solches Entgegenkommen de facto positive Fähigkeiten, zum Beispiel Denkvermögen, Urteilsfähigkeit usw., zusprechen.

Die Gruppe derer, die ein negatives Bild von der Frau haben und verbreiten, teilt sich in zwei Richtungen auf. Da sind zunächst die Antifeministen, die durchaus noch eine gewisse Bewunderung für die Frau aufbringen, was ihre rein weiblichen Eigenschaften anbelangt. Für sie kann die Frau sogar ein Idol sein, wie weiter oben bereits dargelegt wurde. Die andere Richtung sind die Frauenfeinde, die von vornherein die Frau und alles Weibliche ablehnen.[1] Diese Unterscheidung wird später noch zum Tragen kommen, wenn die Meinungen von Michelet und Proudhon dargelegt werden.

Der Einfachheit halber sollen in der Diskussion beide Gruppen unter dem Begriff des Antifeminismus zusammengefaßt werden. Zunächst einmal sind beide Gruppen der Frauenbewegung gegenüber feindlich eingestellt. Die Frauenbewegung wird mit dem Etikett des Feminismus gleichgesetzt. Das Wort selbst stammt aus dem Französischen, aus dem System Fouriers.[2] Es wird aufgegriffen, und bald versteht man darunter das Streben nach Unabhängigkeit und Gleichberechtigung der Frau. So kann man also den Gegensatz Feminist - Antifeminist aus dieser vereinfachten Erklärung heraus definieren: ein Feminist tritt ein für Rechte der Frau, ein Antifeminist bestreitet sie. Insofern ist die Gleichsetzung von Frauenfeind und Antifeminist sinnvoll.

Ausgangspunkt für Feminismus und Antifeminismus ist die bereits angesprochene Diskussion um die a priori gegebenen oder nicht gegebenen Fähigkeiten der Frau. Turgeon, der seinen Überblick über die

---

1 Siehe Jeanne Calo, *La création de la femme chez Michelet*, Paris 1975, S. 59. J. Calo legt großen Wert auf diese Unterscheidung, da z.B. Michelet nur in ganz bestimmten Passagen seiner Werke frauenfeindlich sei, ansonsten aber eher antifeministisch.

2 Turgeon, a.a.O., Bd. 1, S. 10 f. Turgeon ist insofern ein guter Beleg für die Einschätzung der Entwicklung des Feminismus, als er fast noch als Zeitzeuge der hier in diesem Rahmen behandelten Entwicklung gelten kann.

Entwicklung des Feminismus zu einem Zeitpunkt gibt, da die hier zur
Untersuchung anstehende Phase bereits abgeschlossen ist, legt ausführlich alle Aspekte der "infériorité" der Frau dem Mann gegenüber dar, die
im 19. Jahrhundert immer wieder ins Feld geführt worden sind.[1] Dabei
kommt er auf eine Liste von sieben "infériorités":

1., infériorité intellectuelle
2., infériorité pédagogique
3., infériorité économique
4., infériorité électorale
5., infériorité civile
6., infériorité conjugale
7., infériorité maternelle

Sie bedeuten, daß die Frau, weniger intelligent als der Mann, kaum
Zugang zu höherer Bildung hat, und ihre Arbeit weniger wert ist. Sie kann
weder öffentliche noch private Rechte geltend machen und hängt völlig
von der ehelichen und elterlichen Gewalt des Mannes ab.

Der Kampf gegen das Vorurteil über die Frau als dem Mann unterlegen
und das Streben nach gesellschaftlicher Gleichstellung der Frau ist die
Aufgabe der Feministen. Dabei ist zu beachten, daß zumal bei den
Feministen starke Divergenzen in der Frage bestehen, wie weit man mit
den Forderungen gehen soll.[2] So entstehen vornehmlich auch Diskussionen um solche vagen Forderungen wie "l'égalité dans la différence"
von Legouvé.[3] Und nicht vergessen darf man auch, daß es verschiedene
Feminismusrichtungen gibt, je nachdem, aus welchem Umfeld heraus die

---

1 Ebd., Bd. 1, S. 6 f.
2 In diesem Zusammenhang sei an ein bereits unter 1.3.1 erwähntes Beispiel für den
  Kampf der Feministinnen untereinander erinnert, nämlich die Auseinandersetzung
  um die Kandidatur von George Sand, die letztlich zur Kandidatur von Jeanne Deroin
  führte.
3 Turgeon, a.a.O., Bd. 2, S. 435.

Frauenfrage betrachtet wird. So wird sich der christliche Feminismus, ausgehend zwar von einem Christus als "Freund der Frauen"[1], aber dennoch geprägt von der nicht immer frauenfreundlichen Tradition der katholischen Kirche, wesentlich unterscheiden vom sozialistischen Feminismus, wie ihn zum Beispiel André Léo vertritt.

Da die Diskussion sich sehr kontrovers gestaltet, die Frauen selbst auch zum Teil sehr unterschiedliche Richtungen vertreten, kann man verstehen, wie es möglich ist, daß noch Turgeon als Lösung des Konfliktes vorschlägt, daß die Frauen zunächst einmal untereinander Solidarität üben und sich gegenseitig Gleichheit zubilligen sollten, bevor sie Gleichberechtigung mit dem Mann fordern.[2]

2.2.2 Die Frau in Ehe und Familie

Will man die von den Frauen seit der französischen Revolution gestellten Forderungen nachvollziehen, muß man sich vergegenwärtigen, in welchen Alltagsbedingungen die Frauen lebten. Wie der Mann kommt auch die Frau aus einer Familie und wird später konstituierender Teil einer neuen Familie. Wichtige Sozialisationseinflüsse für ihren Lebensweg gehen von dem Rollenverhalten in der elterlichen Familie, von der Wahl des Ehepartners und der Weitergabe eines spezifischen Rollenverhaltens an die Kinder aus. Dabei hat sicherlich die Prägung durch das eigene Elternhaus die größte Bedeutung. Da die Familie als Keimzelle des Staates auch Grundlage jeder Gesellschaft ist, soll nun zuerst betrachtet werden, wie sie im 19. Jahrhundert in Frankreich aussah.

---

1 Vgl. ebd., Bd. 1, S. 64 f. Hier werden verschiedene Beispiele für positive Begegnungen Christi mit Frauen aufgeführt. Ebenso wird ausdrücklich darauf hingewiesen, daß die Frau vor Gott dem Mann gleich ist.
2 Siehe ebd., Bd. 2, S. 470 ff. Hier wird es so dargestellt, als brächte die Realisierung von Gleichheit unter den Frauen fast automatisch die Gleichheit von Mann und Frau, wobei vergessen wird, daß die in der französischen Revolution geforderte und dann auch realisierte Gleichheit der Männer (Problematik der Übersetzung des Wortes "homme"!) keineswegs zur Solidarität aller Männer, gleich welcher Schicht, geführt hat.

Ein wichtiger Faktor dafür, wie sich die Familie im 19. Jahrhundert präsentiert, sind einschneidende wirtschaftliche Veränderungen. Die gegen Ende des 18. Jahrhunderts einsetzende Industrialisierung erfordert eine Rollenverteilung, die es vorher in diesem Maße nicht gegeben hat, da zum Beispiel in der vorindustriellen Agrargesellschaft die Frau ihren Teil an Feldarbeit leisten mußte. Jetzt gehen die Männer des wirtschaftstragenden Bürgertums zur Arbeit aus dem Haus und überlassen dieses und die Kinder der Frau.[1] Da das Bürgertum einen großen Teil der Bevölkerung ausmacht, gewinnt dieses Familienmodell Vorbildcharakter; es entsteht eine Art Mythos der Familie.

Am Anfang der Familie steht die Eheschließung. Diese wird aus verschiedenen Gründen angestrebt: Erhalt des Namens, Erhalt der Familie, Erlangen oder Sicherung des wirtschaftlichen und/oder sozialen Aufstieges usw. Wirtschaftliche Erwägungen müssen angestellt werden, da eine Familie eine gesicherte Existenz braucht. Die bisherigen Kriterien behalten zwar weiterhin ihre Gültigkeit. Dennoch kommt im 19. Jahrhundert ein neuer Gesichtspunkt hinzu, der bei einer geplanten Eheschließung berücksichtigt wird. Unter dem Einfluß der romantischen Literatur gewinnt nämlich der Gedanke der Liebesheirat an Bedeutung. Das läßt sich anhand des Verhaltens nach dem Tod des Ehepartners ablesen. So war es vorher weit verbreitet, sich relativ schnell wieder zu verheiraten. Da die Ehe auch eine auf Nützlichkeit ausgerichtete Lebensgemeinschaft ist, fehlt der Partner und muß -unabhängig von Gefühlen- ersetzt werden. Im 19. Jahrhundert wird es dann üblich, den Schmerz über den Verlust zum Beispiel mit Tränen zu manifestieren und eine längere Frist bis zur Wiederverheiratung verstreichen zu lassen.[2] Auch versucht man, die

---

1 Vgl. Aubert, a.a.O., S. 130 f. Diese im 19. Jahrhundert erfolgte Prägung des Begriffs der bürgerlichen Familie wirkte so stark, daß sie noch heute teilweise als naturgegebene Rollenverteilung betrachtet wird. Für E. Badinter (in: *L'amour en plus, Histoire de l'amour maternel (XVIIe-XXe siècle)*, Paris 1980, S. 368 ff) ist diese Familie ein Mythos, da sie ihrerseits auf einem Mythos -nämlich dem der Mutterliebe- aufbaut.

2 Siehe Badinter, *L'amour en plus*, S. 39: Zahlen belegen, daß in manchen Gegenden 45% - 90% der Wiederverheiratungen im ersten Trauerjahr erfolgten, was aber in

Ehepartner für die zu verheiratenden Kinder unter dem Gesichtspunkt zu wählen, ob sie zusammenpassen, was Geschmack, Kultur, Gefühle und physische Anziehung anbelangt.[1] Dennoch muß der materielle Aspekt berücksichtigt werden. Also spielt die Mitgift eine große Rolle, da zum Beispiel eine bezahlte Berufstätigkeit der Frau in der Regel fehlt.[2]

Die meisten Ehen waren Familienarrangements, wobei nur zwei gesellschaftliche Gruppen es den jungen Leuten ermöglichen, sich vorher mehr oder weniger gut kennenzulernen: Die high society, die sich zu gesellschaftlichen Anlässen immer wieder zusammenfindet, und das Kleinbürgertum der Handwerker und Geschäftsleute, deren Töchter im elterlichen Betrieb mithelfen.[3]

2.2.2.1 Materielle Implikationen des Ehestandes

Daß eine Eheschließung, die man ja auch Familiengründung nennt, von finanziellen Erwägungen getragen wird, sieht man anhand der Beispiele von Junggesellen, die einfach aufgrund fehlenden Vermögens und zu geringen Einkommens keine Familie gründen können. So hängt die Häufigkeit des Junggesellenstandes auch vom Berufsstand ab. Selten finden sich Junggesellen im Milieu der Geschäftsleute, weil die Frauen hier eine wertvolle Hilfe sind. Sehr oft hingegen müssen diejenigen auf Familie verzichten, die am Rande der bürgerlichen Sozialschichtung von sehr bescheidenen Einkünften leben. Die Frau ist also, wirtschaftlich gesehen, in einem Fall eine Stütze und im anderen eine Last.[4]

---

keiner Weise einem tiefen Gefühl für den verstorbenen Partner widersprechen muß.
1 Vgl. Lequin, a.a.O., Bd. 1, S. 379 ff.
2 Bei Marie-Henriette Faillie, *La femme et le code civil dans la Comédie humaine d'Honoré de Balzac*, Paris 1968, S. 48, heißt es ausdrücklich, daß die wirtschaftlichen Verhältnisse des 19. Jahrhunderts die Abschaffung der Mitgift nicht erlaubten.
3 Siehe Daumard, *Les bourgeois et la bourgeoisie en France depuis 1815*, S. 208.
4 Vgl. A. Daumard, *La bourgeoisie parisienne de 1815 à 1848*, S. 326 f.

Im Bürgertum ist es üblich, daß Kinder, die heiraten wollen, eine finanzielle Grundlage erhalten. Dabei spielt es keine Rolle, ob es sich um Töchter oder Söhne handelt. Lediglich die finanziellen Verhältnisse der Eltern entscheiden darüber, ob und in welcher Höhe eine Mitgift gegeben wird. Allerdings werden Töchter nicht zu Ungunsten der Söhne ausgestattet, so daß häufig das Geld für eine lange und kostspielige Ausbildung der Söhne aufgebraucht wird. Die Mädchen können dann nicht heiraten und leben von einer kleinen Rente, von der Gnade der Familie oder verdienen sich ihren Unterhalt mit im 19. Jahrhundert aufkommenden, neuen, schlechtbezahlten Arbeiten, die aber aus gesellschaftlichen Gründen keine Handarbeit sein dürfen.[1] Insofern ist bereits bei der Vergabe der Mitgift eine Zurücksetzung der Frau zu beobachten.

Darüberhinaus liegt die Verfügungsgewalt über das als Mitgift eingebrachte Gut in den Händen des Ehemannes.[2] Oft bringt erst das Witwendasein der Frau eine starke und unabhängige Position, da die Testamentsbestimmungen des Mannes der überlebenden Gattin zuweilen über das hinausgingen, was der *Code civil* vorsah.[3] Im normalen Alltagsleben ist die Frau sehr eingeschränkt, was den Umgang mit Geld anbelangt. Hat sie ein eigenes Einkommen, kann sie dennoch nicht darüber verfügen. Selbst das Recht auf ein eigenes Sparbuch wird ihr erst 1881 zugestanden.[4] Zwar sehen einige Eheverträge vor, daß die Frau über einen Teil des Einkommens aus ihren eigenen Gütern verfügen kann, aber diese Klausel ist erstens nur im "régime dotal" möglich und zweitens nur für sehr Begüterte von Interesse.[5] Auch die Möglichkeit, selbst

---

1 Daumard, *La bourgeoisie parisienne de 1815 - 1848*, S. 155.
2 Siehe ebd., S. 209.
3 Ebd., S. 213.
4 Vgl. Georges Hourdin, *La femme, jalons pour une histoire*, in: *La femme: Hier et aujourd'hui*, Journée du Laus 1966, Dans un monde en mutation... la femme, Paris 1967, S. 35. 1886 wird der Frau der Beitritt zu einer Rentenkasse erlaubt, 1907 die freie Verfügung über ihren Lohn zugestanden.
5 Daumard, *La bourgeoisie parisienne de 1815 à 1848*, S. 364. Vgl. dazu auch Paul Ourliac/Jean-Louis Gazzaniga, *Histoire du droit privé français*, Paris 1985, Kapitel "Le régime dotal", S. 311 ff.

nachträglich die Gütertrennung zu verlangen, bringt nur Wenigen Vorteile. Wenn zum Beispiel ein Geschäftsmann Konkurs macht, kann durch
Gütertrennung ein Teil des Vermögens den Gläubigern entzogen werden, oder die Frau kann sogar das Geschäft kaufen und ihren Mann,
ohne die Verantwortung des rechtlichen Besitzers, als Leiter anstellen.[1]

2.2.2.2 Die juristische Seite von Ehe und Familie

Jede Ehe und Familie hat eine juristische Grundlage[2]. Rechte und
Pflichten sind gesetzlich geregelt und bestimmen das Zusammenleben.
Eingeleitet wird eine Ehe durch die Eheschließung. Die damit zustande-
kommende Ehe kann durch Vertrag näher spezifiziert werden.[3] Dann
greifen die gesetzlichen Bestimmungen über Rechte und Pflichten der
Eheleute gegeneinander, gegenüber den Kindern und der Gesellschaft.
Auch beim Scheitern einer Ehe bestimmen diese den modus procedendi.

Recht und Gesetz werden konsultiert, wenn es zu Problemen und
Streitfällen kommt. Auf Ehe und Familie bezogen heißt das: Können sich
die Ehepartner nicht einigen über die Finanzen oder die Kindererziehung,
oder kommt es zu Untreue und Trennung, muß auf die rechtliche Regelung zurückgegriffen werden, um das Problem zu lösen. Dazu muß es
eine niemanden benachteiligende und alle Eventualitäten beinhaltende
rechtliche Regelung geben.

---

1 Daumard, *La bourgeoisie parisienne de 1815 à 1848*, S. 369.
2 Man kann die Ehe juristisch als die mit Eheschließungswillen eingegangene,
staatlich anerkannte Lebensgemeinschaft zwischen Mann und Frau bezeichnen.
(Für die BRD vgl. Diederichsen in: Palandt, *Bürgerliches Gesetzbuch*,
Kurzkommentar, 50. Aufl. 1991, C.H. Beck Verlag München, Einführung vor § 1353
Randziffer 2)
3 So können in der BRD gemäß § 1408 Abs.1 BGB die Ehegatten ihre güterrechtlichen
Verhältnisse durch Vertrag (=Ehevertrag) regeln, insbesondere auch nach der
Eingehung der Ehe den Güterstand aufheben oder ändern (z.B. Aufhebung oder
Änderung des gesetzlichen Güterstandes, der Zugewinngemeinschaft;
Vereinbarung der Gütergemeinschaft oder Gütertrennung usw.).

Genau an diesem Punkt beginnt bereits das Problem der Frau im 19. Jahrhundert. Sie ist durch Recht und Gesetz benachteiligt, da der *Code civil* sie, wie bereits erwähnt, unter die Vormundschaft des Mannes stellt. Das hat natürlich Konsequenzen für die rechtliche Position der Frau in Ehe und Familie.

Der *Code Civil* von 1804 legt der Frau eine Gehorsamspflicht ihrem Mann gegenüber auf.[1] Der Ehemann verfügt über eine umfassende Rechtsposition gegenüber der Frau; ihm obliegt die Kontrolle aller ihrer Aktivitäten bis ins kleinste Detail, so zum Beispiel auch ihrer Korrespondenz.[2]

Seit der *Constitution* von 1791 ist die Eheschließung ein ziviler Vertrag. Dieser Tatbestand wird fortan nicht mehr bestritten und schlägt sich ganz selbstverständlich im *Code civil* nieder.[3] Die Ehe ist demnach ein Vertrag, wobei auf die Vertragspartner das allgemein geltende Recht Anwendung findet. Innerhalb des Vertrages bleibt hingegen ein gewisser Spielraum für nähere vertragliche Einigungen, zum Beispiel bezüglich der finanziellen Seite.[4] Der *Code civil* von 1804 erleichtert die Eheschließung, indem er die Formalitäten erleichtert. Das Einverständnis der Eltern wird nicht mehr so stark wie früher bewertet. Damit will man ein Gegengewicht bieten zu den immer häufiger auftretenden freien Beziehungen.[5]

Fast alle Ehen im gehobenen Bürgertum beruhen auf einem Ehevertrag, so daß dieser zum Kriterium für den sozialen Erfolg wird. Überwiegend wird die Zugewinngemeinschaft vereinbart, mitunter die Gütertrennung, die besonders für Geschäftsleute von Vorteil ist, um die Folgen eines möglichen Konkurses zu mildern. Sehr selten, und nur in reichen

---

1 Philippe Malaurie/Laurent Aynès, *Cours de droit civil, La famille*, Paris 1987, S. 412. Hier wird die Formulierung nochmals ins Gedächtnis gerufen: "Le mari doit protection à sa femme, la femme obéissance à son mari." (Artikel 213 des *Code civil*)
2 Siehe Catherine Labrusse-Riou, *L'égalité des époux en droit allemand, 1. Les personnes*, Paris 1965, S. 15 f.
3 Alex Weill/François Terré, *Droit Civil, Les personnes, la famille, les incapacités*, Paris 1983, S. 169 f.
4 Ebd., S. 173.
5 Gabriel Marty/Pierre Raynaud, *Droit Civil, Les personnes*, Paris 1976, S. 75.

Familien, entscheidet man sich für den "régime dotal", da er Spekulationen des Ehemannes verbietet. Für die Frau bedeutet der "régime dotal" folglich den größtmöglichen Schutz, den das Gesetz bieten kann, denn er erlaubt dem Ehemann die Verwaltung und Nutznießung des Eigentumes seiner Frau, legt ihm aber gleichzeitig die Pflicht auf, es intakt zu erhalten und in keinem Fall zu schädigen. Im Falle einer Scheidung bleibt der Frau somit ihr Eigentum erhalten. Nachteil des "régime dotal" ist aber, daß die Frau selbst, sogar mit Einwilligung des Ehemannes, nicht über ihr Eigentum verfügen darf, da auch für sie die Pflicht, es zu erhalten, gilt.[1] In den Augen mancher Leute hat der "régime dotal" den Vorteil, daß er eine erzieherische Wirkung haben kann. Denn nur, wenn die Frau sich als würdig erweist, hat sie teil am Gewinn des Mannes, so daß sie sich nach Meinung von Cte Joseph-Jérôme Siméon (1749–1842) bemüht, die Wertschätzung ihres Mannes zu gewinnen.[2]

Für die der ehelichen Gewalt ihres Mannes unterworfene Frau hat der Ehevertrag immer Konsequenzen. Somit kann man über den Vorteil des "régime dotal" streiten. Die häufigste Form des Ehevertrages, die Gütergemeinschaft, verstärkt die eheliche Gewalt des Mannes über die Finanzen, da sie in keiner Weise beschränkt ist.[3] Die Gütertrennung bietet, wie oben erwähnt, nur in wenigen Ausnahmefällen der Familie einen Vorteil. Und ganz gleich wie der Ehevertrag aussieht, die Frau hat nie das Recht, ohne Zustimmung des Mannes über Eigentum zu verfügen.

Auch in Bezug auf das, was die Frau durch ihre Arbeit als Gewinn erwirtschaftet, hat der Mann volles Zugriffsrecht. Bei Gütergemeinschaft hat der Mann das alleinige Verfügungsrecht. Bei Gütertrennung ist die Frau zwar in der Lage, ihren Lohn nach eigenem Ermessen zu veraus-

---

1 Siehe Daumard, *La bourgeoisie parisienne de 1815 à 1848*, S. 332 ff und S. 359.
2 Ebd., S. 363. Hier zitiert A. Daumard Cte Siméon, *Mémoire sur le régime dotal et le régime en communauté dans le mariage* (in: *Mémoire de l'Académie des Sciences Morales et Politiques*, t. I, 1837), um den Vorteil der Gütergemeinschaft zu unterstreichen: Die Frau konnte nicht ausgeschlossen werden von der Nutznießung finanzieller Vorteile, was insbesondere wichtig war, wenn es zu einer Trennung kam.
3 Siehe ebd., S. 358 f.

gaben, benötigt aber die Zustimmung des Ehemannes, wenn sie über mit ihren Ersparnissen erworbene Güter verfügen will.[1] Hingegen gibt es keine Verpflichtung der Frau, zum finanziellen Unterhalt der Familie beizutragen. Diese Pflicht ruht einzig auf den Schultern des Mannes, was sich aus der Familienkonzeption im 19. Jahrhundert erklärt.[2]

Der *Code civil* scheint zwar der Familie keine große juristische Bedeutung zuzumessen, will aber dennoch der Familie Stärke und Zusammenhang geben, ohne auf die Konzeptionen des *Ancien Régime* zurückzugreifen. Dadurch erklärt sich zum Beispiel die starke Position des Mannes als "chef de famille". Im 19. Jahrhundert gewinnen aber Individualismus und Sozialismus Einfluß auf die Vorstellungen von Familie. Die Scheidung wird, zumindest teilweise, möglich, freie Bindungen werden häufiger, die eheliche und elterliche Autorität des Mannes nimmt ab, die Stellung der illegitimen Kinder verbessert sich, und die Geburtenrate insgesamt sinkt. Bewirkt werden diese Entwicklungen von den wirtschaftlichen und sozialen Veränderungen. Besonders die weibliche Berufstätigkeit wurde in der Arbeiterschaft, allerdings erst zum Ende der Dritten Republik, als Bedrohung der Stabilität der Familie angesehen.[3]

Die französische Revolution ermöglicht 1792 die Scheidung der Ehe. Vorausgegangen sind dabei zwei wichtige Veränderungen, zum einen die Säkularisation der Ehe, die nur noch ein ziviler Vertrag und damit nicht mehr an das katholische Dogma von ihrer Unauflöslichkeit gebunden ist, und zum anderen die von der Revolution verbriefte persönliche, individuelle Freiheit, die durch eine unauflösliche Ehe stark beschnitten würde. Die Scheidung kann aus verschiedenen Gründen ausgesprochen werden: Beiderseitiges Einverständnis, Verschulden eines Partners (eheliche Untreue, kriminelles Vergehen, geistige Entfremdung, böswilliges Verlassen usw.) oder Unverträglichkeit der Charaktere. Bereits ein von sechs Bürgern attestiertes Getrenntleben von mindestens sechs Mona-

---

1 Malaurie/Aynès, a.a.O., S. 460.
2 Siehe ebd., S. 465.
3 Vgl. Weill/Terré, a.a.O., S. 161 f.

ten führt eine Zeit lang zur Scheidung. Da es noch keine Regelung zur finanziellen Versorgung gibt, führt diese "leichte Scheidung" oft zu einer schwierigen Situation der Betroffenen.[1]

Der *Code civil* von 1804 schlägt dann einen Mittelweg ein zwischen der Unauflöslichkeit der Ehe und der erleichterten Scheidung während der Revolution. Zwar gilt die Ehe nun als im Prinzip unauflöslich. Dennoch ist die Scheidung möglich, einerseits aufgrund beiderseitigen Einverständnisses[2] und andererseits aufgrund des Verlangens eines Partners, der dann das Verschulden des anderen nachweisen muß (z.B. Ehebruch[3], gerichtliche Verurteilung, Ausschweifung, Mißhandlung oder schwere Beleidigung). Im Fall des Ehebruchs muß allerdings unterschieden werden, ob der Mann oder die Frau der schuldige Teil ist, da nur der Mann die Scheidung aufgrund des Ehebruchs der Frau fordern kann. Die Frau kann es im umgekehrten Fall nur dann, wenn der Mann die Partnerin seines Ehebruchs in der ehelichen Wohnung etabliert hat.[4] Um Mißbrauch zu vermeiden, wird das beiderseitige Einverständnis sehr selten akzeptiert. Man bedient sich seiner, um ein Verschulden vor der Öffentlichkeit zu verbrämen und die Betroffenen vor übler Nachrede zu schützen. Der Nachweis der Schuld muß aber vorher geführt werden. Scheidungen aufgrund beiderseitigen Einverständnisses sind also sehr sel-

---

1 Ebd., S. 315 f.
2 Marty/Raynaud, a.a.O., S. 331. Verwiesen wird hier auf die strenge Regelung bei einer Scheidung aufgrund beiderseitigen Einverständnisses: Es muß eine Verständigung über die Erziehung der Kinder geben und einen Verzicht beider Partner auf je die Hälfte seiner Güter zugunsten der Kinder.
3 Vgl. C. Labrusse-Riou, *L'égalité des époux en droit allemand*, a.a.O., S. 16 f. Ehebruch wurde sehr unterschiedlich beurteilt, je nachdem ob er von der Frau oder dem Mann begangen wurde. Sitte und Strafrecht sind dafür der Beweis. Auch bei D. Mey, *Die Liebe und das Geld*, a.a.O., S. 104, wird darauf verwiesen, daß ein Mann sich nur dann des Ehebruches schuldig macht, wenn er die Konkubine in der eigenen Wohnung unterbringt. Tötet er hingegen seine in flagranti beim Ehebruch erwischte Frau, ist dies ein entschuldbarer Mord, der häufig gar nicht bestraft wird.
4 Gunda Bosch-Adrigam, *Zur rechtlichen Aufklärung, Über den Ehebruch und die Folgen in der Rechtsprechung des ausgehenden 18. und des 19. Jahrhunderts*, in: Hiltrud Gnüg/Renate Möhrmann, Hgg., *Frauen, Literatur, Geschichte*, Stuttgart 1985, S. 501.

ten.[1] Folgen der Scheidung für den schuldigen Teil sind das Verbot, den Mitschuldigen des Ehebruchs zu ehelichen, und der Verlust der im Ehevertrag geregelten finanziellen Vorteile. Als Hauptproblem erweist sich in der Mehrzahl der Scheidungsfälle die Zahlung des Lebensunterhaltes. Die Verpflichtung des Ehemannes, seine Frau zu unterhalten, besteht nur dann nach einer Scheidung weiter, wenn er als der allein schuldige Partner geschieden wird. Da aber zum Beispiel der Ehebruch bei Mann und Frau unterschiedlich beurteilt wird, kann man davon ausgehen, daß eine Scheidung zumeist aufgrund von "faute partagée" erfolgt, was für die Frau äußerst schwerwiegende finanzielle Konsequenzen hat.[2]

Mit dem Wiedereinsetzen des Katholizismus als Staatsreligion entfällt ab 1816 die Option der Scheidung.[3] Von nun an muß wieder auf die "séparation" (=Trennung von Tisch und Bett) zurückgegriffen werden.

Die "séparation" besteht als Möglichkeit seit jeher, da die Kirche auf diese Weise eine Alternative schuf zum unmöglich gewordenen Zusammenleben, ohne den Anspruch auf Unauflöslichkeit der Ehe aufzugeben. In der Revolution wird die "séparation de corps" dann abgeschafft, weil sie religiös motiviert ist und dem zivilen Charakter der nachrevolutionären Ehe widerspricht.[4] Sie wird wieder eingeführt im *Code civil*, wo sie durch das eingeschränkte Scheidungsrecht neuen Sinn erhält. Es gelten für sie dieselben Vorschriften wie für die Scheidung. Gedacht ist sie für Eheleute, denen religiöse Überzeugungen die Scheidung unmöglich machen.

Erst 1884, im dritten Anlauf, wird die Scheidung wieder in den *Code civil* aufgenommen. Der Charakter der Scheidung wird dabei bestimmt von den Regelungen, die bereits der *Code* von 1804 vorsieht. Nicht mehr

---

1 Weill/Terré, a.a.O., S. 317.
2 Argumentation kann z.B. sein, daß der Mann durch Fehlverhalten irgendeiner Art seitens seiner Gattin zum Ehebruch "getrieben" wurde.
3 Siehe Weill/Terré, a.a.O., S. 317 f. Das dazu nötige Gesetz wurde am 8.5.1816 von Bonald eingebracht. Die Abschaffung der Scheidung war die logische Konsequenz der Reaktion und außerdem auch der seit Napoleon I. fortschreitenden und im *Code civil* manifestierten Einschränkung dieser revolutionären Errungenschaft.
4 Siehe ebd., S. 316.

möglich ist jetzt aber das beiderseitige Einverständnis, da Scheidung eine Ausnahme bleiben soll.[1] Scheidung gilt als notwendiges Übel, was sich durch die Tatsache belegen läßt, daß bis 1941 keine Reform des Gesetzes durchgeführt wird, und selbst damals die Reform nur dem Zweck dient, die Scheidung zu erschweren und die Bestrafung des schuldigen Teiles zu verschärfen.[2] Weiterhin bestehen bleibt die "séparation".

Der durch die Möglichkeit der Scheidung und die wirtschaftlich-sozialen Veränderungen bedrohten Familie wird vom *Code civil* von 1804 keine große juristische Bedeutung zugewiesen. Dennoch wird man sich im 19. Jahrhundert langsam der Tatsache bewußt, daß die Familie gefördert werden muß. Dies ist unter anderem sicher auch ein Grund dafür, daß schon im *Code* von 1804 die Scheidung erschwert ist und daß sie 1816 ganz abgeschafft wird.[3]

Die elterliche Gewalt wird vom Vater ausgeübt. Sie wird im *Code civil* beschnitten auf die Zeit der Minderjährigkeit[4], die beendet ist mit dem Eintritt in das dafür vom Gesetz festgelegte Alter, mit der Volljährigkeitserklärung oder mit einer Eheschließung. Verboten wird jetzt auch die völlige Enterbung der Kinder und die Möglichkeit, ein Kind ohne Zustimmung des Familienrates aus erzieherischen Gründen festnehmen und einschließen zu lassen.[5]

Wie stark die Position des Mannes in Ehe und Familie ist, läßt sich daran ablesen, daß er gemäß dem *Code civil* derjenige ist, der über Wohnort und Unterbringung allein entscheidet.[6] Unterstrichen wird diese Position

---

1 Vgl. ebd., S. 318. Vorausgegangen ist der Wiedereinführung der Scheidung ein langer Kampf, in dem sich Leute wie George Sand, Flora Tristan und Fourier engagierten. Auch Alexandre Dumas fils trug mit seinem Werk *La question du divorce* von 1879 sein Scherflein bei.
2 Catherine Labrusse-Riou, *Droit de la famille, 1. Les personnes*, Paris 1984, S.318.
3 Vgl. Marty/Raynaud, a.a.O., S. 28. Hier wird auf die zwiespältige Haltung des *Code civil* verwiesen, wonach das Familienrecht "avait tantôt contribué à désagréger la famille et tantôt réagi contre cette désagrégation".
4 Das gilt nur eingeschränkt für die Frau, die vom *Code civil* grundsätzlich unter die Vormundschaft des Mannes gestellt wird.
5 Weill/Terré, a.a.O., S. 743.
6 Labrusse-Riou, *L'égalité des époux en droit allemand*, S. 71 ff.

durch den gemeinsamen Ehenamen, der als soziales Etikett zur Repräsentation nach außen dient und damit zwangsläufig der Name des Mannes sein muß.[1]

Auch bezüglich der illegitimen Kinder hat der Mann im *Code civil* von 1804 die starke Position, da der Artikel 340 ausdrücklich besagt: "La recherche de la paternité est interdite." Man kann sich die Folgen dieser bis 1912 gültigen Regelung leicht ausmalen. Diese Regelung bedeutet zudem einen gewissen Rückschritt, da bereits 1793 Cambacérès (1753–1824), der einen ersten, nicht akzeptierten Vorschlag für einen *Code civil* mit einer erheblich verbesserten Stellung der Frau eingebracht hatte[2], in der *Convention* auf eine Lösung drängte und darauf verwies, daß es nicht zwei Sorten von Vaterschaft geben kann.[3]

2.2.2.3 Die Rolle der Hausfrau und Mutter

Im 19. Jahrhundert gewinnt die Konzeption der Frau als guter Hausfrau progressiv an Bedeutung. Da Dienstboten immer schwieriger zu finden sind -die Industrie fordert Arbeitskräfte und bietet zum Beispiel Aufstiegschancen- oder auch das Familienbudget überbelasten würden, übernimmt die Hausherrin einen Teil der Arbeit.[4] Dazu wird es notwendig, die Frauen auf diese Arbeit vorzubereiten, was in der Schule geschieht. Es entsteht ein typisch weibliches Ausbildungsideal: das der Hausfrau und Mutter. Das Wichtigste dabei ist die Ordnung, die -wie bereits früher im politischen Zusammenhang erwähnt- in dieser Zeit eine große Rolle spielt, weil Ordnung Überschaubarkeit bietet; und Überschaubarkeit ist Schutz vor Unvorhergesehenem (=Unglück) und damit Sicherheit.[5] Hilfe

---

1 Ebd., S. 97.
2 Vgl. Badinter, *L'un est l'autre*, S. 204. Er wollte der Jungvermählten "la pleine capacité" zugestehen und strebte die völlige Gleichheit der beiden Ehegatten, z.B. bezüglich der Verfügungsgewalt über die Güter, an.
3 Turgeon, a.a.O., Bd. 2 , S. 389.
4 Siehe Anne Martin-Fugier, *La maîtresse de maison*, in: Aron, a.a.O., S. 118.
5 Ebd., S. 122. Veranschaulicht wird diese Pflicht der Ordnungsliebe mit dem Schlagwort: "une place pour chaque chose et chaque chose à sa place".

findet die Hausfrau dabei meist nur noch in einer "bonne", deren Bezeichnung laut A. Martin Fugier bereits ihr umfangreiches Tätigkeitsfeld spiegelt: "bonne à tout faire"[1]. Durch diese Unterstützung kann die Hausfrau sich ihrem zweiten wichtigen Arbeitsgebiet widmen, den Kindern.

Sichtbares Zeichen für die Qualität einer guten bürgerlichen Mutter ist das Stillen, das im 19. Jahrhundert immer mehr als selbstverständlich von der Frau erwartet wird. Dabei geht es vor allem um die persönliche Sorge für das eigene Kind, das nicht mehr einer Amme anvertraut werden soll. Als dann später die sterilisierte Milch und die sterilisierbaren Fläschchen aufkommen, spricht auch die als besser apostrophierte, hygienische Überwachung des Säuglings für eine sehr intensive Betreuung durch die Mutter.[2] Aus der Möglichkeit wird dann -wie bei Michelet- die Pflicht. Die Mutterschaft und die Aufopferung für andere wird zur Berufung der Frau erklärt. Der Mythos der sich -ihrer Natur gemäß- selbstlos aufopfernden Mutter ist geboren.[3] Sie kann für alles verantwortlich gemacht werden.[4]

Dieser Muttertyp ist es, der von den Verfechtern der bürgerlichen Ehe gewünscht wird. Zu ihnen gehört zum Beispiel Alexandre Dumas fils. Selbst als uneheliches Kind geboren, muß er die schmerzliche Erfahrung machen, daß es für ein Kind nur in der Ehe den verantwortungsbewußten Vater und den Schutz der Gesellschaft gibt. Deshalb wird er zum Apostel der Institution Ehe und verlangt das Festhalten am alten Familienschema.

bezahlt?

---

1 Siehe dazu Anne Martin-Fugier, *La bonne*, in: Aron, a.a.O., passim. Sie beschreibt die elenden Zustände in denen sich das Leben der Haushaltshilfen in der Regel abspielte: Schlechte Bezahlung, enormes Arbeitsaufkommen und außerdem Belästigungen durch männliche Angestellte oder Mitglieder des Hauses, die oft zu unerwünschten und durch die Herrschaft streng geahndeten Schwangerschaften führten.
2 Vgl. Lequin, a.a.O., Bd. 1, S. 328 ff.
3 Siehe Badinter, *L'amour en plus*, S. 264 ff und S. 368.
4 Vgl. ebd., S. 269 ff. Da das Aufopferungsprinzip generell immer und uneingeschränkt gilt, gibt es für die Frau keine Bestätigung dafür, wann sie ihre Pflicht getan hat. Einzige Antwort auf diese Frage ist die Entwicklung des Menschen, der einmal ihr Kind war. Jedes Versagen ist dann auf Fehler der Mutter zurückzuführen.

Als Gegenleistung fordert er dafür gesetzliche Reglementierungen zum Schutz der Kinder und der weiblichen Ehre sowie zur Bestrafung verantwortungsloser Väter.[1]

Die Zahl der außerehelichen, also "illegitimen" Geburten steigt in den großen Städten ständig, was dazu führt, daß es immer mehr Findelkinder und Waisen gibt, weil die unverheirateten Mütter durch eine rigide Anwendung der Sexualmoral ins Elend und die Prostitution getrieben werden. Davon sind besonders die Städte betroffen, da die Kontrolle der Moral und die moralische Druckausübung auf einen "nicht verehelichten" Vater auf dem Land leichter sind. In der Stadt hingegen herrscht nicht nur ein Desinteresse am anonymen Schicksal des Einzelnen, sondern es kommt noch hinzu, wie weiter oben bereits angesprochen, daß viele Junggesellen aus finanziellen Gründen keine Ehe eingehen können, ihre Sexualität aber auf Kosten zum Beispiel der weiblichen Haushaltshilfen usw. ausleben.[2]

Dem Problem der illegitimen Geburten steht das Problem des allgemeinen Geburtenrückganges gegenüber. Dafür gibt es mehrere Gründe. Zum einen droht dem Mann bei folgenreichem nichtehelichem Geschlechtsverkehr weder eine erzwungene Ehe, noch darf Vaterschaftsklage geführt werden. Zum anderen wollen viele Ehepaare unter dem Einfluß des im 19. Jahrhundert in Frankreich verbreiteten Mathusianismus die wirtschaftliche Belastung durch zu viele Kinder vermeiden und praktizieren Verhütung.[3] Außerdem wächst bei den Frauen der Widerstand gegen zu viele Kinder, weil sie sich dieser Aufgabe nicht gewachsen fühlen und nicht durch erzieherisches Versagen an ihren Kindern

---

1 Siehe Emmanuelle Klausner, "Alexandre Dumas fils dans la cité des femmes", in: *L'avant-scène théâtre*, n° 782, 15 janvier 1986, S. 7 f. Dumas geht in seinem Eintreten für das klassische Familienschema so weit, den Mann einer Ehebrecherin ausdrücklich dazu aufzufordern, diese zu töten. Siehe dazu auch Mey, a.a.O., S. 33.
2 Siehe Lequin, a.a.O., Bd. 1, S. 390 f. Lequin nennt hier den Junggesellen nicht nur eine Gefahr sondern einen "ennemi public".
3 Vgl. Dethloff, *Die literarische Demontage des bürgerlichen Patriarchalismus*, S. 12 f.

schuldig werden wollen.[1] Alle diese Faktoren zusammen führen dazu, daß zwar die Rate der legitimen Geburten sinkt, die der illegitimen aber zunimmt, da eine freie -männliche- Sexualität außerhalb der Ehe nicht mit Restriktionen belegt wird.

2.2.2.4 Der Einfluß der Kirche bei der Prägung des weiblichen Rollenbildes

Die religiöse Tradition Frankreichs ist geprägt durch die katholische Kirche. Es gibt zwar zu allen Zeiten andere religiöse Gruppen wie Juden, Protestanten usw., aber dabei handelt es sich um Minderheiten. Im Jahre 1872 weisen statistische Angaben 98% der Franzosen als Katholiken aus.[2]

Die Frohe Botschaft Jesu Christi, die der katholischen Kirche als Grundlage für alle Lebenskonzepte dienen soll, bringt eigentlich eine tiefgreifende Befreiung des Menschen. Dies gilt selbstverständlich auch für die Frau, wie die wenigen Zeugnisse von Begegnungen Jesu mit Frauen (z.B. mit der Samariterin usw.) zeigen. Jesus behandelt die Frau anders, als es das Judentum seiner Zeit für richtig hält.[3] Er greift damit auf die Schöpfungsordnung und die ursprüngliche Auffassung des Judentums zurück. Das Buch Genesis geht von der Gleichheit von Mann und Frau in einander ergänzender Verschiedenheit aus.[4] Bereits im Buch der Psalmen aber findet sich dann ein Hinweis für die erfolgte Beschneidung

---

1 Lequin, a.a.O., Bd. 1, S. 216 ff und S. 260 ff.
2 Ebd., Bd. 3, S. 174.
3 Aubert, a.a.O., S. 13 ff. Das Verhalten Jesu, mit einer Frau als gleichwertiger Partnerin zu sprechen und ihre Ansprüche zu akzeptieren, kann in Anbetracht der Lage der Frau im damaligen Judentum als revolutionär angesehen werden.
4 Alphonse Maillot, *Eve, ma mère, Etude sur la femme dans l'Ancien Testament*, Paris 1989, S. 33 ff. Die beiden ersten Genesiskapitel werden hier als Maßstab gesetzt für die Beurteilung aller Aussagen über die Frau im Alten Testament. Schwerpunkt sind dabei der Gedanke der Gleichheit ("Als Mann und Frau schuf er sie.") und der Gedanke der ergänzenden, gleichwertigen Verschiedenheit ("Es ist nicht gut, daß der Mensch alleine sei" = Unvollkommenheit der Menschheit vor Schaffung der Frau aus der Seite (= Gleichheit!) des Mannes.).

der Rolle der Frau, die nun auf das Haus festgelegt ist.[1] Zwar wird von
A. Steinsaltz betont, es handele sich nicht nur um eine Beschränkung der
Frau auf das Haus, sondern auch um die positive Beurteilung dieser
Beschränkung, da die Frau im Haus tatsächlich wie eine Königin bestimmen kann. Man muß aber sehen, daß es leicht ist, die Bewertung der
Einschränkung ins Negative zu verändern, wenn die Einschränkung erst
einmal allgemeingültige Tatsache ist. Diese Beurteilung kommt auch bei
K. Engelken zum Ausdruck, wenn sie im Rückblick ihrer Untersuchung
der Frauen im Alten Testament die Situation der Frau zusammenfassend
darstellt. So sagt sie, daß die in der vaterrechtlich strukturierten Familie
lebende jüdische Frau ihren Platz von Männern bestimmt bekommt und
sich auf die Sorge um die Nachkommenschaft beschränken muß. Sie
kann diese Familie auch nicht auf eigene Initiative verlassen. Durch diese
allgemeine Situation der Frau erklärt sich dann, warum es im Alten
Testament nur wenige Beispiele gibt von Frauen in kriegerischen, politischen oder sonstwie unabhängigen und selbständigen Positionen.[2]

Dieselbe Entwicklung wie im Judentum erfährt die Einschätzung der
Frau auch in der von Jesus ausgehenden Kirche, und zwar umso stärker,
je mehr diese institutionalisiert wird und sich damit von der befreienden
Botschaft Jesu[3] entfernt. Zeugnis dafür ist das Neue Testament. Hier
lassen sich vor allem die Paulusbriefe anführen. Einerseits unterstreicht
Paulus -und man darf nicht vergessen, daß es sich um einen gebildeten,
streng gläubigen Juden handelt, der in der alten Ordnung erzogen worden

---

1 Adin Steinsaltz, *Hommes et femmes de la Bible*, Paris 1990, S. 227 f. Die Stelle
Psalm 45, 14 (im folgenden zitiert nach *Die 24 Bücher der Heiligen Schrift*, übersetzt
von Dr. Zunz, Viktor Goldschmidt Verlag, Basel), "Ganz Herrlichkeit weilt die
Königstochter im inneren Gemache, aus Goldwirkerei ist ihr Kleid.", wird hier zitiert
als Schlüsselstelle für die allgemeine Formel, nach der die Rolle der Frau festgesetzt
wurde.

2 Vgl. Karen Engelken, *Frauen im Alten Israel, Eine begriffsgeschichtliche und
sozialrechtliche Studie zur Stellung der Frau im Alten Testament*,
Stuttgart/Berlin/Köln 1990, S. 176 f.

3 Alphonse Maillot, *Marie, ma soeur, Etude sur la femme dans le Nouveau Testament*,
Paris 1990, S. 164. In seiner Zusammenfassung stellt Maillot heraus, wie
revolutionierend das Verhalten Christi den Frauen gegenüber war.

war- ausdrücklich die Befreiung der Frau und das gleiche Recht beider Ehepartner über den Körper des anderen[1], andererseits lassen sich gerade bei Paulus Auffassungen aufzeigen, die der Frau eine eindeutig untergeordnete Stellung zuweisen[2]. Das freiwillige Zölibat und die monogame und unauflösliche Ehe werten die Frau auf, denn das Zölibat relativiert das Sexuelle, und die monogame und unauflösliche Ehe machen die Frau erst zu einer gleichwertigen Partnerin.[3] Wenn es mehrere Ehefrauen gibt, die zudem noch leicht vom Ehemann verstoßen werden können, fehlt von vornherein jede Basis für Partnerschaft.[4] Die neue Einstellung zur Frau drückt sich auch aus in dem Verlangen, der Ehemann habe seine Frau zu behandeln wie Christus die Kirche.[5] In der weiteren Entwicklung hat sich dann die vorherige Ungleichheit wieder eingeschlichen, wobei sie gestützt wird durch die von der Naherwartung bestimmte Unterbewertung alltäglicher Dinge. So fordert Paulus zum Beispiel das Tragen des Schleiers als Konzession an bestehende Bräuche. Da damit aber die Unterwerfung der Frau unter den Mann ausge-

---

1 Paulusbrief an die Galater 3, 28 ("Da gibt es nicht mehr Juden und Griechen, Sklaven und Freie, Mann und Weib. Denn ihr alle seid einer in Christus Jesus.") und erster Paulusbrief an die Korinther 7, 3–4 ("Der Mann leiste seiner Frau die schuldige Pflicht, ebenso aber auch die Frau dem Manne. Die Frau hat kein Verfügungsrecht über ihren Leib, sondern der Mann; ebensowenig hat der Mann ein Verfügungsrecht über seinen Leib, sondern die Frau.").

2 Eph 5, 22: "die Weiber seien ihren Männern untertänig" (dieselbe Auffassung auch Kol 3, 18 und bei Petrus, 1 Pe 3,1); 1 Kor 11, 3: "das Haupt des Weibes aber ist der Mann"; 1 Kor 11, 8f: "der Mann ist nicht vom Weib, sondern das Weib vom Manne"; 1 Ti 2, 11: "das Weib soll sich still halten". Diese Bibelstellen sind zitiert nach: *Praktisches Bibelhandbuch-Wortkonkordanz*, hrsg. vom Katholischen Bibelwerk, Stuttgart, 9. unveränderte Auflage, Ersterscheinungsjahr 1968.

3 Siehe Aubert, a.a.O., S. 21 ff.

4 Vgl. France Quéré, *Les femmes de l'Evangile*, Paris 1982, Kapitel 6: "Questions de droit". Hier werden Ehe, Ehebruch und Scheidung im Judentum und die durch Christus erfolgte Änderung und ihre Bedeutung für die Stellung der Frau sehr deutlich dargelegt.

5 Siehe Hourdin, a.a.O., S. 28. Hourdin legt hier da, daß die Befreiung des Einzelnen durch den Nächsten, der dazu in der Lage ist, erfolgen muß, da der Sinn des Evangeliums nicht sei, Forderungen zu stellen. So sei die Befreiung der Frau in die Hände des Ehemannes gelegt.

drückt wird, gerät mit der Zeit in Vergessenheit, daß Christinnen nur einen Brauch respektieren, und man kehrt zur alten Interpretation und dadurch zum alten Rollenverhalten zurück.[1]

Die theologische Abdrängung der Frau erwächst in der Folgezeit aus der Abwertung der Sexualität, besonders der weiblichen, und aus dem männlichen Gottesbild.[2] Deshalb kann einer Frau auch keine männliche Aktivität, zum Beispiel das Priesteramt, ermöglicht werden. Die Frau lebt also durch die Geschichte der katholischen Kirche hindurch im Spannungsfeld der beiden kontroversen Frauenbilder Eva - Maria, wobei das Bild der schuldigen Frau, die der Menschheit die Erbsünde aufgeladen hat, durch die Demutshaltung von Maria -"Fiat voluntas tua."- nicht ausgeglichen werden kann.

Grundlage für die Situation der Kirche im Frankreich des 19. Jahrhunderts ist zum einen die französische Revolution mit ihren antiklerikalen Bestrebungen und zum anderen das Konkordat von 1801[3]. In der Revolution verliert der Katholizismus seinen Status als Staatsreligion und im Anschluß daran auch seine wirtschaftliche Position als privilegierter Großgrundbesitzer, da es zu zahlreichen Enteignungen kommt. Das Konkordat strebt zwar eine Verständigung zwischen Paris und Rom an, stellt aber nicht den vorrevolutionären Zustand wieder her. Dennoch kommt es zu einer engen Zusammenarbeit zwischen Kirche und Staat.[4] Nicht unterschätzen darf man bei aller Säkularisation des Lebens durch die Revolution, daß es im 19. Jahrhundert gleichwohl die Tradition des

---

1 Vgl. Aubert, a.a.O., S. 35 ff.
2 Siehe ebd., S. 52 ff, S. 76 und S. 85 ff.
3 Da das 1817 geschlossene und an das Konkordat von 1516 anknüpfende Konkordat von den Kammern nicht bestätigt wurde, behielt das napoleonische Konkordat im Wesentlichen seine Gültigkeit bis zur Trennung von Kirche und Staat im Jahre 1905. Siehe dazu K. Bihlmeyer/H. Tuchle, *Histoire de l'Eglise*, t. IV, Mulhouse 1967, S. 119.
4 Vgl. Lequin, a.a.O., Bd. 3, S. 174 f.

geistigen Rüstzeuges gibt, das geprägt ist durch die Sprache und die Vorstellungen der Kirche.[1] Hinzu kommt der Klerikalismus der zurückgekehrten Emigranten.[2] Außerdem ist das 19. Jahrhundert ein Jahrhundert der Erscheinungen.[3] Erinnert sei an Bernadette Soubirous und die Marienerscheinungen von Lourdes.

Durch die Revolution und die großen gesellschaftlichen Veränderungen entsteht ein gewisser spiritueller Mangel und auf der Seite der Kirche ein gewisses "Sendungspotential", so daß die christlichen, besonders sozial motivierten Laienbewegungen[4] ebenso verständlich werden wie 1854 das Dogma von der unbefleckten Empfängnis Mariä und 1870 das Dogma der Unfehlbarkeit des Papstes. Gerade die hierarchische Autoritätsstruktur der katholischen Kirche kommt dann auch dem Streben der Politik nach Ordnung entgegen, da bis zum Zweiten Vatikanischen Konzil der Katechismus das Vierte Gebot der Achtung von Mutter und Vater auch anwandte auf geistliche und weltliche Obrigkeit. Schon Napoleon I. sah den Vorteil, den die Politik aus der Kirche ziehen kann und ermöglichte deshalb das Konkordat.[5]

Auf den Alltag bezogen, kann man sagen, daß die Frauen wichtige Stützen der französischen Kirche im 19. Jahrhundert sind, denn in ihren Händen liegt die religiöse Erziehung der Kinder[6] und damit die Zukunft

---

1 Siehe ebd., Bd. 3, S. 179.
2 Vgl. Adrien Dansette, *Histoire religieuse de la France contemporaine, L'Eglise catholique dans la mêlée politique et sociale*, Paris 1965, S. 184. Ein Mann wie Chateaubriand (1768-1848) ist dabei sehr wichtig, dennoch aber nur einer von vielen, was für die Bedeutung des geleisteten Beitrags zur Rechristianisierung des Lebens spricht. Grundlage dieser Gläubigkeit war mitunter die Erfahrung der Emigration und ihres Elends, das die Vergänglichkeit drastisch vor Augen führte und damit einen Sinneswandel bewirken konnte.
3 Lequin, a.a.O., Bd. 3, S. 184.
4 Als Beispiele seien genannt die Vereinigung des St. Vincent de Paul (1833) und die Vereinigung von St. François de Sales (1857).
5 Vgl. Bihlmeyer/Tuchle, a.a.O., S. 90. Er sah das Christentum als ethische Basis des Sozialgebäudes.
6 Siehe Daumard, *La bourgeoisie parisienne de 1815 à 1848*, S. 367. Frauen geben den Glauben an die Kinder weiter, indem sie davon erzählen, selbst praktizieren und zu bestimmten Riten anhalten wie Gebet bei Tisch und zu bestimmten Zeiten und regelmäßigem Gottesdienstbesuch.

des Staates. Außerdem beugen sich die Männer in der Regel den Forderungen ihrer Frauen nach kirchlicher Trauung und begleiten ihre Frauen zur Messe und zu Beerdigungen. Somit spielt die Frau eine wichtige Rolle bei der Erneuerung des Katholizismus in der Mitte des Jahrhunderts.[1] Interessant ist nun, aus der Perspektive der Frauenbewegung die von den Frauen übernommenen und weitergegebenen Konzeptionen von Frau, Ehe und Familie näher zu betrachten.

Bedenkt man, welche Frauengestalten in der Kirche als verehrungs- und nachahmungswürdige Vorbilder hingestellt werden, kann man bereits Rückschlüsse darauf ziehen, wie eine Frau sein soll. Dabei ist nicht wichtig, wie die geschichtliche Wirklichkeit tatsächlich war, sondern wie über sie berichtet und wie und in welcher Absicht sie dargestellt wird.

Da sind zunächst einmal die großen Heiligen[2] der Gesamtkirche wie Hildegard von Bingen (1098–1179), Elisabeth von Thüringen (1207-1231), Katharina von Siena (1347–1380) und Theresia von Avila (1515–1582). Außerdem wirken in Frankreich die großen französischen Heiligen nach wie Jeanne d'Arc (1412–1431), Bernadette Soubirous (1844–1879) und Thérèse de Lisieux (1873–1897).

Allein schon zahlenmäßig sind die heiligen Frauen den Männern "unterlegen", von ihrer Einstufung, zum Beispiel als Kirchenlehrer, gar nicht zu reden, da nur zwei Frauen, nämlich Theresia von Avila und Katharina von Siena, -und zwar beide erst 1970- zu Kirchenlehrerinnen ernannt wurden. Besonderes Merkmal dieser Frauen ist, daß sie mit ihrem Leben ein besonderes Beispiel christlicher Demut gegeben haben. Bekannt ist die rührende Lebensgeschichte der heiligen Elisabeth, die klaglos männliche Tyrannei ertrug, erst durch ihren Schwager, dann durch ihren Seelenführer Konrad von Marburg (+1233). Damit soll die Tugend der Leidensbereitschaft und Unterwerfung nicht abgewertet werden. Es fällt nur auf, daß bei zahlreichen männlichen Heiligen diese sehr

---

1 Siehe Daumard, *Les bourgeois et la bourgeoisie en France depuis 1815*, S. 215.
2 Die Angaben zu den im weiteren Verlauf erwähnten Heiligen entstammen: Peter Manns, Hg., *Die Heiligen in ihrer Zeit*, Mainz 1966.

wichtige Tugend doch etwas kurz kommt, bei Frauen aber nie fehlen darf. Das wird auch nicht widerlegt durch einzelne Ausnahmebeispiele wie Hildegard von Bingen, die zwar Ratgeberin von Fürsten und Bischöfen war, sich letztlich aber doch stets in die Disziplin des Ordens stellte, was männliche Führung durch den Beichtvater bedeutet. Auch Theresia von Avila ist, besonders in ihrer Beziehung zu Johannes vom Kreuz (1499/1500-1569), für diese Unterwerfung unter einen weitestgehenden fremden Willen ein gutes Beispiel. Jedes Wort, das sie schrieb, ging durch die Kontrolle ihres Beichtvaters.[1]

Auch durch ihre persönliche Lebensgeschichte zeigt Theresia von Avila, was Frauenschicksal ist. Sie entscheidet sich nämlich unter anderem deshalb für das Kloster, weil sie, zum Beispiel an ihrer Mutter, sieht, wieweit männliche Macht weibliches Leben bestimmt. Im Kloster wird ihr Leben zwar ebenfalls durch Männer bestimmt, aber sie bewahrt sich vor Ehe und Mutterschaft, die man als weitestgehende männliche Herrschaft über den Körper einer Frau betrachten kann.[2]

Das Schicksal der Jungfrau von Orléans spricht für sich selbst. Die Frau, die aus der Norm ausbricht, mag nützlich sein. Dennoch ist sie suspekt und wird als Hexe diffamiert und verbrannt, damit sie keine Nachahmer findet. So ist sie, eine Art weiblicher Erzengel Michael, eigentlich ein Negativbeispiel. Dem verleiht Barbey d'Aurevilly Ausdruck, wenn er in *Le Pays* vom 11.12.1859 sagt, Jeanne d'Arc sei ein "virginal archange dont le sang de femme n'a jamais, dit-on, terni la splendeur".[3]

Die beiden im 19. Jahrhundert lebenden und wirkenden Heiligen Bernadette Soubirous und Thérèse de Lisieux sind schließlich Paradebeispiele für weibliche Demut und Unterwerfung, da beide ihre zarte

---

1 Vgl. Béatrice Didier, *L'écriture-femme*, Paris 1981, S. 54 ff. Sie beugte sich völlig dem Beichtvater und ließ alles weg, was er nicht für gut befand, selbst wenn sie eigentlich anders schreiben wollte. Man kann sich vorstellen, was diese Aufgabe des eigenen Willens einen starken und heftigen Charakter, als den man die Heilige kennt, gekostet haben mag.
2 Siehe ebd., S. 51 ff.
3 Der Artikel ist abgedruckt im "Dossier de presse" zu *La femme* im Bd. 18 der *Oeuvres complètes* von Jules Michelet, Paris 1985, S. 685 ff.

Die beiden im 19. Jahrhundert lebenden und wirkenden Heiligen Bernadette Soubirous und Thérèse de Lisieux sind schließlich Paradebeispiele für weibliche Demut und Unterwerfung, da beide ihre zarte Gesundheit aufrieben, sei es im harten Dienst der Krankenpflege, sei es an der spartanisch harten Kargheit des Karmels, und sehr jung starben. Die Kirche erhob sie zu leuchtenden Beispielen, um erzieherisch auf die Frauen einzuwirken und ihren "naturgegebenen" Aufopferungswillen zu bestärken, ohne herauszustellen, daß es sich hier um ganz herausragende, außergewöhnliche Einzelfälle handelt.

2.3   Die Forderungen der Frauen

Nach den vorangehenden Ausführungen kann man sich ohne Zweifel ein deutliches Bild von der Stellung der Frau in der französischen Gesellschaft des 19. Jahrhunderts machen. Die französische Revolution hatte den Menschen die Augen dafür geöffnet, daß Veränderungen möglich sind. In einer von "Emanzipationen"[1] geprägten Zeit finden sich jetzt auch die Frauen immer weniger damit ab, an den Rand gedrängt und ausgeschlossen zu werden. Ganz allgemein stellen die Frauen nun Forderungen an das männliche Gesellschaftssystem. Sie streben nach Emanzipation, genauer gesagt nach[2]:

1., **émancipation individuelle**
Dabei geht es besonders um bessere Bildungschancen.

2., **émancipation sociale**

---

1 Zu den politischen Emanzipationen der Zeit siehe: Heinrich Benedikt, *Das Zeitalter der Emanzipationen 1815–1848*, Wien/Köln/Graz 1977. Auf S. 23 wird auf die Emanzipationsdefinition dieser Zeit verwiesen. Emanzipation wird wie bei den Römern als Freilassung verstanden, womit der Freigelassene einerseits Rechte gewinnt, die ihm bisher versagt waren, er andererseits aber die schützende Hand des Herrn verliert.
2 Turgeon, a.a.O., Bd. 1, S. 8 f.

Das bedeutet vor allem besseren Zugang zu Berufen, auch zu bisherigen Männerdomänen.

3., émancipation politique

Hier geht es vor allem um das Wahlrecht.

4., émancipation familiale

Unabhängigkeit und auch Einflußnahme, z.B. bei der Erziehung der Kinder, sind hier das Ziel.

Um diese allgemeine Emanzipation zu erreichen, gilt es, konkrete Forderungen zu stellen, die in der Folge durch beständiges Nachhaken in Etappen erfüllt werden sollen. In zwei Zeitungen, der "*La Tribune des Femmes*" (1832–1834) und der "*La Fronde*" (1898–1906), werden die Forderungen der Frauen des 19. Jahrhunderts zusammengestellt[1]:

- **une instruction complète**

- **le droit de posséder et d'être à égalité dans la gestion des biens de leur famille**

- **le libre accès à toutes les carrières et la protection du travail féminin**

- **le droit à un salaire égal à celui de l'homme**

- **le droit de vote**

- **le droit à la liberté dans l'amour et dans la conception, c'est-à-dire le droit au divorce lorsqu'elles sont malheureuses ou lorsqu'elles se trouvent en face d'un compagnon impossible à vivre**

---

1 Siehe Hourdin, a.a.O., S. 34 ff. Hier wird der etappenweise Erfolg der Frauen aufgezeigt.

- le droit et la possibilité de ne pas avoir plus d'enfants qu'il ne
leur est possible d'en élever dignement.

Gestellt werden diese Forderungen von Frauen, die sich vor allem durch
Journalistentätigkeit und Publikationen an die Öffentlichkeit wenden, um
Bewußtsein zu bilden und damit Reformen zu erreichen. Dabei kann man
feststellen, daß die Zurückweisung der Frauen in der französischen
Revolution selbst -man denke an das Beispiel der hingerichteten Olympe
de Gouges- dazu führte, daß die politische Gleichheit erst wieder 1848
als Forderung auftauchte. Wie in der Revolution entstehen nun wieder
Clubs, Zeitungen und Schriften aller Art, und Jeanne Deroin gibt mit ihrem
persönlichen Einsatz ein Beispiel für den Kampf der Frauen um Gleichberechtigung.[1]

Das Zweite Kaiserreich bringt die oppositionellen Frauen und ihre
Forderungen in der Öffentlichkeit zum Schweigen durch die Aufhebung
der Versammlungsfreiheit und durch eine scharfe Zensur. Wie die aktiven
und in der oppositionellen Politik engagierten Männer müssen auch die
betreffenden Frauen emigrieren -wenn sie das noch können. Als Beispiele seien hier genannt Pauline Roland, die 1852 auf der Rückkehr aus der
Deportation starb, und Jeanne Deroin, die nach England geflüchtet war.[2]

Dennoch findet der Kampf der Frauen seine Fortsetzung, wenn auch
nur bei den Frauen des Bildungsbürgertums, die als Einzelkämpferinnen,
teils unter dem Schutz einer persönlichen liberalen Umgebung, auf
ideologischer Ebene weitermachen. Hauptgegner der Frauen sind dabei
Proudhon, Michelet und Auguste Comte, die in ihren Schriften den
Frauen, pointiert formuliert, nur eine Wahlmöglichkeit für ihr Leben ließen:
"ménagère ou courtisane".[3]

---

1 Siehe Lequin, a.a.O., Bd. 3, S. 308.
2 Mey, a.a.O., S. 80 f.
3 Ebd., S. 81

2.3.1   Frau und Bildung

Eine wesentliche Voraussetzung für eine menschenwürdige Existenz ist die Bildung, da sie erst eigenverantwortliches Handeln und qualifizierte Berufstätigkeit ermöglicht. Was die Ausbildung der männlichen Jugend anbelangt, muß man sagen, daß dieser Gedanke in der französischen Gesellschaft des 19. Jahrhunderts seine Umsetzung in die Realität findet. Deshalb gibt es im Zweiten Kaiserreich immer mehr Studenten.[1] Dem gegenüber steht die Tatsache, daß die Ausbildung von Mädchen noch immer nicht sehr ernst genommen wird und zwischen 1866 und 1889 nur achtundachtzig Mädchen das Abitur machen, von denen etwa zwanzig ein Medizinstudium absolvieren, ohne später zu praktizieren.[2] Die Dritte Republik weitet zwar das Schulsystem aus und baut dabei auf dem Grundstock der Juliemonarchie auf, die es den Kommunen zur Pflicht gemacht hat, eine "école obligatoire" zu errichten und zu unterhalten, und den Departements die Einrichtung einer "école normale" auferlegte. Weitergeführt wird diese Schulpolitik im Zweiten Kaiserreich durch die Verallgemeinerung der "école primaire" für Mädchen.[3] Dennoch bringt auch die Dritte Republik noch keine revolutionäre Veränderung der Frauenbildung mit sich. Zwar vermindert sich das Analphabetentum der Frau, aber erst 1880 wird ein Gesetz zur höheren Bildung der Mädchen erlassen.[4] Die Unterrichtsinhalte bleiben geschlechtsspezifisch, da die Mädchen zu guten Hausfrauen erzogen werden sollen.[5] Noch im Jahr 1864 wird die Meinung vertreten, daß die Erziehung und Bildung der

---

1 Lequin, a.a.O., Bd. 2, S. 333.
2 Ebd., Bd. 2, S. 332.
3 Siehe Hegenbarth-Rösgen, a.a.O., S. 77 f. Ab 1867 sind alle Kommunen mit mehr als 500 Einwohnern verpflichtet, eine Mädchenschule zu haben.
4 G. Hourdin, *La femme, jalons pour une histoire*, a.a.O., S. 37.
5 Siehe A. Hegenbarth-Rösgen, a.a.O., S. 78 f. Erst mit der großen Schulreform von 1881/82 wird die Schulbildung, soweit sie für Mädchen zugänglich ist, für beide Geschlechter gleich, was Bildungsstand der Lehrer und Unterrichtsinhalte anbelangt. Einziger Unterschied ist der Handarbeitsunterricht für Mädchen. Die höheren Schulen für Mädchen werden erst im 20. Jahrhundert den Knabengymnasien gleichgestellt.

Mädchen am besten in den Händen der Mütter bleiben solle.[1] Problem bleibt aber in dieser Diskussion, daß eine Mutter nur dann eine gute Erzieherin sein kann, wenn sie selbst ausreichend gebildet ist.[2]

Die Mädchenerziehung zu reformieren, um die soziale Lage der Frau zu verbessern, ist ein Hauptanliegen der französischen Frauenbewegung. Dabei gehen die Meinungen darüber, was erreicht werden soll, je nach Gruppenzugehörigkeit auseinander. Halten die gemäßigten Feministen, wie zum Beispiel Legouvé, fest an einer geschlechtsspezifischen Frauenrolle und wollen sie lediglich eine Ausweitung der bereits existierenden Bildungsmöglichkeiten, so wollen die radikalen Vertreter der Frauenbewegung ein grundsätzliches gesellschaftliches Umdenken und fordern eine auf Berufsausbildung und Berufstätigkeit hin modifizierte Bildung.[3]

2.3.2   Die Frau als Schriftstellerin

Frauen, die danach strebten, sich im Rahmen ihrer Möglichkeiten auszubilden und dadurch ein unabhängiges Leben auf eigene Kosten zu führen, nannte man abwertend "bas bleus", womit man sich über ihr Äußeres und ihren Ehrgeiz gleichermaßen lustig machte. Da dies öffentliche Meinung war, ließen sich viele Frauen, die studieren oder Karriere machen wollten, darauf ein, nur "anständiges Mittelmaß" anzustreben, um nicht zu kraß gegen den Strom anzuschwimmen.[4]

Eigentlich meint der Begriff "bas bleu" aber eine "femme auteur, bel esprit, pédante"[5] und apostrophiert so Frauen, "[qui] semblent vouloir usurper une fonction qui n'est ordinairement remplie que par les hom-

---

1 Badinter, *L'amour en plus*, S. 260 f.
2 Vgl. ebd., S. 258 f. Mgr. Dupanloup trat deshalb in den Sechziger Jahren des 19. Jahrhunderts für eine bessere Bildung der Frauen ein. Zwar hat er dabei ein geschlechtsspezifisches Rollenverständnis im Kopf, bringt aber wenigstens die Ausweitung des Schulsystems zur Sprache.
3 Vgl. Hegenbarth-Rösgen, a.a.O., S. 89 ff.
4 Siehe Badinter, *L'amour en plus*, S. 262 f.
5 Siehe dazu das Stichwort "bas-bleu" in: *Grand Dictionnaire universel du XIXe siècle*,

mes". Schreiben und Publizieren war eine subversive Provokation. Dabei waren die veröffentlichten Meinungen sehr häufig noch gemäßigt, da die radikalen Feministinnen bereits Schwierigkeiten hatten, ein Sprachrohr zu finden.[1] Dennoch wächst die Zahl der schreibenden Frauen in einem Maße, daß bereits 1836 eine *Biographie des femmes auteurs contemporaines* entsteht. Der Beweggrund dieser fast ausnahmslos dem Bürgertum entstammenden Autorinnen für ihre schriftstellerische Arbeit liegt zumeist in ihrem Engagement für ihr Geschlecht. Sie wollen protestieren gegen das Frauenbild und die Beschränkung des weiblichen Lebens auf traditionelles Rollenverhalten. Ihr Schreiben ist Bewußtseinfindung und Bewußtseinbildung in einem.[2]

Viele Frauen benutzen im 19. Jahrhundert ein männliches Pseudonym, unter anderem, um sich damit das Leben als Schriftstellerin zu erleichtern, da eine Frau von vornherein Schwierigkeiten hat, einen Verleger und anschließend ein Publikum zu finden. Prominente Vertreter dieses Weges sind George Sand und Daniel Stern (=Marie, Gräfin d'Agoult, 1805–1876). Gerade im 19. Jahrhundert wird das Pseudonym häufig und aus den unterschiedlichsten Gründen heraus benutzt. Waren die Motive vorher "crainte et prudence, modestie ou orgueil, désir de mystifier ou désir de révéler, jeu de l'incognito et de la reconnaissance"[3], so ist es nun der Versuch zu verheimlichen, daß man etwas so "Bourgeoises" tut wie Schreiben. Zudem läßt sich derselbe Stoff unter verschiedenen Namen in leichter Abänderung zu Geld machen. Auch fürchten die Frauen als "bas-bleu" zu gelten.[4] Die *loi Tinguy* von 1850 erkennt das Pseudonym sogar als Unterschrift an.[5]

   Bd. 2, 1867, S. 296 f. Der Text ist im Anhang wiedergegeben.
1 Siehe Michèle Sarde, *Regard sur les Françaises, Xe siècle - XXe siècle*, Paris 1983, S. 539 f.
2 Vgl. Béatrice Slama, *Femmes écrivains*, in: Aron, a.a.O., S. 214 und S. 222.
3 *Femmes de lettres au XIXe siècle, autour de Louise Colet*, Lyon 1982, S. 249.
4 Ebd., S. 249 f.
5 Ebd., S. 251.

Die Motive, sich für oder gegen ein Pseudonym zu entscheiden, sind bei den einzelnen Frauen höchst unterschiedlich. So sind zum Beispiel George Sands Praxis der Namenswahl mit ihren verschiedenen Etappen von Jules Sand über Jules Sandeau bis zum bisexuellen Anklang von George Sand und Mme de Staëls Direktheit, ihren wirklichen Namen zu benutzen, absolut konträre Erscheinungen. Die allgemeine Tendenz des 19. Jahrhunderts ist aber die Verwendung eines männlichen Namens als Pseudonym.[1] Zwar finden sich im 19. Jahrhundert immer mehr Verleger, die Frauen als Autoren akzeptieren, und die Zahl der Leserinnen ist in stetigem Ansteigen begriffen, dennoch gilt der Roman, die am ehesten der Frau zugestandene Domäne, als der Autobiographie anverwandt. Und autobiographisch bedeutet "indécence", was für Frauen ein "schlimmes Vergehen" war. So ist es verständlich, daß das Pseudonym vielen Schriftstellerinnen einen Ausweg bot, dessen sie sich zahlreich bedient haben.[2]

Um den Einfluß des geschriebenen Wortes richtig beurteilen zu können, muß man sich das Lesepublikum vergegenwärtigen. Im 19. Jahrhundert verbessert sich die Alphabetisierung durch die Reformen im Schulwesen. Nach und nach können sogar die meisten Frauen lesen. Dies bedeutet nun aber weder, daß jeder, der lesen kann, es auch tut, noch daß gelesen wird, was immer gedruckt erscheint. So bleibt zum Beispiel das Buch bis in die Siebziger Jahre das Privileg einer gebildeten Minderheit.[3] Wichtig werden hingegen die Zeitungen, die in der Dritten Republik dann ihr goldenes Zeitalter erleben. Die Tageszeitung wird zum Massenartikel.[4]

---

1 Ebd., S. 253 ff.
2 Ebd., S. 277.
3 Vgl. Lequin, a.a.O., Bd. 1, S. 122. Siehe dazu auch Daumard, *La bourgeoisie parisienne de 1815 à 1848*, S. 352 ff, wo auf die im Bürgertum existierenden Bibliotheken verwiesen wird, in denen sich vorwiegend die Klassiker der Antike und die französischen Autoren des 17. und 18. Jahrhunderts fanden.
4 Siehe ebd., Bd. 3, S. 212 ff.

Dadurch gewinnt eine Veröffentlichung in der Presse ein großes Gewicht und kann Einfluß auf die Meinungsbildung nehmen, was nicht zuletzt der Frauenbewegung zugute kommt.

3 Die Diskussion über das Rollenparadigma im Zweiten Kaiserreich

Die in dieser Untersuchung zu behandelnden Meinungen zur Rolle der Frau sind auf dem Hintergrund der in den vorangehenden Kapiteln beschriebenen Entwicklungen zu betrachten. Spielt doch bei der Meinungsbildung jedes Einzelnen zu welchem Thema auch immer alles das mit, was er bisher erfahren hat. Und erfahren kann der Einzelne nur, was ihm in seinen jeweils zutreffenden Lebensumständen von dem bis zu diesem Zeitpunkt erworbenen Wissen der Menschheit zugänglich ist, zum Beispiel durch die als selbstverständlich akzeptierte öffentliche Meinung zum betreffenden Problemkreis.

Die vorangehenden Ausführungen haben gezeigt, daß das 19. Jahrhundert die Rolle der Frau sehr dezidiert eingeengt hat auf die auf das Haus beschränkte liebende und gehorsame Gattin[1], Attribute, die umso vehementer verlangt werden, je häufiger "entartete" Frauen auftreten und ganz andere Lebensmöglichkeiten fordern. Diese von den Frauen gestellten Forderungen rufen als natürliche Reaktion Verteidiger des männlichen, eingeengten Frauenbildes auf den Plan. Und so beschäftigen sich Männer wie der Historiker Michelet und der Sozialist und Journalist Proudhon mit den zeitgenössischen Emanzipationsbestrebungen der Frauen und werfen zusammen mit ihrer Meinung ihr Ansehen in die Waagschale, wenn sie als Gesellschaftstheoretiker ihre Theoreme über die Frau und Ehe und Familie formulieren. Da es sich um bekannte Persönlichkeiten handelt und ihre Schriften von einem großen Publikum gelesen werden, sind ihre Theorien von großem Einfluß auf die Gesellschaft und ihren Gegnern schädlich, verfügen diese doch häufig weder

---

1 Siehe dazu Mey, a.a.O., S. 19: Dieses Rollenverständnis ist dabei natürlich, wie bereits in den vorangehenden Kapiteln gezeigt, keine Erfindung des 19. Jahrhunderts, sondern hat seine Wurzeln weit vor der Revolution und wurde im 19. Jahrhundert lediglich ausgebaut und als allgemeingültig verbreitet.

über gesellschaftliches Ansehen noch über Öffentlichkeit und ein großes Publikum.[1] Die Autorität, die Michelet und Proudhon genießen, bewirkt, daß sie selbst dann ernst genommen werden, wenn sie unsinnige Behauptungen aufstellen, die der alltäglichen Erfahrung klar und deutlich widersprechen. Die Frauen haben es auf diesem Hintergrund schwer, sich dagegen Gehör zu verschaffen, besonders da es sich nicht um eine Auseinandersetzung von gleich zu gleich handelt, zumal Frauen, die keinen Zugang zu den Bildung und Ansehen vermittelnden Institutionen haben, nicht über ein adäquates Selbstbewußtsein verfügen.[2]

3.1   Proudhon und Michelet

Wie bereits weiter oben angeführt gehören weder Michelet noch Proudhon zu denjenigen, die im Sinne ihrer feministischen ZeitgenossInnen für die Rechte der Frau kämpfen. Zwar bestehen gewisse Unterschiede in ihrem jeweiligen Frauenbild, doch stehen beide dem Selbstverständnis der Feministinnen ihrer Zeit diametral entgegen. Interessant sind ihre veröffentlichten theoretischen Ausführungen im vorliegenden Fall besonders deswegen, weil sie eine reflektierte Antwort seitens der drei in dieser Untersuchung behandelten "femmes de lettres" erhalten haben.

Bei den hier zugrunde gelegten Schriften handelt es sich bei Proudhon um *Amour et mariage*, das als 10. und 11. Studie in seinem Werk *De la justice dans la révolution et dans l'église* (Ersterscheinung 1858) enthalten ist, und um *La pornocratie ou Les femmes dans les temps modernes*, das 1875 posthum erschien. Eine Antwort auf *Amour et mariage* findet sich in Juliette Adams *Idées anti-proudhoniennes*, denen wiederum *La pornocratie* Widerpart geben sollte.

---

1   Vgl. ebd., S. 18. D. Mey bringt dafür das Beispiel, daß Proudhons Darlegungen weiten Teilen der französischen Arbeiterschaft im folgenden dazu dienten, ihre der Frauenerwerbstätigkeit feindlichen Positionen zu begründen.
2   Ebd., S. 85.

Bei Michelet sind besonders *L'amour* (1858) und *La femme* (1860) von Interesse, wobei Adèle Esquiros in ihrer kritischen Antwortschrift *L'amour* sogar einen Titel Michelets aufgreift und somit jedem deutlich macht, womit sie sich auseinandersetzt.

Natürlich werden auch andere Schriften der beiden Autoren herangezogen, wenn auch die oben erwähnten Werke als Grundlage dienen sollen, um das Frauenbild von Michelet und Proudhon hier kurz vorzustellen. Vorausschicken muß man dabei, daß sowohl Proudhon als auch Michelet bei der Entwicklung ihrer Ideologien bezüglich der Frau die Prinzipien der rationalen Beweisführung über Bord werfen[1] und auf teilweise merkwürdig anmutende Art ihre Theorien begründen. Man kann sicherlich mit D. Mey der Meinung sein, daß die entwickelten Ideologien dazu dienen sollen, Angst zu bannen[2], wobei sich die Unterschiede in den Theorien der beiden Autoren aus den Unterschieden in den sie beherrschenden Ängsten erklären lassen.

Gemeinsam sind beiden zwei Ansatzpunkte, nämlich die Definition der Familie als kleinster Einheit der Gesellschaft[3] und der Gesellschaft als Summe dieser kleinsten Einheiten und die Diskussion um die Arbeit.[4]

Es wird hier bewußt auf die Darlegung der Biographie zu Proudhon und Michelet verzichtet. Es soll vor allem vom Werk der beiden Autoren die Rede sein, wobei auf biographische Details zurückgegriffen werden soll, wenn dies zur näheren Erläuterung angeraten scheint.

---

1 Ebd., S. 53.
2 Siehe ebd., S. 33.
3 Ebd., S. 20. Die kleinste Einheit ist die Familie, die sich bereits mit der Eheschließung, d.h. auch ohne Kinder, bildet. Diese Definition der Familie auch ohne Kind begründet den Herrschaftsanspruch des Mannes über die Frau.
4 Ebd., S. 23 f. Das Problem besteht in der Konkurrenz, die eine Frauenerwerbstätigkeit für den Mann darstellt.

3.1.1   Proudhon und die unfähige Frau als Rechenexempel

Laut D. Mey findet sich bei Proudhon die verworrenste Begründung der weiblichen Unterlegenheit.[1] Sie präsentiert sich in einem Jonglieren mit Zahlen, die zum immer größeren numerischen Unterschied zwischen Mann und Frau führen. Da ist der Mann der Frau überlegen wie 3 zu 2, 9 zu 4 oder gar 27 zu 8.[2] Die beeindruckende Zahlenspielerei soll deutlich vor Augen führen, daß die Unterlegenheit der Frau eine Tatsache, ein mathematisches Axiom, und damit unwiderlegbar ist. Nach D. Mey war seine Argumentation zwar bereits zu seiner Zeit leicht widerlegbar aber notwendig, weil sie die Voraussetzung für die Rollennormierung schafft, die letztendlich die Diskriminierung der weiblichen Produktionsarbeit zum Ziel hat.[3]

Proudhons Enkelin, Suzanne Henneguy, die Proudhons Briefe an seine Frau publiziert hat[4], beschreibt ihren Großvater als progressiv und konservativ zugleich, wobei sich das konservative Element auf das Festhalten an der festen Familienhierarchie beschränke.[5] Einige Äußerungen im ersten Brief, den er seiner späteren Frau am 7. Februar 1847 schreibt, zeigen sehr deutlich, wie er sich die Frau im allgemeinen und seine eigene Ehefrau im besonderen vorstellt.[6] So ist für ihn eine Frau, die dumm oder bösartig ist, genauso wenig eine Frau wie eine häßliche oder alte. Ebenso lehnt er die "dame de grand ton, la femme artiste ou écrivain" ab, deren geistige Fähigkeiten selbst im besten Falle nicht der Beachtung des Mannes wert seien. Eine Arbeiterin hingegen, "simple, gracieuse, naïve, dévouée au travail et à ses devoirs" ist für ihn die ideale Frau, die ihm

---

1 Ebd., S. 22.
2 Näher ausgeführt unter 3.1.1.1.
3 Mey, a.a.O., S. 23.
4 Pierre-Josephe Proudhon, *Lettres à sa femme*, Paris 1950, Vorwort von Suzanne Henneguy.
5 Ebd., S. 8.
6 Siehe ebd., S. 12. Laut S. Henneguy zeigt sein Brief, "Avec quelle délicatesse et quel respect, il s'adresse à Euphrasie Piégard...". Dieser Einschätzung kann man sich kaum anschließen, betrachtet man die darin gemachten Äußerungen zur Definition der Frau.

dann "compagne pour [ses] yeux presque autant que pour [son] coeur et pour [son] esprit" sein kann.[1] Bereits die Reihenfolge der Aufzählung zeigt die Wertigkeit der angestrebten Partnerschaft.

Auch seine Ansichten zur Liebe und zur Ehe sind bereits festgelegt, bevor er seine zukünftige Frau trifft. In seinem Tagebuch finden sich ab dem 1. Mai 1846 entsprechende Eintragungen. Hier spricht er von der Unauflöslichkeit der Ehe, der nur dem Mann eigenen Keuschheit und der Familie als Kernzelle des Staates. In diesem Zusammenhang entsteht auch Proudhons pointiert formulierte Aussage, die Frau habe nur die Alternative, in ihrem Leben "courtisane ou ménagère" zu sein.[2]

Seine Hypothesen basieren dabei auf dem Konzept der Gerechtigkeit, die für ihn der Dreh- und Angelpunkt seiner Argumentation ist. Man kann sie seinen Abgott und das Maß aller Dinge nennen.[3] Auf sein eigenes Umfeld bezogen ist die Gerechtigkeit das Wichtigste, was der "enseigne-ment social" erreichen soll. Von ihr hängt alles andere in einem Maße ab, daß das Errichten der Gerechtigkeit zwischen den Menschen die Aufgabe ist, die der Gesellschaft Existenzberechtigung verleiht.[4] Die "justice" ist aber auch ein gemeinsamer Nenner von Proudhon und Michelet, der sie in der Einleitung zu seiner *Histoire de la Révolution* als seine Mutter und Teil Gottes apostrophiert: "Justice, ma mère, droit mon père, qui ne faites qu'un avec Dieu..."[5]. Die Ähnlichkeit der Gedanken tritt klar zutage und erklärt sicher auch die gegenseitige Wertschätzung, obwohl Proudhon

---

1 Ebd., S. 22 f, erster Brief an E. Piégard. Die französischen Einfügungen im Text sind wörtlich aus der hier genannten Textpassage entnommen.

2 Vgl. Edouard Dolléans, *Proudhon*, Paris 1948, S. 164-167. Hier werden seine Tagebucheintragungen zitiert und kommentiert. Ebenso wird der dem Schlagwort "courtisane ou menagère" zugrunde liegende Artikel im *Le Représentant du Peuple* vom 31. Mai 1846 partiell wiedergegeben.

3 Siehe Henri de Lubac, *Proudhon et le christianisme*, Paris 1945. Er sagt S. 298, die Gerechtigkeit habe bei Proudhon einen göttlichen Charakter, und verweist S. 301 darauf, daß Proudhon selbst sein Gerechtigkeitsempfinden an der "conception romaine", der "conception latine" festmache, womit er an Heraklit anknüpfe, der gesagt habe, der wahre Name Gottes sei Harmonie, Gerechtigkeit.

4 Diese Interpretation des Gerechtigkeitsbegriffes von Proudhon findet sich bei Hubert Bourgin, *Proudhon*, Paris 1901, S. 37.

5 Zitiert nach Dolléans, a.a.O., S. 340.

Michelets Meinung zur in dieser Untersuchung zugrunde liegenden Thematik nicht teilte und die diesbezüglichen Werke ablehnte, teilweise mit sehr rüden Bemerkungen.[1] Michelet selbst gegenüber schlägt er jedoch einen versöhnlicheren Ton an, wenn er in seinem Brief vom 23. Januar 1860 vor allem die Gemeinsamkeiten ihrer Konzeptionen hervorhebt und den Unterschied in der zugrunde liegenden Geisteshaltung sieht. So erklärt er, sie wollten alle beide "la femme forte, la famille sacrée, le mariage inviolable" und sähen im Ehemann den "père souverain". Er bedauert dabei die hin und wieder bei Michelet aufscheinende "tendresse", die zum einen veraltet und zum anderen gefährlich sei, da sie bei dem herrschenden "relâchement actuel" mißbraucht werden könne.[2]

3.1.1.1 Die komplexe Unterlegenheit der Frau

Die Auffassung, daß erst das männliches Sperma beim Durchdringen ihres Körpers der Frau Leben einhauche, und daß die durch nichts auszugleichende Unfähigkeit der Frau, Sperma zu produzieren, sie zeit ihres Lebens minderwertiger als der Mann sein lasse, ist nicht neu.[3]

---

1 Edb., S. 390 f. Dolléans bringt eine Bemerkung Proudhons aus einem Brief von Ende Dezember 1859, um die in Bezug auf die Frau auseinandergehenden Meinungen zu dokumentieren. Hier heißt es: "J'ai reçu le nouveau volume de Michelet, *la Femme*. Encore quelque saleté: une suite à l'*Oiseau*, à l'*Insecte*, à l'*Amour*. Décidément, cet excellent Michelet s'en va en *fouterie de pauvre*, comme on dit chez nous... Il couche trop avec sa jeune femme..." Dolléans verweist aber ausdrücklich auf die Bewunderung, die Proudhon für Michelet hegte. Bereits vorher, S. 343, hat Dolléans darauf aufmerksam gemacht, daß "Proudhon n'a jamais exprimé des sentiments semblables à ceux qu'il conserve -presque jusqu'à la fin de sa vie- pour Jules Michelet".
2 Die Äußerungen Proudhons sind zitiert nach Dolléans, a.a.O., S. 391.
3 Vgl. Mey, a.a.O., S. 21. Hier wird die Diskussion um die Bedeutung des Sperma für den Wert des Menschen angesprochen. So zitiert D. Mey hier auch Virey, der den Wert der Frau danach bestimmt, ob und in welchem Maße sie in Kontakt zu einem Mann steht. Er stellt fest, daß die Frau durch die Unfähigkeit der Spermaproduktion immer dem Kind ähnlich bleibe. Im Gegensatz zur Jungfrau sei die verheiratete Frau dem Mann jedoch durch den gelegentlichen Kontakt mit seinem Sperma näher. Zuviel Kontakt mit Sperma, wie zum Beispiel im Fall der Prostituierten, führe aber wiederum zu einer Abnormität, weil die Frau dadurch zum Mannweib werde.

Proudhon macht sie sich zu eigen, weil sie seine These von der Unterlegenheit der Frau ohne Möglichkeit eines Widerspruches belegt. Nach seiner Auffassung verläuft die Entwicklung von Mann und Frau bis zur Pubertät gleich. Von da an prägt die "énergie virile" den Unterschied nicht nur zwischen Mann und Frau sondern auch unter den Männern. Eindeutig steht dabei aber fest, daß die Frau durch das völlige Fehlen dieser "énergie virile" in fast jeder Hinsicht die dem Mann Unterlegene ist.[1] Durch diese Prämisse ist klargestellt, daß nur der Mann ein "être humain complet" ist, besonders da er der Frau bezüglich der physischen Kraft weit überlegen ist. Die Frau ist ein "diminutif d'homme", "une sorte de moyen terme entre lui (=Mann) et le reste du règne animal", und ihr einziger Lebenszweck ist die Reproduktion der Menschheit.[2]

Aus dem physischen Defizit der Frau ergibt sich dann für Proudhon die intellektuelle Unterlegenheit der Frau, da ihr schwacher Körper und ihr schwaches Hirn eine umfassende Bildung und die dazu notwendigen Studien unmöglich machen.[3] Auch hier liegt der Ursprung der Schwäche begründet im Fehlen der "virilité". "Produire des germes" ist der Frau physisch nicht möglich. Ebenso verhält es sich in geistiger Hinsicht, wobei "germes" in diesem Falle "idées" sind. So ist die Frau nicht nur anders als der Mann, sondern "elle est moindre, parce que son sexe constitue pour elle une faculté de moins. Là où la virilité manque, le sujet est incomplet..."[4]

Da der Frau nach Proudhons Darstellung jetzt bereits in physischer wie in intellektueller Hinsicht ihre Minderwertigkeit nachgewiesen ist, besteht auch keine Aussicht darauf, ihre moralische Gleichwertigkeit festzustellen, da diese die physische und intellektuelle Gleichwertigkeit zur Voraussetzung hat.[5] Ganz im Gegenteil führt die nähere Betrachtung dieses

---

1 Pierre-Josephe Proudhon, *Amour et mariage*, Bruxelles und Leipzig [1861], Bd. II, S. 4.
2 Ebd., Bd. II, S. 5–6.
3 Ebd., Bd. II, S. 12.
4 Ebd., Bd. II, S. 19.
5 Ebd., Bd. II, S. 27.

Aspekts Proudhon sogar dazu, hier das schärfste Urteil zu fällen, wenn er die Frau von Natur aus lasziv nennt und ihr Scham und Keuschheit abspricht. Das Schamgefühl der Frau stammt vom Mann, der es ihr mühsam beibringen muß.[1] Keuschheit kann somit nur eine männliche Eigenschaft sein.[2] Liebe an sich ist dann auch vom Wesen her unrein[3], da sie das Zusammenwirken von Mann und Frau fordert.

Die Frau ist also dem Mann in jeder Hinsicht unterlegen: physisch, intellektuell und moralisch. Sie hat keinerlei Fähigkeiten[4] und wird beim näheren Betrachten immer minderwertiger. Denn wenn der Vergleich zwischen Mann und Frau auf jedem Gebiet so endet, wie weiter oben dargelegt, dann multiplizieren sich die Unfähigkeiten der Frau natürlich. Wie die Frau in Hinblick auf die Physis dem Mann im Verhältnis 2 : 3 unterlegen ist[5], so ist sie es auch in Hinblick auf Intellekt und Moral. Daraus ergibt sich dann das bereits weiter oben erwähnte Rechenexempel, wonach der Mann der Frau im Verhätnis von 3 x 3 x 3 : 2 x 2 x 2 überlegen ist.[6] Das beeindruckende Ergebnis von 27 zu 8 drückt die Frau zu Boden und hebt den Mann auf ein hohes Podest.

Nur in einer Hinsicht ist das Verhältnis umgekehrt, nämlich wenn es um die Schönheit geht. Hier ist die Frau dem Mann weit überlegen, so daß man sagen kann, die Frau verkörpert die Schönheit und der Mann die Stärke.[7] Schönheit ist die Bestimmung des weiblichen Geschlechtes, da sie aus der Zerbrechlichkeit des weiblichen Körpers erst entsteht.[8] Dieser

---

1 Ebd., Bd. II, Kap. XV, passim: Wie bei den Tieren geht auch beim Menschen das Signal zur Paarung vom "Weibchen" aus.
2 Ebd., Bd. I, S. 4. Hier betont er seine eigene Keuschheit ganz ausdrücklich.
3 Ebd., Bd. I, S. 124.
4 Ebd., Bd. II, S. 31. Hier werden einzelne wichtige Dinge aufgezählt. So fehlen der Frau "génie industriel et administratif", "esprit philosophique" und "sens juridique". Folglich sind die Forderungen der Frau -"diriger l'économie publique", "dogmatiser" und "s'élever au-dessus du droit"- unhaltbar.
5 Siehe ebd., Bd. II, Kap. III, passim.
6 Siehe ebd., Bd. II, Kap. XVII, passim.
7 Ebd., Bd. II, S. 151.
8 Ebd., Bd. II, S. 99.

Schönheit widerspricht nach Proudhons Auffassung das Frauenbild Michelets, da er die Frau als krank beschreibt, was der Schönheit widerspricht. Ein kranker Körper kann nicht schön sein.[1]

Die Aufgabe der Frau darf also nicht sein, dem Mann eine gleichberechtigte Partnerin zu sein. Vielmehr besteht die Aufgabe der Frau darin, dem Mann als Spiegel zu dienen.[2] Diese androzentrische Konzeption umfaßt dabei alle bereits angesprochenen Lebensbereiche, da die Frau in ihrer Eigenschaft als Spiegel dem Mann ein Hilfsmittel ist, um seine physischen, intellektuellen und moralischen Fähigkeiten zu begutachten.[3] Physisch erkennt der Mann in der Schönheit der Frau die eigene körperliche Schönheit. Intellektuell kann der Mann anhand dessen, was die Frau von seinem Schaffen wiedergeben kann, den Wert seiner geistigen Arbeit ermessen, da ihr beschränkter Geist ihn zur Vereinfachung und damit zur Konzentration auf das Wesentliche zwingt. In moralischer Hinsicht hilft die Frau dem Mann durch ihre Neigung, Handlungen auch mit Toleranz und Nachsicht zu betrachten. Durch diese Sicht der Aufgabenteilung wird verständlich, wie Proudhon die gegenseitige Ergänzung von Mann und Frau versteht.[4] Für ihn ergeben Mann und Frau in ihrer Unterschiedlichkeit ein organisches Ganzes, wobei die genannten Unterschiede und ihre Gewichtung klarmachen, daß der Frau in diesem "Organismus" entschieden weniger Bedeutung zuzumessen ist. Aus diesem Grunde liegen die Aufgaben der Frau auch nicht im öffentlichen, politisch-wirtschaftlichen Bereich, sondern "son rôle ne commence qu'au delà".[5] Nur im Paradies kann der Frau die Gleichheit mit dem Mann

---

1 Ebd., Bd. II, S. 152.
2 Ebd., Bd. II, S. 100: "La femme, transparente, lumineuse, est le seul être dans lequel l'homme s'admire; elle lui sert de miroir, comme lui servent à elle-même l'eau du rocher, la rosée..."
3 Siehe ebd., Bd. II, Kap. XXXII, passim.
4 Siehe ebd., Bd. I, Kap. XXXVI, passim.
5 Ebd., Bd. II, S. 114.

gewährt werden, weil dann der politisch-wirtschaftliche Kampf, für den die Frau nach den gemachten Ausführungen nachweislich nicht befähigt ist, entfällt.[1]

Die Auffassung von der Frau als Ergänzung des Mannes widerspricht im Grunde der bei Proudhon so hoch angesetzten Würde der Person.[2] Dies ist der Beweis dafür, daß er gar nicht gewillt ist, den Begriff "Mensch" als Grundlage seiner Betrachtungen in seinen beiden geschlechtsspezifischen Ausprägungen zu sehen, sondern daß "Mensch" für ihn "Mann" heißt, wobei die französische Sprache einer solchen Auslegung natürlich entgegenkommt. So gesteht er der Frau dann als Konsequenz auch keines der Rechte zu, die für den Mann in seinen Augen selbstverständlich sind, "ni droits politiques, ni droits sociaux, pas même de droit à l'affranchissement intellectuel".[3]

Da die Frau nur knapp ein Drittel des Wertes eines Mannes hat, wäre die für sie geforderte Emanzipation die Festschreibung ihres Elendes, ihrer Knechtschaft. Nur die Ehe kann die Frau befreien und aufwerten.[4]

3.1.1.2 Die Frau in der Familie: "courtisane ou ménagère"

Proudhon will die Ehe zurückführen auf das alte Modell, in dem der Mann das Heft in der Hand hat wie vormals der römische *pater familias*.[5] Selbst Vertreter konservativer Familienkonzeptionen seiner Zeit geben zu, daß er in diesem Punkt ein wenig übertreibt, wenn er diese Autorität des Vaters und Gatten festschreibt.[6] Dazu bedient er sich der Devise, daß die Frau wählen kann zwischen zwei Möglichkeiten: Entweder ist sie

---

1 Ebd., Bd. II, S. 167.
2 Vgl. Jean-Paul Thomas, *Proudhon, lecteur de Fourier*, Paris 1986, S. 18.
3 Siehe Armand Cuvillier, *Proudhon*, Paris 1937, S. 62.
4 Proudhon, *Amour et mariage*, Bd. II, S. 40.
5 Turgeon, a.a.O., Bd. 2, S. 398.
6 Vgl. Lubac, a.a.O., S. 61. In einer Anmerkung wird hier die von Proudhon in einem Brief vom 12. Oktober 1851 gewählte Formulierung wiedergegeben: "Mes opinions sur la famille se rapprochent du droit romain ancien plus que de toute autre théorie. Le père de famille est pour moi *souverain*... Je regarde comme funestes et stupides

die geachtete Hausfrau oder die zu verachtende Kurtisane.[1]

Die Ehe, für die Proudhon drei Charakteristika als grundlegend und unverzichtbar ansieht, nämlich "unité", "inviolabilité" und "indissolubilité"[2], regelt für die Frau vor allem die "condition dans la famille et dans la société".[3] Sie allein profitiert von der Institution Ehe, während die Ehe für den Mann eigentlich ein Verlustgeschäft ist, weil er Enormes opfern muß für eine Frau, die er häufig innerhalb kurzer Zeit über hat.[4] Da die Ehe aber notwendig ist für die menschliche Gesellschaft[5], wird sie vom Mann akzeptiert. Außerdem entspricht die Ehe dem Bedürfnis des Mannes nach Würde auch in Bezug auf seine Liebesbekundungen.[6]

Da die Frau nicht nützlich ist, weil sie sowohl im Bereich der körperlichen wie der geistigen Arbeit nichts erfinden kann[7], soll sie nicht außerhalb ihres Haushaltes arbeiten. Verschwendet sie ihre Körperkraft dennoch damit, dem Mann Konkurrenz zu machen, ist sie sogar eine Mörderin, weil sie ihre Nachkommenschaft tötet "par le travail de son cerveau et le souffle de ses baisers, qui sentent l'homme". Eine solche Frau soll auf Familie und Mutterschaft verzichten und sich mit dem Titel Konkubine oder Kurtisane zufrieden geben.[8] Daraus ergibt sich bereits der sehr weitgehende Einfluß der Wahl zwischen "ménagère" und "courtisane": Jede Frau, die aus dem traditionellen Rollenverständnis herausfällt und nicht mehr nur ausschließlich für ihren Ehemann, ihre Kinder und den Haushalt da ist, ist eine zu verachtende "courtisane". Das läßt der Frau keinerlei Möglichkeit, für eine Veränderung des Rollenbildes einzutreten, weil sie sich damit sofort selbst abqualifiziert. Zeigen kann man das nach

---

toutes nos rêveries d'émancipation de la femme...".
1 Vgl. Mey, a.a.O., S. 17. D. Mey nennt die Kurtisane die "andere" Frau und zeigt in der Fortführung ihrer Argumentation die Wechselwirkung zwischen beiden Frauenrollen.
2 Proudhon, Amour et mariage, Bd. I, S. 18.
3 Ebd., Bd. I, S. 26.
4 Ebd., Bd. I, S. 32 f.
5 Ebd., Bd. I, S. 49.
6 Ebd., Bd. I, S. 45.
7 Siehe ebd., Bd. II, Kap. XI, passim.
8 Ebd., Bd. II, S.24.

Proudhon an den Beispielen berühmter Frauen, an Schriftstellerinnen wie zum Beispiel Mme de Staël. Sie ist für Proudhon der Beweis dafür, daß eine Frau, die ein Mann sein will, unter das absinkt, was eine Frau ist.[1] Zwar dürfen Frauen als Schriftstellerinnen tätig sein, aber sie sollen sich auf folgendes beschränken: "Vulgarisation de la science et de l'art par le sentiment, progrès de la Justice par le juste amour, qui est le mariage."[2]

In diesem Zusammenhang muß noch einmal von George Sand gesprochen werden, die Proudhon sehr ausführlich in seinem Werk behandelt.[3] Für ihn ist sie das beste Beispiel dafür, daß die Frau unfähig ist, da alles Entscheidende in ihren Vorstellungen, über das, was kritisiert werden muß, nicht von ihr persönlich stammt. Ihr Vorteil sei, daß sie als einzige ihre Vorstellungen in ihrem eigenen Leben verwirklicht habe. Diese Beurteilung zeigt deutlich, welche Bedeutung George Sand zugemessen werden kann: Ihre persönliche Sexualmoral wird der Sache der Frauenemanzipation als Ganzer zugeschrieben. Dadurch wird die Ablehnung aller Forderungen gerechtfertigt.

Auch Proudhon spricht von der Emanzipation der Frau. Aber bei ihm hat sie nichts mit den Forderungen der FeministInnen zu tun. Die Emanzipation der Frau wird für Proudhon dann erreicht, wenn der Mann das Recht auf Arbeit und das Recht auf Eheschließung erlangt, wobei das Erste das Zweite erst ermöglicht.[4] Das zeigt deutlich, daß für Proudhon die Ehe für die Frau die einzig mögliche Lebensform ist. In ihr ist sie frei. In diesem Sinne muß auch das Eintreten Proudhons für das Scheidungsverbot verstanden werden. Er weist darauf hin, daß Christus mit dem Verbot der Scheidung die Frauen vor der willkürlichen Entscheidung von Männern schützen wollte, die nur ihrer eigenen Neigung -Proudhon spricht von Promiskuität- folgen.[5] Auf dem Hintergrund seines weiter

---

1 Ebd., Bd. II, S. 68.
2 Ebd., Bd. II, S. 89.
3 Ebd., Bd. II, S. 154 ff.
4 Ebd., Bd. I, S. 120. Diese Forderung sei von den Sozialisten begriffen und bereits 1848 gestellt worden.
5 Ebd., Bd. I, S. 107.

oben dargestellten Bildes von der Frau als unfähigem und dem Mann unterlegenen Wesen ist verständlich, daß die Frau den Schutzschild der Ehe in zweifacher Hinsicht braucht. Zum einen stellt die Ehe für die Frau den einzigen wirkungsvollen Schutz vor ihrer eigenen Unfähigkeit dar. Zum anderen muß die Ehe als Institution geschützt werden, weil sie der einzige Zufluchtsort der Frau ist.

Die Ehe liegt aber in Hinblick auf die wichtigste Funktion der Frau auch im Interesse des Mannes. Die Frau bekommt die Kinder, deren Pflege ihr obliegt, weil das Zarte, Zerbrechliche, das geschützt werden muß, sich am besten um Zartes, Zerbrechliches, das geschützt werden muß, kümmern und es verstehen kann. Entscheidendes Moment für die Entwicklung der Kinder ist aber die Vaterschaft, nicht nur in Bezug auf die Zeugung, sondern auch für die Einübung eines "moralischen Lebens".[1] Wegen des Fehlens einer genuinen moralischen Wertigkeit der Frau muß diese vom Mann garantiert und gepflegt werden. Auch hier trifft man nun wieder auf die Alternative "ménagère ou courtisane", da eine Frau, die sich nicht an die vorgegebene Moral hält, in jedem Fall zur "courtisane" wird. So stellt Proudhon fest, daß jede Frau, die sich außerhalb der Ehe -was nicht zwangsläufig Ehebruch bedeutet- einem Mann hingibt, dessen Verachtung erfährt. Da sie im Bewußtsein ihrer "Schuld" handelt, erwartet sie aber auch weder Achtung noch Barmherzigkeit.[2] Diese Darstellung weist deutlich darauf hin, daß Liebe keine Rechtfertigung ist, noch daß es sich in einem solchen Falle überhaupt um Liebe handelt. Das hier zugrunde liegende und von Proudhon akzeptierte Moralempfinden stammt vom Christentum. Dabei kritisiert Proudhon, daß die kirchliche Sexualmoral im Grunde nolens volens entstanden ist, da das Christentum eigentlich eine Religion der Toleranz sei, sich aber habe absetzen müssen vom Götzendienst in seiner Umgebung. Zum Götzendienst gehörte die Tempelprostitution, was zur Folge hatte, daß die Christen, die nach Proudhon ursprünglich eigentlich keine Einwände gegen die freie Liebe

---

1 Ebd., Bd. II, S. 117 f.
2 Ebd., Bd. I, S. 130.

hatten, zur strengen Sexualmoral als Mittel der Abgrenzung gezwungen wurden.[1] Zwar nimmt Proudhon die aus dem Christentum stammende Sexualmoral gerne in seine Ideologie auf, wirft aber dem Christentum vor, für viel Elend verantwortlich zu sein, da aus der rigiden christlichen Sexualmoral heraus die Bestimmung "La recherche de la paternité est interdite." erst möglich wurde, weil sie auf der Verachtung der "gefallenen Frau" basiert. Dabei geht es nur zum Teil um das Schicksal der ledigen Mütter. Vielmehr sieht Proudhon in dieser Haltung eine Gefahr für das Moralverhalten des Mannes, der nicht zur Verantwortung gezogen wird und deshalb Gefahr läuft, moralisch abzusinken.[2] Das Motiv Proudhons ist also Angst um das hehre Wesen des Mannes, nicht Sorge um die ungeschützte Frau, die durch ihr Verhalten die Wahl zwischen "ménagère et courtisane" getroffen hat und damit der männlichen Achtung verlustig geht.

3.1.2   Michelet und die Frau als krankes Wesen

Nicht nur bezüglich ihrer Einstufung der "justice" (siehe 3.1.1) und des Gedankens der Interdependenz von Familie und Staat (siehe 3.1) haben Proudhon und Michelet einen gemeinsamen Nenner. Gemeinsam ist ihnen auch, sich zur Ehe eine wesentlich jüngere Frau ausgewählt zu haben, sogar zum annähernd gleichen Zeitpunkt. So datiert der erste Brief, den Athénaïs Mialaret an Michelet schreibt, vom Oktober 1847. Zu diesem Zeitpunkt ist sie einundzwanzig Jahre alt, während Michelet bereits das Alter von fünfzig Jahren erreicht hat.[3] Der große Altersunterschied von annähernd dreißig Jahren begünstigt ohne Zweifel den Autoritätsanspruch des Mannes, da er aus der Position des Älteren und deshalb Erfahreneren eher die Vaterfigur und damit eine Art Erzieher der jungen Frau sein kann, was dem Bild Michelets von der Frau als einem

---

1 Ebd., Bd. I, S. 151 ff und S. 156 ff.
2 Ebd., Bd. I, S. 131 f.
3 José Cabanis, *Michelet, le prêtre et la femme*, Paris 1978, S. 203 f.

Wesen, das teils Kind teils Erwachsener ist[1], entgegenkommt. Wie Proudhon sieht auch Michelet in der Schönheit ein typisches und sie vom Manne unterscheidendes Charakteristikum der Frau.[2] Der Unterschied zwischen Proudhon und Michelet liegt aber darin, daß für Proudhon die körperliche Unterlegenheit der Frau der Ursprung ihrer Schönheit ist, wobei die Unterlegenheit in körperlicher Zartheit besteht, während Michelet diese Unterlegenheit Krankheit nennt, was von Proudhon scharf kritisiert wird. Proudhon und Michelet unterscheiden sich also in ihrer Bewertung eines von beiden gleichermaßen behaupteten Faktums.

Das frauenfeindliche Denken Michelets ist mit der spezifischen Persönlichkeit des Autors in Verbindung gebracht worden. So weist zum Beispiel J. Calo auf die ausgeprägte Sexualität Michelets hin, die ihm zeit seines Lebens Probleme macht. In seiner ersten Ehe dominiert der sexuelle Aspekt der Mann-Frau-Beziehung; später hat er mehrere Verhältnisse mit Angestellten und muß schließlich mit der Frigidität seiner zweiten Frau kämpfen.[3] Der frühe Verlust seiner Mutter läßt ihn das mütterliche Element in jeder Frau suchen.[4] Die Mutter, eine Frau "délicate, nerveuse, maladive"[5], prägt Michelets Bild der Frau sicherlich entscheidend mit. Und als er schließlich Athénaïs Mialaret begegnet, formt er sein Bild der idealen Frau nach ihrem Beispiel.[6] Die Verantwortung dieser Frau für das Frauenbild Michelets ist allerdings nicht ganz einfach zu ermitteln, da die Idee zu dem Werk *L'amour* aus der Zeit vor der Bekanntschaft mit Athénaïs stammt.[7] Bereits seit 1821 plant er eine Studie, die sich mit dem Los der Frau und Verbesserungsmöglichkeiten desselben beschäftigen soll.[8]

---

1 So beurteilt Mireille Simon im Vorwort zu *Les femmes de la Révolution* (in: Michelet, *Oeuvres complètes*, Bd. 16, 1980, S. 353) Michelets Frauenbild.
2 Jules Michelet, *L'amour*, Paris 1873, S. 398: "La femme, c'est la beauté."
3 Vgl. Calo, a.a.O., S. 10 f.
4 Ebd., S. 60.
5 Gabriel Monod, *Jules Michelet, Etudes sur sa vie et ses oeuvres*, Paris 1905, S. 219.
6 Siehe Calo, a.a.O., S. 65.
7 Ebd., S. 487.
8 Cabanis, a.a.O., S. 183.

Sicherlich kann man aber sagen, daß das Erleben von Krankheit und Tod der Frauen um ihn herum[1] sein Bild von der kranken Frau gefestigt hat. Seine Mutter, seine erste Frau Pauline, Mme Dumesnil und schließlich seine zweite Frau Athénaïs, die als "faible, maladive und pâle" beschrieben wird[2], sind eine für Michelet ausreichend lange Phalanx, um Rückschlüsse auf das allgemeine Wesen der Frau zuzulassen. Und so ist sein Motiv, warum er sich mit dem Thema auseinandersetzt und -aus seiner Sicht- für die Frauen eintritt, nicht der Gerechtigkeitssinn, sondern das Mitleid.[3] Mitleid aber ist ein Gefühl, das nur aus einer höheren Position heraus empfunden werden kann, so daß durch dieses Empfinden bereits eine Hierarchie aufgebaut wird. Aus diesem Gefühl heraus erklärt sich auch die Überhöhung der Frau als frauenfeindlich. Da die überhöhte Position der Frau vom Mitleid des Mannes erst erschaffen wird, kann sie nie bedrohlich für den Mann werden. Der von Michelet apostrophierte Zusammenhang zwischen Mitleid und Liebe ist aus diesem Zusammenhang heraus als seine Art zu verstehen, die Hierarchie in der Ehe und damit die Unterordnung der Frau unter den Mann festzuschreiben. Was er Mitleid mit der Frau und damit Quelle der Liebe nennt, ist nichts anderes als das Schauspiel der gedemütigten Frau.[4] So kann man Thérèse Moreau zustimmen, die im Vorwort zu La femme schreibt, daß der Unterschied zwischen Proudhon und Michelet nicht darin liegt, daß nur einer von ihnen die Frau in den Ketten des traditionellen Rollenverständnisses und eines diskriminierenden Frauenbildes festhalten will, sondern daß Michelet diese Ketten mit Blumen bedeckt und sich dadurch von der brutaleren Direktheit Proudhons abhebt.[5]

---

1 Ebd., S. 110 f. Hier wird an Mme Dumesnil erinnert, deren Krankheit und Tod Michelet sehr nahe ging.
2 Ebd., S. 205.
3 Vgl. Calo, a.a.O., S. 61.
4 Siehe Roland Barthes, *Michelet*, Frankfurt a.M. 1980, S. 169. Barthes nennt in diesem Zusammenhang Michelet einen Voyeur, dem das natürliche körperliche Unwohlsein der Frau Bedürfnis ist.
5 Thérèse Moreau, Vorwort zu *La femme*, in: Michelet, *Oeuvres complètes*, Bd. 18,

Schon vor Michelet existierte die medizinische Begründung der Schwäche und Unterlegenheit der Frau, wobei ihrem Blut eine mystische Bedeutung zugemessen und das männliche Sperma glorifiziert wurde.[1] R. Barthes bezeichnet Michelet als vom Blut traumatisiert.[2] Auf diesem Unterbau entsteht sein Bild der kranken, verletzten Frau, der aber durch ihre spezifische Körperlichkeit ein mythisch-mystisches Element anhaftet.[3] Deutlich wird dies, wenn Mutter und Tochter im Gleichnis von der Verletzung am Rosenstrauch von der spezifisch weiblichen Körperlichkeit reden.[4] Die Frau, "pas seulement une malade, mais une blessée"[5], hat naturbedingt ihre "crise sacrée et fatale"[6]. In diesem Verständnis ist die Frau für Michelet eine Religion, ein Altar und ein lebender Tempel und der Ehemann der rechtmäßige Priester.[7] Der Rückbezug auf die Terminologie der römisch-katholischen Kirche macht dabei zweierlei deutlich. Zum einen zeigt sie die eifersüchtige Ablehnung des tatsächlichen Priesters und seines Einflusses auf die Frau. Zum anderen manifestiert sie die Überlegenheit des Mannes in seiner Beziehung zur Frau, da der "Priester" entscheidet, welche Bedeutung das verehrte, überhöhte Wesen Frau im Leben der Menschen haben darf. In diesem Sinne muß auch Michelets Äußerung gesehen werden, daß die Erziehung der Frau über Jahrhunderte hinweg ein Einüben in die "imitation de la Vierge" gewesen sei.[8] Michelet macht aber einen Unterschied zur römisch-katholischen

---

1985, S. 394.

1 Vgl. Mey, a.a.O., S. 21 ff. Siehe auch 3.1.1.1.

2 Barthes, a.a.O., S. 167.

3 Vgl. dazu Michelets Äußerungen in: Jules Michelet, *La sorcière*, Paris 1952, S. 1: "Elle naît Fée. Par le retour régulier de l'exaltation, elle est Sibylle. Par l'amour, elle est Magicienne. Par sa finesse, sa malice (souvent fantasque et bienfaisante), elle est Sorcière, et fait le sort, du moins endort, trompe les maux."

4 Jules Michelet, *La femme*, 1981, S. 145: "Tu étais seule au jardin, tu t'étais piquée au rosier. Je voulais soigner ta blessure, et je ne le pouvais pas: tu restais blessée pour la vie..."

5 Michelet, *L'amour*, S. 57.

6 Ebd., S.451: Dieser Begriff ist von Michelet in der Zusammenfassung von Kapitel II seiner Einführung verwandt worden.

7 Siehe Cabanis, a.a.O., S. 198.

8 Jules Michelet, *Fragment d'un mémoire sur l'éducation des femmes au moyen-âge,*

Religionsauffassung ganz deutlich: Er verehrt in der Frau nicht die Jungfrau sondern die Dame[1], was insofern zwangsläufig ist, da er seine Verehrung an die Körperlichkeit und damit an die Sexualität gebunden hat, die bei Betonung der Jungfräulichkeit absolut unterdrückt werden müßte. Außerdem schließt Jungfräulichkeit die Mutterschaft aus, was Michelets These unmöglich machen würde, wonach der Mann das Hirn, die Frau aber die Matrix ist.[2] Denn gerade aus ihrer körperlichen Versehrtheit heraus erklärt sich die Hauptaufgabe der Frau, Lebensspenderin zu sein.

Wenn die Frau ein krankes Wesen ist, hat der Mann jedes Recht sie von der Arbeit außerhalb von Haus und Familie abzuhalten, da sie schutzbedürftig und einer solchen Arbeit nicht gewachsen ist. Darin aber liegt die weitergehende Diskriminierung der Frau, da Michelet eben der Arbeit, die er der Frau verweigert, große Bedeutung zumißt: Sie schenkt dem Menschen die Freiheit und definiert ihn erst.[3] Auf diesem Hintergrund ist es auch verständlich, daß er nicht nur der Frau im allgemeinen jede Arbeit außerhalb ihres Haushaltes verweigern möchte, sondern auch so erfolgreiche und herausragende Frauengestalten wie George Sand unter diesem Aspekt streng tadelt. George Sand soll in diesem Fall als Einzelbeispiel stehen, um die grundsätzliche Haltung Michelets zu belegen. Zwar gibt es zwischen George Sand und Michelet eine gegenseitige Wertschätzung. Er nennt sie sogar den größten Schriftsteller des 19. Jahrhunderts.[4] Dennoch lehnt er das ab, was sie darstellt, "une femme jouant à l'homme" und "plaçant les droits de son individualité

---

in: Michelet, *Oeuvres complètes*, Bd. 3, 1973, S. 887.
1 Vgl. Cabanis, a.a.O., S. 191.
2 Siehe ebd., S. 195.
3 Vgl. Wilhelm Alff, *Michelets Ideen*, Köln 1966, S. 68 und S. 77 f. Hier wird sein in Anlehnung an Descartes gebildeter Satz "Ce qui est vraiment, produit." zitiert. Durch die Arbeit hebt sich der Mensch von der Natur ab. Der Zusammenhang von Geist und Arbeit definiert die Unterschiede zwischen den Menschen. Michelet, *L'amour*, S. 92: "Cela seul d'avoir un métier, une spécialité d'art, c'est une grande supériorité de l'homme."
4 Monod, a.a.O., S. 339.

au-dessus des devoirs de la pudeur féminine et de la fidélité conjugale". Auch ihre Ansichten zu Liebe und Ehe mißbilligt er, da sie die Familie erniedrigten. Sie hingegen wirft ihm bei aller persönlichen Wertschätzung vor, daß er die Frau erniedrige.[1]

3.1.2.1 Familie als Arrangement mit der Krankheit

Die bereits bestehende Meinung, daß die Frau von Natur aus ein schwaches, krankes Wesen sei, dient Michelet dazu, die Familie hierarchisch zu ordnen. Wenn nämlich der Mann gemäß Michelet der Arzt seiner Frau ist[2], steht seiner Autorität nichts mehr im Wege, da der Arzt in der französischen Gesellschaft zu einer immer höher angesehenen Autorität auch in sozialen und moralischen Fragen geworden war.[3] Dem auf diese Art in der Ehe bestimmend gewordenen Mann fällt die Aufgabe zu, seiner Frau Stütze und Wegweiser zu sein. Zwangsläufig ergibt sich daraus das Verständnis vom Ehemann als Erzieher seiner Frau. Diese Idee entsteht bei Michelet durch die Erfahrung seiner ersten Ehe, in der er nur den körperlichen Aspekt berücksichtigt hatte, was er sich nach dem Tod seiner Frau zum Vorwurf macht.[4]

Familie ist für Michelet ein Ort der Liebe. Zwar kann sie die Entfaltungsfreiheit des Mannes unter Umständen hemmen, vermittelt aber dafür gesellschaftliche Freiheit und Soziabilität, da durch die Liebe negative und der Gesellschaft schädliche Eigenschaften wie Egoismus, Materialismus und Triebhaftigkeit überwunden werden.[5]

---

1 Vgl. ebd., S. 341. In seinem Brief vom 1. Dezember 1858 (ebd., S. 379 f) spricht Michelet dann beide Aspekte an: "Dans le petit livre de l'Amour, que vous avez dû recevoir, quelles que [soient] nos différences sur tels et tels points, j'ai eu l'heureuse occasion d'exprimer mon admiration pour votre génie."
2 Michelet, L'amour, S. 345: "<<Qu'est-ce que la femme? La maladie>> (Hippocrate.) - Quest-ce que l'homme? Le médecin."
3 Siehe Peter, a.a.O., S. 79 f.
4 Alff, a.a.O., S. 29.
5 Vgl. ebd., S. 71 f.

Ein konstituierender Bestandteil der Familie ist die Frau und Mutter. Michelet stellt sich die Frau "douce, croyante, initiable et surtout neuve de coeur" vor.[1] Dieses zarte Wesen, am besten im Alter von achtzehn Jahren, ist dann die "épouse docile"[2] eines zehn bis zwölf Jahre älteren Mannes. Da, wie die beschriebenen Eigenschaften der idealen Frau zeigen, großer Wert auf die überlegene und führende Rolle des Mannes gelegt wird, kann die Frau dem Mann nicht gleich oder gleichberechtigt sein. Die Eigenschaften "égale et obéissante"[3] können nicht in der Frau vereinigt werden, weil sie sich widersprechen. Außerdem ist es ausgeschlossen, daß Mann und Frau sich gleich sein können, weil die Frau, wie weiter oben gezeigt, ein "höheres Wesen" ist.[4] Der Unterschied zwischen Mann und Frau ist sogar elementar wichtig für die Ehe, da sich zwei Menschen in der Ehe vereinigen sollen. Wenn sie aber schon eins sind, gibt es keine Grundlage mehr für eine Vereinigung.[5]

Die Behauptung, daß sich zu seiner Zeit eine gewisse Ehemüdigkeit nachweisen ließe -wobei man objektiv gar nicht von einer schwindenden Heiratsbereitschaft reden kann[6]-, findet bei Michelet ihre Erklärung im Fehlverhalten der Frau. Der Frau, so Michelet, geht es nämlich viel zu sehr um den materiellen Aspekt. Sie liebt den Luxus und will einen gutgestellten Mann. Der Mann kommt aber aus eigener Kraft erst spät zu einem entsprechenden Einkommen. Außerdem ergibt sich aus der Geldsucht der Frau das Problem, daß zum einen Männer eine Frau mit solchen Neigungen nicht haben wollen, aus Angst vor ihrer Verschwendungssucht, die sie ruinieren könnte. Zum anderen ruinieren sich die Mädchen durch den Hang zum Luxus selbst, da sie mit unzureichenden Mitteln ein Vorbild der Oberschicht[7] nachzuahmen versuchen, das ihre finanziellen

---

1 Michelet, *L'amour*, S. 67.
2 Ebd., S. 84.
3 Ebd., S. 33.
4 Ebd., S. 174 f. Hier wird die Frau wieder mystifizierend glorifiziert.
5 Ebd., S.398.
6 Mey, a.a.O., S. 102.
7 In diesem Zusammenhang sei nochmals auf das Problem hingewiesen, daß die Frau der Oberschicht ebenfalls ein Vorbild -das der Kurtisane- imitiert, der sie ansonsten

Verhältnisse übersteigt. Eine solche Frau findet keinen Ehemann, gleitet aber durch ihre selbst herbeigeführte Geldnot leicht in die Prostitution ab und verhindert damit dann auch, daß Töchter aus finanziell gutgestellten Familien einen Ehemann finden, weil der Mann bei der käuflichen Frau die Vorteile genießen kann, ohne die Nachteile oder Zwänge der Ehe in Kauf nehmen zu müssen.[1] Michelet berücksichtigt dabei allerdings nicht, daß das Verhalten des Mannes der Kurtisane den Markt erst schafft.[2]

Den idealen Rahmen für die Familie im Sinne Michelets bietet ein intimer, kleiner Haushalt, in dem der Reichtum ebensowenig Schaden anrichtet wie der Mangel. Der Hausfrau soll nur ein braves Mädchen vom Land zur Seite stehen, so daß die Frau unversehrt bleibt an Leib und Seele. Wenn eine Zofe nötig sein sollte, so soll der Ehemann diese Dienste übernehmen, was einen positiven Einfluß auf das harmonische Zusammenwachsen des Ehepaares hat.[3] Der Haushalt und die Kinder sind also fast ausschließlich Aufgabe der Hausfrau, deren Arbeit von Michelet dadurch abgewertet wird, daß sie im Gegensatz zur bezahlten Berufstätigkeit des Mannes gesehen wird und daß sie als von der Frau nicht als Arbeit angesehen bezeichnet wird.[4]

Durch diese Auffassung der Arbeit wird die Frau doppelt abgewertet, da sie in Bezug auf die Arbeit in doppelter Hinsicht nicht mit dem Mann verglichen werden kann: Was sie tut, ist keine Arbeit und hat außerdem keinen finanziellen Wert. Das ist der Grundstein zur Diskriminierung der Hausarbeit, auch wenn Michelet noch so lobend vom unermüdlichen Sorgen der Hausfrau für ihre Lieben spricht, was insofern eine Selbstverständlichkeit ist, da die Frau "pour les autres" lebt.[5] Diese Diskriminierung wird besonders deutlich, wenn Michelet davon spricht, daß die Frau die Ehe als Schutz braucht, weil sie gar nicht in der Lage ist wie ein Mann

---

den Mann kampflos überlassen müßte.
1 Michelet, *La femme*, S. 46–52 und S. 212 ff.
2 Vgl. Mey, a.a.O., S. 108.
3 Michelet, *L'amour*, S. 146 ff.
4 Ebd., S. 60 f.
5 Michelet, *La femme*, S. 120.

längere Zeit dieselbe Arbeit am Stück zu verrichten.[1] Die Fähigkeiten zur Hausfrau und Mutter sind der Frau hingegen angeboren. Bewiesen wird das durch das Spiel der kleinen Mädchen. Selbst wenn eine Frau nicht Ehefrau und Mutter wird, wählt sie sich eine Berufstätigkeit die ihrer Natur entgegenkommt, indem sie Erzieherin wird.[2]

Jede Art von Bildung ist gedacht als letzter Ausweg für eine Frau, die keine Möglichkeit hat, eine Ehe einzugehen und eine Familie zu gründen. In diesem Fall muß die Frau sich ihren Lebensunterhalt verdienen. Dabei kommt ihr eine bessere Bildung insoweit entgegen, als sie ihr hilft, bessere, leichtere Arbeit, die besser bezahlt wird, zu finden.[3] Dennoch meint Michelet mit Bildung für die Frau nicht, daß sie eine ähnliche Erziehung wie der Mann erhalten soll. Ganz im Gegenteil soll die Erziehung des Mädchens geschlechtsspezifisch sein und sie auf ihre künftige Aufgaben als Frau und Mutter vorbereiten.[4] Im Gegensatz zum Jungen, in dem die produktive Kraft herausgebildet werden soll, dient die Erziehung des Mädchens dazu, sie auf Harmonie einzustimmen und sie damit für ihre Position auf dem Piedestal, auf das Michelet die erwachsene, überhöhte Frau stellt, zu konditionieren.[5] Auch die bestgebildete Frau trifft auf große Schwierigkeiten, wenn sie von ihrem Erfolg leben muß und es nicht versteht, den Eindruck einer "typischen" Frau zu erwecken. So hat zum Beispiel eine "artiste,... femme laborieuse et indépendante" schwer zu kämpfen, wohingegen die "femme soumise (désormais entretenue)" den Erfolg findet, aber eben einen gewissen Preis dafür bezahlen muß.[6] Damit ist natürlich auch der Rückschluß zulässig, daß jede Frau, die auf diesem Gebiet Erfolg hat, den Preis dafür bezahlt hat und nicht mehr Frau im Sinne der idealen Vorstellung Michelets ist. Sie kann nicht mehr dem Bild entsprechen von der

---

1 Ebd., S. 62.
2 Ebd., S. 121 f und S. 135.
3 Ebd., S. 68.
4 Ebd., S. 107.
5 Ebd., S. 119.
6 Ebd., S. 72 f.

"femme qu'il faut épouser,..., celle qui, simple et aimante, n'ayant pas encore reçu une empreinte définitive, repoussera le moins la pensée moderne".[1]

Das Bild der sich aufopfernden Frau wird am deutlichsten, wenn man sich das Leben betrachtet, das auf die Witwe wartet. Sie soll nach Michelets Willen allein bleiben und in ihrer ganzen Lebensführung so sehr dem vorgelebten Beispiel ihres verstorbenen Mannes folgen, daß sie für alle Außenstehenden ein lebendes Beispiel der Maximen ihres Mannes ist. So soll sie durch ihr eigenes Leben dafür sorgen, daß die Wertschätzung des Verstorbenen womöglich noch ansteigt.[2] Die Wiederverheiratung ist damit eigentlich ausgeschlossen. Aber auch für den Fall der Wiederverheiratung erwartet Michelet, daß der verstorbene Ehemann die Richtschnur bleibt. Sollte eine Witwe aus irgend einem Grund wieder heiraten müssen, soll sie nämlich einen "proche parent" des Verstorbenen nehmen, allerdings nicht im jüdischen Sinne, sondern einen "parent selon l'esprit", der von dem Verstorbenen geschätzt wurde und in seinem Sinne lebt.[3]

Diese -wie bei Proudhon- androzentrische Konzeption muß dann natürlich auf der anderen Seite den Ehebruch der Frau höher gewichten als den Ehebruch des Mannes, was Michelet aber von der wesentlich rigideren Sexualmoral Proudhons unterscheidet. Der Mann wird lächerlich gemacht und die Legitimität der Nachkommenschaft ist zweifelhaft.[4] Hier wird argumentiert mit der überhöhten Position und Würde der Frau, die durch ihren Verstoß gegen den Moralkodex beschmutzt werden. Bei Proudhon dagegen wird der Verlust an Würde des Mannes selbst als schlimmeres Übel betrachtet.

---

1 Ebd., S. 86.
2 Michelet, L'amour, S. 416 ff.
3 Michelet, La femme, S. 302.
4 Michelet, L'amour, S. 318 f. Dem Vergehen der Frau wird enorme Bedeutung
   zugemessen, wenn es heißt: "Un mensonge de l'épouse peut fausser l'histoire pour
   mille ans."

Nichtsdestotrotz gesteht Michelet der Frau gewisse Rechte zu. So sollte die Frau keine Schwangerschaft ohne ihre ausdrückliche Zustimmung haben. Sie soll kein Lustobjekt des Mannes sein, sondern es soll die Devise gelten: "Nul plaisir, sinon partagé." Außerdem hat sie ein Recht auf die "soins quasi maternels de l'amour, les servitudes volontaires qui suppriment la femnme de chambre".[1] Außerdem soll auch die benachteiligte Frau, die keine Familie bekommen hat, die Möglichkeit haben, ihre von der Natur gewollte Mutterrolle auszuleben. Ihr schlägt Michelet die altruistische Lebensaufgabe vor, sich um die Waisen der Gesellschaft zu kümmern[2] und so in Einklang mit ihrer Natur zu leben.

So sieht auch Michelet, wie Proudhon, das einzige Heil der Frau in der Ehe und in ihrer Aufgabe als Mutter, sei es im wörtlichen Sinne, sei es im übertragenen Sinne als Erzieherin. Damit ist bei beiden das traditionelle Rollenverhalten und das absolut eingeengte Frauenbild festgeschrieben. Dennoch findet auch dieses Bild noch Gegner auf der anderen Seite, nämlich bei denen, für deren Geschmack zum Beispiel Michelet der Frau zu sehr entgegenkommt. So kritisiert Barbey d'Aurevilly, den R. Bellet einen "mousquetaire de la plume" nennt[3], womit er seine Geschicklichkeit im Umgang mit dem Wort und damit seinen Einfluß auf seine Zeitgenossen meint, Michelets Konzeption sehr scharf. In Le Pays vom 07.12.1858 wirft er Michelet vor, eine Frau zu zeichnen, vor der selbst seine Freunde Abscheu empfänden. In vielen Details sei er einfach lächerlich. Außerdem seien die Frauen selbst von seinem Bild der kranken Frau keineswegs entzückt. Und in seiner Besprechung von La femme in Le Pays vom 11.12.1859[4] bringt er dann klar das Frauenbild der Ultra-Konservativen

---

1 Michelet, La femme, S. 352.
2 Ebd., S. 339 f.
3 Vgl. Roger Bellet, Presse et journalisme sous le Second Empire, Lyon 1978, S. 229.
   Bezeichnend für Barbey d'Aurevillys arrogante und sehr veraltete Haltung, die ihren Niederschlag auch in seinem Frauenbild findet, ist, daß er im Grunde vom Journalismus, der im Zweiten Kaiserreich seinen großen Aufschwung erfährt, nichts hält und einen großen Unterschied macht zwischen "homme de lettre" und "journaliste".
4 Die beiden Artikel sind wiedergegeben im Bd. 18 der bereits erwähnten Ausgabe

zum Ausdruck, wonach die Familie göttlichen Ursprungs ist und die Frau nur zur Gattin gemacht wird, um Mutter zu sein. Michelet wirft er vor, wie eine Frau zu sein mit einer "imagination si sensible et si vicieuse, si malade et pourtant si violente".

3.2   Die Antworten der drei "femmes de lettres"

Die Tatsache, daß die drei in dieser Studie untersuchten Autorinnen, Juliette Adam, André Léo und Adèle Esquiros, sich mit einer theoretischen Schrift zum Thema der Rolle der Frau an die Öffentlichkeit gewandt und damit eine allgemeine Diskussion der Konzeptionen von Proudhon und Michelet eingeleitet haben, war der ausschlaggebende Grund für die Wahl dieser drei "femmes de lettres".

Im folgenden soll also auf die Konzeptionen der drei Schriftstellerinnen eingegangen werden. Anschließend werden ihr jeweiliges persönliches Leben und ihr literarisches Schaffen als eine Art Überprüfung ihrer Theorien dienen, da es uns interessant erscheint herauszufinden, ob das eigene Leben sich an den in der Theorie geäußerten Überzeugungen orientiert und inwieweit die literarischen Produkte diese Überzeugungen illustrieren.

3.2.1   Juliette Adam und die *Idées anti-proudhoniennes*

In ihren bereits im Erscheinungsjahr von Proudhons *Amour et mariage* (1858) veröffentlichten *Idées anti-proudhoniennes* macht Juliette Adam zunächst einmal darauf aufmerksam, daß Proudhons frauenfeindliche Konzeption ihren Ursprung in einem persönlichen Defizit Proudhons hat, nämlich in einer "certaine étroitesse d'esprit qui ne lui a pas permis d'apercevoir la complexité du problème social".[1] Dabei fällt übrigens die

---

der *Oeuvres complètes* von Michelet, im "Dossier de presse" zum jeweiligen Werk, der Artikel vom 07.12.1858 S. 306 ff und der Artikel vom 11.12.1859 S. 683 ff.
1   Juliette Adam, *Idées anti-proudhoniennes*, Paris, 1858, S. 10.

gemäßigte Ausdrucksweise der Autorin auf, die im krassen Gegensatz zum persönlich attackierenden Ton der später als Antwort erscheinenden *La pornocratie* von Proudhon steht, und beweist, daß es J. Adam wirklich um eine Auseinandersetzung, eine Art Dialog geht. Auch wenn sie ihm vorwirft, daß seine Ideen der Beweis dafür seien, daß er ganz offensichtlich krank sei[1], geht es ihr doch nicht darum, ihn und seine Vorstellungen als Einzelfall abzuqualifizieren. Ganz im Gegenteil weist sie darauf hin, daß das Gefährliche an Proudhons Konzeption ist, daß sie den Egoismus der Männer mit ihrem Gewissen in Einklang bringt[2], was eine weite Akzeptanz seiner Ideen schafft. Ausdruck dafür sei, daß während des Prozesses um Proudhons Werk *De la justice dans la révolution et dans l'église* nur ein Teil nicht beanstandet worden ist, nämlich die Studie über Liebe und Ehe.[3] Das ist symptomatisch dafür, daß die Gesellschaft diese diskriminierende Ideologie bereits verinnerlicht hat.

Der für J. Adam besonders auffällige Widerspruch in der Proudhonschen Konzeption liegt darin, daß er ein umfangreiches Werk verfaßt, um die Gleichheit der Menschen zu behaupten, die allein in der Gesellschaft Gerechtigkeit schaffen kann, und in diesem Werk selbst die Ungleichheit von Mann und Frau verteidigt und sie zur Grundlage der Gerechtigkeit macht.[4] Gerechtigkeit kann es aber nur geben zwischen "êtres de même nature, égaux en droits et en devoirs, égaux *essentiellement* et *potentiellement*".[5] Diese Definition macht übrigens bereits zwei Dinge deutlich. Zum einen ist sich Juliette Adam durchaus bewußt, daß Rechte mit Pflichten verbunden sind. Zum anderen lehnt sie es strikt ab, sich die Rechte mit dem Hinweis auf die nicht zu erfüllenden Pflichten vorenthalten zu lassen. Sie fordert gerade die der Frau angeblich so großzügig vorenthaltenen Pflichten als Rechte ein. Die Aussage, die Frau brauche

---

1 Ebd., S. 79.
2 Ebd., S. 55.
3 Ebd., S.19.
4 Ebd., S.125 f.
5 Ebd., S. 128.

nicht selbst zu denken, diese schwere Pflicht nehme ihr der Mann gerne ab, sei Ausdruck der "autocratie masculine de par la logique proudhonienne".[1]

Zu den Vorwürfen der physischen, intellektuellen und moralischen Unterlegenheit der Frau als Grundlage des Proudhonschen Systems äußert sich Juliette Adam dann im Einzelnen. In der "weichlichen" Elastizität des weiblichen Körpers, die Proudhon so abstößt, sieht sie -wie in der La Fontaineschen Fabel Le chêne et le roseau- den Vorteil, daß die Frau daraus den Vorteil zieht, sich beugen zu können und dadurch nicht zu zerbrechen.[2] Die physische Unterlegenheit der Frau ist also für J. Adam kein Thema, besonders da die körperliche Kraft nur zu Beginn, als sich menschliche Gesellschaft konstituierte, eine Rolle gespielt hat.[3] In der bereits bestehenden Gesellschaft resultieren dann die sozialen Institutionen aus der Verbindung von männlicher Stärke mit der Liebe und der weiblichen Schönheit.[4] Hier greift sie zwar die von Proudhon gemachte Einteilung Mann/Kraft - Frau/Schönheit auf, bringt sie aber in eine andere Gleichwertigkeit durch die Bindung beider an die Liebe, die keinem der beiden Geschlechter als spezifisch zugewiesen werden kann, sondern beiden eigen ist. Auf diesem Hintergrund ist zu verstehen, daß für J. Adam die Wertschätzung der Frau in einer Gesellschaft der Gradmesser für den Stand der Zivilisiertheit ist. Da Zivilisiertheit einem Volk die -auch politische- Überlegenheit über seine Nachbarn bringt, steht also am Anfang des politischen Desasters der Türken und Araber ihre Verachtung der im Harem eingeschlossenen Frau.[5] Diese Argumentation soll dahingestellt sein. Sie ist zu akzeptieren auf dem Hintergrund ähnlicher, gegen die Frauen gerichteter Äußerungen Proudhons, der ja in der übertriebenen

---

1 Ebd., S. 163.
2 Ebd., S. 58.
3 Ebd., S. 81 f.
4 Ebd., S. 83.
5 Ebd., S. 84 f.

Wertschätzung der Frau den Beginn des Untergangs der Gesellschaft sieht[1]. Gemeint ist sicherlich, daß die stark eingeengte Frauenrolle die Frau geradezu in ein die Gesellschaft schädigendes Fehlverhalten treibt, wenn sie sich zum Beispiel nur um den äußerlichen Luxus und Ähnliches kümmern kann. Das Gegenmittel dazu sind eine gründliche Erziehung und eine angemessene Berufsausbildung für die Frau[2], da die Beschäftigung mit den Äußerlichkeiten nicht ausfüllt und sowieso belanglos wird, sobald die Frau älter wird und dem von Proudhon apostrophierten Bild der Frau als Schönheits- und Mutterschaftsprinzip nicht mehr entspricht.

Turgeon weist auf ihre Äußerungen in der *Revue encyclopédique* vom 28.11.1896 hin, wo sie sich erneut vehemt und mit ähnlichen, jetzt aber noch weitergehenden Formulierungen dagegen zur Wehr setzt, Frauen auf ihre äußerliche Schönheit zu beschränken. Diese äußerliche Schönheit sei sehr vergänglich und verliere sich früh, die Frau müsse aber einen Sinn in ihrem Leben haben und verdiene die Verachtung der Männer nur wegen des Verlustes dieser Schönheit nicht. Gerade eine

"femme qui ne tient plus à plaire et qui n'est plus absorbée par les soins de la famille ... peut rendre des services sociaux, produire au point de vue de l'art, du métier, de l'industrie".

Es handele sich immerhin um fast zwei Drittel ihres Lebens, die sie ansonsten nicht ausfüllen könne.[3]

Aus der physischen Unterlegenheit der Frau geht für Proudhon die intellektuelle hervor. Darauf antwortet Juliette Adam mit der Feststellung, daß dann "un portefaix sera un plus fort penseur qu'un philosophe".[4] Damit ist Proudhons Argumentation ad absurdum geführt und braucht nicht weiter beachtet zu werden. Außerdem stützt J. Adam sich

---

1 Pierre-Josephe Proudhon, *La pornocratie ou Les femmes dans les temps modernes*, Paris, 1875, S. 74. Hier werden mit diesem Argument die Forderungen der Frauen nach mehr Rechten abgelehnt.
2 Adam, *Idées anti-proudhoniennes*, S. 99 f.
3 Siehe Turgeon, a.a.O., Bd. 2, S. 59 f.
4 Adam, *Idées anti-proudhoniennes*, S. 69.

auf die anerkannte Autorität der Medizin, wenn sie Proudhons Behauptung von der Unfähigkeit der Frau, "germes" und -daraus resultierend-
Ideen hervorzubringen, mit der Begründung zurückweist, ein Arzt habe
ihr die Lächerlichkeit dieser These bestätigt. Auch sie macht also Gebrauch vom Ansehen der Ärzte, was umso leichter verständlich ist, als
sie -im Gegensatz zum in der französischen Gesellschaft Ansehen ge-
nießenden Proudhon- für die Öffentlichkeit keine Autorität besitzt. Dadurch daß Juliette Adam nun in Hinblick auf Physis und Intellekt die
Unterlegenheit der Frau widerlegt hat, braucht sie auf die moralische
Unterlegenheit gar nicht mehr einzugehen, da für Proudhon die physische
Unterlegenheit Grundlage der intellektuellen und beide zusammen wieder Grundlage der letzten waren. Fällt der Ausgangspunkt weg, müssen
zwangsläufig auch die Schlußfolgerungen nichtig sein.

3.2.1.1 Die Rolle der Frau bei Juliette Adam - "justice" statt "fa-
veur"

Im folgenden soll das Bild vorgestellt werden, das Juliette Adam selbst
von der Frau hat. Zunächst einmal muß gesagt werden, daß sie Wert
darauf legt, daß die Frauen Gerechtigkeit fordern und nicht Gunst von
Proudhonschen Gnaden.[1] Damit weist sie zum einen das Frauenbild
Proudhons, das ja darauf beruht, daß der Mann die Frau großmütig zu
sich emporzieht, völlig von sich und attackiert Proudhon zum anderen an
seinem empfindlichsten Punkt. Wie bereits unter 3.1.1 erwähnt, ist Gerechtigkeit für Proudhon der Dreh- und Angelpunkt seiner Weltvorstellun-
gen. Des weiteren bedeutet die Verwendung des Begriffes "Gerechtigkeit" auch, daß es für J. Adam selbstverständlich ist, daß die Frau Rechte
hat und diese fordern kann.

---

1 Ebd., S. 78.

Ihre Definition der Frau geht von ganz banalen Tatsachen aus. Die Frau ist, biologisch gesehen, das Weibchen des Menschen und damit die Hälfte der Art. Außerdem ist sie die Hälfte des die Gesellschaft erst ermöglichenden Paares. Sie besitzt Individualität und Persönlichkeit und ist autonom. Wie der Mann ist sie ein soziales Wesen.[1] In der biologischen Diskussion steht fest, daß alle Mitglieder einer Art gleich sind, da die Gesetze der Art für alle gleich sind.[2] Das gilt zwangsläufig auch für die Art "Mensch". Daraus ergibt sich für Juliette Adam, daß auch in der Gesellschaft Mann und Frau gleich sein müssen, weil die "loi sociale" für alle gleich sei und eine Reziprozität der Rechte und Pflichten sowie eine Gleichwertigkeit der sozialen Funktionen bestehe, wenn auch einige Fähigkeiten eher männlichen, andere dagegen eher weiblichen Charakter hätten.[3]

Mann **und** Frau sind also nötig für die Reproduktion der Art, wobei die Aufgabenteilung darin liegt, daß die Frau die Mutterschaft, der Mann aber die Befruchtung und die Verteidigung der Frau übernimmt.[4] Im sozialen Ganzen sind alle Funktionen gleichwertig.[5] Da aber die Mutterrolle die Frau nicht Zeit ihres Lebens ausfüllt, und da andererseits nicht alle Frauen überhaupt Mutter werden[6], muß der Frau eine Möglichkeit geboten werden, sich zu beschäftigen. Dementsprechend fordert J. Adam nicht nur eine seriöse Erziehung, sondern eine Berufsausbildung für die Frau. Selbst wenn man der Frau nicht zugesteht, die Fähigkeiten des Mannes zu haben, bleibt die Forderung nach dem Recht auf Arbeit[7] bestehen, da die französische Revolution den "droit de tous les français à tous les

---

1 Ebd., S. 165 ff.
2 Ebd., S. 168.
3 Ebd., S. 170 f.
4 Ebd., S. 59 f.
5 Ebd., S. 91.
6 Ebd., S. 101. Hier verwendet sie sogar den emotional aufgeladenen Begriff der "poule couveuse", um deutlich zu machen, daß selbst übertrieben wahrgenommene Mutterpflichten keine lebensfüllende Beschäftigung darstellen und außerdem zeitlich begrenzt sind.
7 Ebd., S. 67.

emplois" gefordert hat, obwohl nicht alle Männer moralisch und intellektuell als vollwertig gelten können.[1] Bestreitet man dieses Recht auf Arbeit,
dann wird der Mann grundsätzlich zum "entreteneur"[2], da die Frau in der
Ehe ebenso vom Mann bezahlt wird wie eine käufliche Frau. Die Berufe,
an die Juliette Adam im Zusammenhang mit der Frau denkt, sind Berufe,
die sich für Frauen mehr eignen, da sie Eigenschaften wie Takt, Geschicklichkeit und Geschmack voraussetzen, Qualitäten, die den Frauen
eignen. Diese Berufe werden immer zahlreicher, da Maschinen die
männliche Kraft überflüssig machen.[3] Sie greift auch bestimmte Berufs-
gruppen heraus und stellt Medizin, Doktorat und Bürgermeisteramt als
für Frauen sehr geeignet heraus.[4] Dabei fällt auf, daß sie in gewisser
Weise doch dem traditionellen Denken verhaftet bleibt, wenn sie zum
Beispiel gerade die sozialen Aufgaben des Bürgermeisters betont, um
die Frau als dafür geeignet zu apostrophieren. Das geht sehr deutlich in
die Richtung der dienenden Berufe als typisch weibliche Domäne. Man
muß aber dabei auch sehen, daß sie es als selbstverständlich ansieht,
daß die Frau dabei nicht unbedingt in der Rolle der Gehilfin des Mannes
zu verstehen ist. Das Amt der Bürgermeisterin spricht ganz klar gegen
diese Interpretation. Außerdem zeugt auch das Eingehen auf den Bereich
der Gerichtsbarkeit, der ihrer Meinung nach das weibliche Element
zugute käme[5], davon, daß sie das Selbstbewußtsein hat, die Frau wirklich
als gleichberechtigte Partnerin dem Mann gegenüberzustellen.

---

1 Ebd., S. 174.
2 Ebd., S. 67.
3 Ebd., S. 92 f.
4 Ebd., S. 93 f und S. 97.
5 Ebd., S. 182. "Ne serait-il pas temps d'essayer un peu de la charité, de la charité
   éclairée et sympathique, de celle qui souffre des douleurs d'autrui et qui veut les
   soulager? ou plutôt, ne serait-il pas temps de comprendre la justice, non pas comme
   une vengeance, mais comme une réparation, et de faire de la pénalité même un
   moyen de purification pour le crime, une cause d'amélioration morale pour le
   criminel?"

Eine ganz wichtige Forderung ist die freie Verfügungsgewalt über das von der Frau selbst Erwirtschaftete[1], die der Französin ja erst viel später, im Jahre 1907, zugestanden wird. In diesen Zusammenhang gehören dann auch die weiteren Forderungen nach der Möglichkeit, mit anständiger Arbeit den Lebensunterhalt zu verdienen, nach wirklich angemessenem Lohn und ganz generell nach einer Möglichkeit, dem Müßiggang zu entgehen, was der Prostitution einen Großteil ihrer Grundlage entziehen würde.[2] All diese Dinge erlauben es der Frau erst, dem Mann unabhängig und damit auf gleicher Stufe gegenüberzustehen.

So ist ihre Schlußfolgerung, daß die Frau zumindest ein "complément indispensable" des Mannes ist, wenn sie schon nicht als ihm gleich akzeptiert wird.[3] Der Unterschied zur Aussage von Proudhon über die Frau als komplementäres Element zum Mann liegt dabei darin, daß bei J. Adam die Betonung auf unverzichtbar liegt, während Proudhon die Ergänzung des Mannes durch die Frau im Grunde auf den rein biologischen Sektor beschränkt. Bei J. Adam führt das weibliche Selbstverständnis denn auch zur Forderung nach Anerkennung der "égalité" oder "équivalence" von Mann und Frau. Daraus resultiert die Forderung nach freiem Zugang zu allen Funktionen der Gesellschaft, unabhängig vom Geschlecht, allein nur bestimmt von den persönlichen Fähigkeiten.[4]

Für J. Adam liegt eine Verbesserung der Lage der Frau im Sinne ihrer Forderungen schon allein deshalb im Interesse des Mannes, weil die Beeinflussung Mann - Frau wechselseitig ist. Wenn also der Mann die Frau auf ein Niveau unter dem seinen drückt und sie in Laster, Aberglaube und Unwissenheit verharren läßt, schadet er sich selbst, da sie ihn zu sich herabziehen wird.[5]

---

1 Ebd., S. 67.
2 Ebd., S. 102 f.
3 Ebd., S. 113.
4 Ebd., S. 184 f.
5 Ebd., S. 176.

3.2.1.2 Liebe und Ehe - Blüte und Frucht

Proudhons widersprüchliche Einschätzung der Frau als minderwertiger Mensch einerseits und als Gewissen des Mannes, als letzte und vollkommenste Schöpfung andererseits wird von Juliette Adam heftig kritisiert, besonders da sie sich nicht aus seiner Behauptung erklären läßt, die Frau sei eine Ansammlung von Widersprüchen in sich selbst.[1] Diese Auffassung muß kritisiert werden, wenn man eine Konzeption von Liebe und Ehe hat wie J. Adam. Für sie ist die Ehe eine "union librement consentie", "inspirée par l'amour". Bei der Verheiratung verleiht die Familie durch ihre Zustimmung der Verbindung "pérennité" und "généralité". Die Ehe soll monogam sein, aber nicht unauflöslich, da ansonsten die Freiheit der beiden Partner eingeschränkt würde.[2]

Erst wenn die Möglichkeit zur Scheidung besteht, fällt auf jeden der beiden Ehepartner die volle Verantwortlichkeit für jede Handlung, da sie ihre Konsequenz in Form des Scheidungsbegehrens des Partners finden können.[3] Somit zwingt die Möglichkeit der Scheidung zu mehr Bemühungen um das Zusammenleben. Im Gegensatz dazu führt die "séparation de corps" zu schlechten Sitten[4], weil keiner der Partner eine neue, ernste Bindung eingehen kann, will er nicht riskieren, des Ehebruches angeklagt und bestraft zu werden. Das Argument gegen die Scheidung, daß die Kinder darunter leiden, widerlegt J. Adam mit dem Hinweis darauf, daß die Kinder nicht mehr in einer zerrütteten Ehe leben müssen, sondern in den beiden neuen Partnerschaften der Eltern zwei intakte Familien erhalten.[5]

Diese Ehekonzeption, basierend auf der gegenseitigen Liebe, steht im

---

1 Ebd., S. 142 f.
2 Ebd., S. 186 ff.
3 Ebd., S. 193.
4 Ebd., S. 190.
5 Ebd., S. 191.

Gegensatz zu den Vorstellungen Proudhons, für den laut J. Adam die Ehe ein Heilmittel gegen die Liebe ist.[1] Für Proudhon ist das Ziel der Liebe die Reproduktion, wohingegen für Juliette Adam die Liebe ein Selbstzweck ist mit dem Ziel, glücklich zu werden und zu machen.[2] Für sie braucht die Liebe Geist und Herz. Anstelle des gefühlskalten Schweigens, das Proudhon im Umgang mit der Frau für angebracht hält, fordert sie das Gespräch zwischen den Liebenden, da nur die geistige Auseinandersetzung und das Eingehen auf den Partner den Menschen davor bewahren, in der Liebe tierischer als das Tier zu sein, da selbst Tiere zum Beispiel den Liebestanz kennen.[3]

Am besten drückt sich ihre Vorstellung von Liebe und Ehe aus in dem poetischen Vergleich, den sie selbst gewählt hat: Was die Frucht für die Blüte, das ist die Ehe für die Liebe.[4] Dahinter steht der Gedanke des Reiferwerdens und der gemeinsamen Entwicklung. Das Bild drückt aber auch eine homogene Entwicklung aus, die nur dann stattfinden kann, wenn die einzelnen Komponenten harmonisch ineinander greifen. Was auf das Verhältnis von Mann und Frau bezogen bedeutet, daß die Partner in einer solchen Beziehung im Bewußtsein der Gleichwertigkeit miteinander umgehen müssen. In einer so fundierten Ehe kann die Frau dann im Kind nicht nur den neuen Menschen sondern auch das Abbild von ihrem Mann, sich selbst und ihrer Liebe sehen.[5]

3.2.1.3 *La pornocratie* als Fortsetzung des Dialoges zwischen Juliette Adam und Proudhon

In *La pornocratie ou les femmes dans les temps modernes* von Proudhon, das posthum erschienen ist, findet die Diskussion eine Fortsetzung. Zwar handelt es sich nur um ein Fragment dessen, was Proud-

---

1 Ebd., S. 30.
2 Ebd., S. 32 f.
3 Ebd., S. 53.
4 Ebd., S. 46.
5 Ebd., S. 49.

hon seinen Gegnerinnen als Antwort auf ihre Erwiderungen geben wollte. Dennoch reicht dieses Fragment aus, um klarzumachen, daß Proudhon an seiner Konzeption festhält, ja sie vehement gegen die "unqualifizierten" Angriffe verteidigt. Bereits in der Widmung, in der er sie direkt anspricht, bringt er den Streit auf eine gewissermaßen persönliche Ebene, wenn er sagt: "Mais de la raison il n'y a pas ombre dans vos attaques;..."[1] Wenn Juliette Adam Probleme habe, seine Konzeption der Gleichwertigkeit von Mann und Frau, bei der die Stärke des Mannes sein Äquivalent in der Schönheit der Frau findet, zu akzeptieren, dann sei sie nicht so emanzipiert, wie er geglaubt habe.[2] Außerdem sei sie eine schlechte Anwältin ihrer Sache, da sie sie mit jeder Zeile verrate und entehre.[3] Damit ist Juliette Adam in den Augen Proudhons das beste Beispiel für die Richtigkeit seiner Theorien über die Frau. Er macht es der Frau unmöglich, für ihre Emanzipation zu kämpfen, wenn er darauf beharrt, daß bereits der Wunsch nach Emanzipation beweise, daß die Frau nicht mehr eine ehrenhafte, schützenswerte und achtungsgebietende Frau sei.[4] Schließlich stehe dieser Wunsch am Anfang einer Kette, deren Ende das Ende der Gesellschaft bedeute.[5] Dem liegt der Gedanke zugrunde, jede Frau, die nach Emanzipation strebe, suche nur den Mann.[6] Man vergesse nicht: Die Frau ist seiner Meinung nach von Natur aus lasziv.

Bei der Beurteilung von Juliette Adams Schrift wirft Proudhon ihr zunächst einmal vor, mit ihren Ideen in direkter Linie vom Saint-Simonismus à la Enfantin abzustammen.[7] In den Augen vieler Zeitgenossen hat

---

1 Proudhon, *La pornocratie*, S. 1.
2 Ebd., S. 6.
3 Ebd., S. 16 f.
4 Ebd., S. 69. "toute femme qui rêve d'*émancipation* a perdu, *ipso facto*, la santé de l'âme, la lucidité de l'esprit et la virginité du coeur; qu'elle est en voie de péché...
...que vos deux publications, si elles sont de vous, confirment la règle."
5 Ebd., S. 74. Nach seiner Darstellung verläuft die Entwicklung folgendermaßen: "affranchissement" -> "promiscuité" -> "pornocratie" = "fin de la société".
6 Ebd., S. 80.
7 Ebd., S. 95. Er geht so weit, sie aufgrund ihres Widerspruchs für krank im Hirn zu bezeichnen: "C'est le vice propre de votre thèse qu'on ne puisse la réfuter sans

er ihr damit bereits teilweise den Boden unter den Füßen weggezogen.
Dann macht er sich daran, im Einzelnen auf ihr Werk einzugehen.[1] Er
bezweifelt, daß die Schrift von ihr stammt. Selbst wenn das der Fall sei,
merke man, daß sie Ideen anderer nachbete, die sie nicht einmal verstanden habe. Ihre Logik sei die konfuse Logik des Chaos und der Promiskuität. Schließlich kommt er dann zur Schlußfolgerung, daß bei ihr alles
relativ sei.[2] Das umfaßt auch die Liebe, womit er bei der freien Liebe ist,
die er mit der Prostitution gleichsetzt.[3] Damit hat er seiner Meinung von
Juliette Adam aufs Nachdrücklichste Ausdruck verliehen. In seinen Augen ist sie damit abqualifiziert und völlig außerstande, den Wert von Ehe
und Familie zu erkennen.[4] Um seines Sieges ganz sicher zu sein, macht
er sie lächerlich, damit niemand sie mehr ernst nehmen kann.[5]

Für Proudhon bleibt die Frau eine inferiore Kreatur. Diese These findet
gerade in seinem posthumen Werk ihren vehementen Ausdruck, wenn
er sagt: "La femme est un joli animal, mais c'est un animal."[6] Damit
entwertet er natürlich selbst das von ihm behauptete angebliche Gleich-
gewicht von weiblicher Schönheit und männlicher Stärke. Außerdem
rechtfertigt er damit eindeutig den Herrschaftsanspruch des Mannes, da
ein Tier einen Herrn braucht. Ganz deutlich wird dieser Herrschaftsanspruch, wenn er die Männer einlädt zu einem *"patriarchat* ou *patriciat*
nouveau".[7] Seinen deutlichsten Ausdruck erhält das Proudhonsche Fa-
milienkonzept in seinem hier ausdrücklich bekräftigten Vorschlag zur
Behandlung der Frau in der -modern ausgedrückt- *midlifecrisis*. Wenn
nämlich die Frau den ihr von Proudhon zugewiesenen Sinn ihres Lebens

---

constater en même temps l'ulcération de votre cerveau."
1 Ebd., S. 97 ff.
2 Ebd., S. 138.
3 Ebd., S. 76.
4 Ebd., S. 141.
5 Ebd., S. 145 f. Hier greift er einen ihrer Gedanken auf, verdreht ihn und spinnt die
  Verdrehung aus. "...Qui sait si le chêne n'est pas en train de devenir un roseau, la
  colombe hérisson, et réciproquement?..."
6 Ebd., S. 266.
7 Ebd., S. 255.

verliert, weil ihre Kinder groß sind und die Familie verlassen, und sie dadurch in eine Depressionsphase fällt, dann soll der Ehemann darauf gar nicht eingehen. Bei strikter ehelicher Treue soll er ihr physisch und emotional fernbleiben, so daß ihr eigenes schlechtes Gewissen sie zur Vernunft bringt.[1] Darauf hatte Juliette Adam, wie unter 3.2.1.2 erwähnt, mit dem Verweis auf die Bedeutung des Dialoges in der Ehe geantwortet, weshalb Proudhon hier so insistiert. Ebenso bekräftigt er nochmals ausdrücklich den Unterschied zwischen Ehebruch durch die Frau und Ehebruch durch den Mann, indem er dem Verzeihen des jeweils betrogenen Partners eine unterschiedliche Wertung gibt. Ist es der Triumph der Ehefrau, den ehebrecherischen Gatten zu sich zurückzubringen, so ist ein Mann, der seine untreue Gattin wieder aufnimmt, nur verächtlich.[2]

Diese Einstellung erklärt auch die Abneigung, die Proudhon Michelets Konzeption entgegenbringt. Er wirft Michelet vor, daß er zwar richtig erkannt habe, daß die Frau dem Mann unterlegen sei, ihr aber aus falsch verstandener Liebe heraus eine Position der Überlegenheit einräume, um sie zu trösten, was nur dazu führe, daß ihre negativen Seiten sich verstärkten.[3]

Im Ganzen gesehen kann man sagen, daß *La pornocratie* ein Festschreiben der Ideologie Proudhons darstellt und daß keine echte Auseinandersetzung mit den Einwänden der Frauen stattfindet. Er nimmt sie, wie bereits weiter oben gezeigt, nicht einmal ernst. Seine Argumentation versteigt sich ja sogar zu der These, daß eine Frau, die seine Konzeption ablehnt, sich damit bereits abqualifiziert und keine wirkliche Frau mehr ist. Deshalb braucht sie natürlich auch nicht mehr ernstgenommen zu werden. Ihre Argumente erfordern keine Antwort. In diesem Sinn ist auch *La pornocratie* zu verstehen als eine Antwort, die gar nicht Antwort ist, sondern ein weiterer Beleg seiner Thesen, wobei die von ihm direkt

---

1 Ebd., S. 217.
2 Ebd., S. 193.
3 Ebd., S. 185.

angesprochenen Autorinnen lediglich als augenfällige Beispiele und Beweise dienen. Auf dieser Grundlage ist eine wirkliche Auseinandersetzung gar nicht möglich.

3.2.2 André Léo und *La femme et les moeurs*

Auch André Léo setzt sich mit den frauenfeindlichen Konzeptionen von Proudhon und Michelet auseinander, wobei sie als Sozialistin besonders an der Frauenfeindlichkeit des Sozialisten Proudhon Anstoß nimmt. Anläßlich der Wiederauflage von *De la justice dans la Révolution et dans l'Eglise* im Jahre 1868 erscheint als Antwort darauf *La femme et les moeurs* in der Zeitschrift *Le Droit des femmes*. Gleichzeitig kann man diese Artikelserie auch broschiert kaufen.[1]

Gerade für eine Sozialistin ist die Auseinandersetzung mit Proudhons Konzeption problematisch, da Proudhon in den Jahren zwischen 1848 und 1870 eine enorme Autorität besitzt, die sich auf den zwischen ihm und den Feministinnen anläßlich der Kandidatur von Jeanne Deroin 1849 entstehenden Kampf auswirkt.[2] So verdammt 1866 die französische Sektion der ersten Internationale die Frauenarbeit und erklärt die Familie zu dem wahren Platz der Frau.[3] Gerade eine engagierte Frau wie André Léo mußte darauf reagieren und die Ansichten der Frauen vertreten, zumal die Sozialisten als einzige schon vor 1848 die Frage nach den Rechten der Frau stellten.[4]

Zunächst einmal weist sie darauf hin, daß sowohl Proudhon als auch Michelet die Frau beleidigen, wobei nur Unterschiede in der Art bestehen. Die Antworten, die sie erhalten haben -sie verweist hier auf Juliette Adam - haben dabei den Nachteil, daß sie vom "public vulgaire" wenig gelesen

---

1 Siehe Monique Biarnais, Introduction, in: André Léo, *La femme et les moeurs*, Tusson 1990, S. 10 f.
2 Siehe ebd., S. 10 f.
3 Ebd., S. 28.
4 André Léo, *La femme et les moeurs*, Paris 1869, S. 11 f.

werden.[1] Eine weitere Motivation für ihre Teilnahme an der Diskussion ist die von der Akademie Lyon 1858 veranlaßte Studie über Möglichkeiten zum Anheben der weiblichen Löhne und zum Schaffen neuer Berufslaufbahnen für Frauen, die sich mit dem Problem "gleicher Lohn für gleiche Arbeit" usw. auseinandersetzt und somit das Problem von der wichtigen ökonomischen Seite her angeht.[2]

André Léo beginnt ihre Ausführungen mit der Feststellung, daß der Einfluß der Frau immer da war, entweder im vollen Sonnenschein, oder im Schatten[3], was sich von selbst versteht, da Frauen in allen Gesellschaften zu allen Zeiten die Hälfte der Menschheit stellten. Im engen Zusammenleben von Mann und Frau kann die gegenseitige Beeinflussung gar nicht verhindert werden. Dabei spielt nur eine Rolle, ob diese Einflußnahme seitens der Frauen von der Gesellschaft jeweils akzeptiert und gutgeheißen, stillschweigend hingenommen, oder offiziell getadelt wird.

Wenn nun die Diskussion um die Rechte der Frau auf der persönlich-emotionalen Ebene geführt wird, wenn mit abwertenden Begriffen wie "bas-bleus" gearbeitet wird, zeigt das zweierlei. Zum einen ist am in diesem Begriff enthalten Vorwurf der äußerlichen Vernachlässigung etwas Wahres dran, da die Frau, die ihren Geist bildet, sich von der Koketterie entfernt.[4] Sie braucht die exzessive und ausschließliche Beschäftigung mit dem eigenen Äußeren nicht mehr, da sie andere Betätigung gefunden und andere Werte zu bieten hat. Zum anderen drückt der lächerlich machende Begriff die Angst der Frauengegner vor der möglichen Entwicklung aus, der sie nur mit der Methode der unqualifizierten Polemik entgegentreten können.

---

1 Ebd., S. 15 f.
2 Ebd., S. 13.
3 Ebd., S. 7.
4 Ebd., S. 8.

3.2.2.1 "Die intellektuell und vor dem Gesetz unterlegene Frau bleibt verachtet"

Das Michelet zugeschriebene "adoucissement marqué des moeurs du mariage" wird von André Léo bezweifelt, weil man nur Rücksicht nimmt auf jemanden, den man respektiert. Außerdem schützt nur das erreichte Recht gegen den Egoismus der Macht.[1] Deshalb kann der Mann die Frau erst respektieren, wenn sie "en droit et en fait" ihm gleich sein wird, "armée de mêmes droits et de mêmes puissances".[2] Solange aber die Frau dem Mann intellektuell und vor dem Gesetz unterlegen ist, kann man in den hehrsten Worten die göttliche Rolle der Frau und Mutter glorifizieren: "elle restera méprisée".[3] Insofern verändern Leute wie Michelet nichts an der Lage der Frau, wenn sie die Realität mit edel klingenden Lobeshymnen verkleiden. Sie schreiben im Gegenteil die bestehende Situation fest.

Diese Situation stellt sich in den Augen von André Léo folgendermaßen dar: Die Frau lebt in materieller Abhängigkeit. Nur dienende soziale Funktionen sind ihr zugänglich. Außerdem arbeitet sie grundsätzlich für unzureichenden Lohn. So bleibt ihr nur die Wahl zwischen der Ehe oder einer weniger definitiven Form sich zu verkaufen.[4] An dieser Situation hat auch die Revolution nichts geändert.[5] Und da Frau und Kinder eine finanzielle Belastung darstellen, überlegen sich die Männer, ob sie heiraten.[6] Es verschärft sich als Konsequenz das Problem der Kindesmorde, Abtreibungen und Findelkinder immer mehr.[7] So erwächst aus der materiellen Abhängigkeit der Frau die soziale Demoralisierung.[8]

---

1 Ebd., S. 17.
2 Ebd., S. 118.
3 Ebd., S. 116.
4 Ebd., S. 26.
5 Ebd., S. 18 ff.
6 Ebd., S. 22.
7 Ebd., S. 23 f.
8 Ebd., S. 41.

Auch André Léo setzt sich ganz konkret mit den Einzelheiten des Frauenbildes à la Proudhon und Michelet auseinander. Dies scheint die einzige Möglichkeit, die verschiedenen Einzelaspekte bloßzulegen, aus denen sich die frauenfeindliche Ideologie der beiden anerkannten Autoritäten der französischen Gesellschaft ihrer Zeit zusammensetzt. Sie folgt sogar dem Proudhonschen Schema der Aufzählung der verschiedenen "infériorités" der Frau. Allerdings ist ihre Gegenargumentation bedeutend schlüssiger als das von Proudhon mit Gewalt "zurechtgezimmerte" System von der weiblichen Unfähigkeit und Unterlegenheit.

Das Argument der physischen Unterlegenheit der Frau wird widerlegt[1] durch die Darlegung, daß die Frau dem Mann an Stärke nur unterlegen ist, wenn es um den Kampf geht. Ihre körperliche Kraft ist auf anderes ausgerichtet und für andere Anwendung gedacht. Außerdem gibt es eine physische Überlegenheit der Frau, die darin besteht, daß sie der "réproducteur principal de l'espèce" ist. Das Argument der fehlenden körperlichen Kraft verliert außerdem sofort an Boden, wenn man bedenkt, daß die Frau von jeher als Arbeitstier benutzt wurde. Es ist in André Léos Augen eine zu billige Erklärung und eine fadenscheinige Ausflucht, wenn man eine körperlich hart arbeitende Frau zur Ausnahme erklärt und behauptet, sie sei keine Frau mehr, sondern eine "virago".[2] Außerdem sollte das Argument vom Recht des Stärkeren in einer Zeit, die auf dem Gesellschaftsvertrag aufbaut, gar nicht mehr vorgebracht werden. Schließlich ist die Abschaffung dieses archaischen Rechtes des Stärkeren die erste Forderung des Gesellschaftsvertrages.[3]

Auch die für Proudhon sich aus der physischen Unterlegenheit ergebende intellektuelle kann leicht und schlüssig widerlegt werden. Es genügt dazu festzustellen, daß im Hirn kein geschlechtsspezifisches Organ festgestellt werden kann. Streiten kann man im Zusammenhang mit dem in der Regel schwereren männlichen Hirn über das Verhältnis von Quan-

---

1 Ebd., S. 47 ff.
2 Ebd., S. 51 ff.
3 Eb d., S. 58.

tität und Qualität.[1] Im Grunde genommen sind die Untersuchungen, die zu ihrer Zeit vorliegen, aber schon allein deshalb nicht beweiskräftig, da erst bei gleicher Ausbildung das Ergebnis ins Gewicht fallen kann.[2] So steht fest, daß es die "deux sexes de la pensée" nicht gibt, was bedeutet, daß Jungen und Mädchen gleichermaßen Wissenschaft und Wahrheit beigebracht werden muß.[3] Das Argument von der für das Herz schädlichen Wissenschaft wird durch das Beispiel aller Männer der Geschichte widerlegt.[4] Und in einer Hinsicht hat sich das männliche Vorurteil selbst eine Grube gegraben. Wenn nämlich -durch medizinische Forschung bewiesen- feststeht, daß das Herz nur ein Muskel ist und der Sitz des Gefühls das Hirn ist, fällt die Argumentation von der per Natur der Frau verliehenen größeren Liebesfähigkeit weg.[5] Ihr Hirn ist ja kleiner als das des Mannes!

Den Vorwurf der Unfähigkeit der Frau auf wissenschaftlichem, literarischem und künstlerischem Gebiet kann man insofern fast nicht ernstnehmen, da die Voraussetzung der dazu nötigen Bildung den Frauen stets fehlte.[6] Erst wenn die Frau über die gleiche Voraussetzung verfügt wie der Mann, kann die Leistung der Frau auf diesen Gebieten überprüft werden.

Man verweigert der Frau die Arbeit, diese "noble et nécessaire gymnastique", weil sie ihr Unabhängigkeit schenken würde.[7] Schließlich ist auf diese Weise die Emanzipation des Mannes erfolgt. Im Fall der Frau bedient man sich des Vorwandes, daß die Mutterschaft der Frau die Arbeit gar nicht erlaubt. So wird die Mutterschaft zum Siegel an der Kette, mit der man die Frau ans Haus bindet[8], obwohl sie eine Frau nicht völlig

---

1 Ebd., S. 65 f.
2 Ebd., S. 73.
3 Ebd., S. 77 f.
4 Ebd., S. 80.
5 Ebd., S. 82 f.
6 Ebd., S. 89 ff.
7 Ebd., S. 109.
8 Ebd., S. 99.

und auf immer in Anspruch nimmt.[1] Auch André Léo weist natürlich darauf hin, daß nicht jede Frau auch Mutter wird, und daß das Argument damit unter den Tisch fällt.[2]

Damit hat André Léo die Argumente für die traditionelle Frauenrolle geschickt und höchst schlüssig widerlegt. Der Weg ist frei für die Argumente, die einer Veränderung der Frauenrolle im Sinne der Forderungen der Feministinnen das Wort reden.

3.2.2.2 Die Emanzipation der Frau als radikalste Veränderung der Gesellschaft

In Bezug auf die Frauenfrage hat André Léo das Gefühl, daß man das Prinzip des göttlichen Rechtes zerschlagen hat, um jedem Mann einen kleinen Bruchteil davon zu geben. Denn warum soll in der Gesellschaft Ordnung ohne Hierarchie möglich sein, in der Familie aber nicht?[3] So drückt in dieser Frage jeder seine Interessen und Vorurteile aus. André Léo erkennt an, daß ein solches Verhalten durchaus verständlich ist, da die Veränderung der Frauenrolle die radikalste Veränderung in der Gesellschaft darstellt, die es je gegeben hat.[4] Schließlich braucht man nur an die Widerstände denken, die jede gesellschaftliche Veränderung, jeder Umsturz der Verhältnisse bis dahin mit sich gebracht hat. Und die Veränderung der Frauenrolle bedeutet ein komplettes Umdenken auf allen Gebieten, weil die Frau dann wie der Mann überall berücksichtigt und miteinbezogen werden muß. Wer sich aber den Forderungen der Frauen entgegenstellt und die Unterwerfung und materielle Abhängigkeit der Frau fordert, lebt im Geist der Vergangenheit und der alten Ordnung.[5] Ein solches anachronistisches Verhalten ist aber begründet abzulehnen, da anerkannte Prinzipien der modernen Gesellschaft wie zum Beispiel

1 Ebd., S. 104 f.
2 Ebd., S. 108.
3 Ebd., S. 128.
4 Ebd., S. 133 f.
5 Ebd., S. 151 f.

liberté und *égalité* auf dem Spiel stehen. Entweder sind diese Prinzipien falsch, oder auch die Frau besitzt den "droit *naturel et imprescriptible* restitué par la Révolution à l'humanité".[1] Da man davon ausgehen muß, daß die Gesellschaft auf einem richtigen Prinzip beruht, das die Zustimmung der Mehrheit findet und allgemein anerkannt ist, wird das Recht der Frau auf eine positive Veränderung ihrer Lage zwangsläufig gerechtfertigt. Man kann verstehen, daß die Forderung nach dem Frauenstimmrecht[2] und politischen Rechten der Frau[3] für Männer, die an das traditionelle Rollenklischee gewöhnt sind, schockierend sind. Ganz besonders scheint dies für die Vorstellung von der Frau in Anwalts- oder Richterrobe zu gelten.[4] Diese Einschätzung der Lage durch André Léo verleiht der Aussage von Juliette Adam über die Bereicherung der Gerichtsbarkeit durch das Mitwirken der Frauen eine andere Bedeutung. Durch den hier erwähnten Aspekt wird die Forderung Juliette Adams nach weiblicher Mitwirkung in der Gerichtsbarkeit spektakulär und äußerst progressiv.

Will man nun etwas bewirken, ist es notwendig, die Vorurteile durch Gegenbeispiele zu bekämpfen. Damit fordert André Léo die Frauen auf, möglichst zahlreich im eigenen Leben Beispiel zu geben, Beispiel zu sein.[5] Theoretisieren, diskutieren und fordern verändert nichts. Um Veränderungen zu bewirken, ist es notwendig, einfach irgendwo anzufangen, Tatsachen zu schaffen, die als Beispiel wirken können.

Die Gleichheit von Mann und Frau, die die Voraussetzung für die Veränderung der Frauenrolle und damit der gesamten Konzeption von Liebe und Ehe ist, wird vielfach zwar anerkannt. Dies bleibt aber häufig nur ein Lippenbekenntnis, dem das Umsetzen in die Realität nicht folgt. Das Problem liegt dabei darin, daß die Männer, die verbal für die Gleichheit von Mann und Frau eintreten, meist nicht bereit sind, die sich aus der Realisierung dieser Gleichheit im Alltag ergebenden Konsequenzen zu

1 Ebd., S. 156.
2 Ebd., S. 162.
3 Ebd., S. 165 f.
4 Ebd., S. 166.
5 Ebd., S. 167.

tragen und auf einen Teil ihrer Rechte und Privilegien zugunsten der Frauen zu verzichten.[1] Außerdem sind die Frauen selbst oft die schlechtesten Vertreterinnen der eigenen Sache. Denn einerseits geht es den meisten Frauen wie den Sklaven. Sie sind an ihre Kette gewöhnt und fürchten die Veränderung und die eigene Verantwortung.[2] Andererseits treten die Frauen, die für sich selbst einen Weg aus dem traditionellen Rollenklischee gefunden haben, nicht für ihre Geschlechtsgenossinnen ein, weil sie sich nicht kompromittieren und zum Nutzen anderer gesellschaftliche Spielregeln verletzen wollen, die es der Frau zwar gestatten, sich halbnackt in der Öffentlichkeit zu präsentieren, den Frauen aber verbieten "[d']aventurer leur nom sur le terrain de l'honneur, du droit et de la justice".[3]

So führt letztendlich alles in der Argumentation von André Léo zu der Forderung nach der religiösen, moralischen und wirtschaftlichen Unabhängigkeit der Frau. Das Schicksal der Frau ist somit verbunden mit der Frage der Sitten[4], da die Rolle der Frau sich aus den Sitten der Gesellschaft heraus erklärt und mit ihnen verändert. So erklärt sich auch der Titel von André Léos Darlegungen.

3.2.3 Adèle Esquiros und *L'amour*

In ihrem 1860 erscheinenden Werk setzt sich Adèle Esquiros mit den Vorstellungen Michelets über die Frau, Liebe, Ehe und Familie auseinander. Sie tut dies, weil ihrer Meinung nach von allen, die sich in dieser Zeit in irgendeiner Form zu diesem Thema äußern, sich nur Michelet mit dem Thema Liebe auseinander gesetzt hat. Es ist ihr deshalb wichtig, dazu Stellung zu beziehen, weil Michelet den Anspruch erhebt, mit seinen Vorstellungen zum "affranchissement" und damit zum "bonheur du peu-

---

1 Ebd., S. 169.
2 Ebd., S. 169.
3 Ebd., S. 170 f.
4 Ebd., S. 172.

ple" beizutragen.[1] Die Einschätzung, daß Michelet in ihren Augen den seriösesten Beitrag zum Thema liefert, heißt aber noch lange nicht, daß seine Konzeption bei ihr Anklang findet. Sie bedeutet aber, daß alle anderen für sie so klar abwegig sind, daß sie einer näheren Betrachtung gar nicht wert sind, weil sie sich selbst abqualifizieren. Ihre Darlegungen vermitteln den Eindruck eines Dialoges, da sie Michelet immer wieder persönlich anspricht, seine Äußerungen anführt und sie dann kritisch beantwortet.

Adèle Esquiros kritisiert vor allem, daß durch Michelet die Unterdrükkung der Frau eine neue Qualität erhält. Die emotionale Abhängigkeit, der das idealisierte Gewand der "weiblichen Liebesfähigkeit" übergestreift wird, übt jetzt einen Zwang auf die Seele aus, wo vorher nur äußerlicher Zwang angewandt wurde.[2] Dabei liegt das Problem darin, daß Michelet ihrer Meinung nach so tut, als sei der Mann ein Gott und die Frau "un je ne sais quoi sans nom". Beweis dafür sei, daß der Mann sich seit jeher "tous les biens de la terre" vorbehalten habe, als da sind "emplois", "honneurs" und "plaisirs", und der Frau nur die Seele gelassen habe. Das Problem ist, daß Michelet nun aus der Seele ein Monopol des Mannes gemacht habe. Also bleibt der Frau jetzt gar nichts mehr. Sie ist jetzt wahrhaftig "pauvre bête"[3].

3.2.3.1 "La femme est un grand enfant..."

Die Konzeption der Frau bei Michelet macht durch jahrelanges Bemühen des Mannes aus der Frau eine Kopie ihres Mannes. Dieses Bemühen um die Frau als eigene Schöpfung des Mannes findet in der fast allgemein verbreiteten Anrede der Frau mit "mon enfant" seinen Ausdruck. Adèle Esquiros weist nun darauf hin, daß eine solche, nach dem Bilde ihres Mannes geschaffene Frau einen großen Nachteil hat. Denn wenn der

---

1 Adèle Esquiros, *L'amour*, Paris 1860, S. 6.
2 Vgl. Mey, a.a.O., S. 90.
3 Esquiros, *L'amour*, S. 33 f.

Mann in seinen Bemühungen Erfolg hat, findet er sich, sei er allein oder
suche er Ablenkung oder Anregung in der Liebe, immer sich selbst
gegenüber. Er kann sich nie entfliehen.[1] Also können dem Mann Liebe
und Ehe nach Michelets Konzeption keinerlei Bereicherung bringen.

Auch der Frau bringt die Ehe, wie sie bisher existiert, keine Bereicherung, im wörtlichen Sinne sogar ganz das Gegenteil. Die verheiratete
Frau wird, wie ihr gesamtes Hab und Gut, ein Stück Besitz ihres Mannes
und hat nicht einmal mehr ein eigenes Ich, was vom Gesetz festgeschrieben wird.[2]

Ganz anders soll die Frau sein und behandelt werden, wenn es nach
Adèle Esquiros geht. Die echte Frau, wie die "dame de lettres" sie sieht,
ist sich ihrer Pflichten und ihrer Würde bewußt.[3] Zwar sagt auch A.
Esquiros, daß die Frau wie ein Kind ist.[4] Damit bezieht sie sich auf den
aktuellen Stand der Entwicklung, die der Frau nur das traditionelle Rollenbild anbietet, das keine andere Möglichkeit für sie bereithält. Aber sie
meint den Ausdruck auch im dem Sinne, daß die Frau durch ihre -wie
auch immer zustandegekommene- Kindlichkeit in ihrem Herzen einige
"instincts du ciel", nämlich "la foi, la justice et la pureté" bewahrt hat, die
der Gesellschaft jetzt zugänglich gemacht werden müssen.[5]

Das Männerbild ist bei Adèle Esquiros sehr negativ, wenn sie auch sagt,
daß "il en est de magnifiques".[6] Sie sind eben die Ausnahme. Der
Unterschied zwischen Mann und Frau beginnt in der Kindheit mit den
wilderen und brutaleren Spielen der Buben. Das Mädchen ist bereits
"toute douceur, toute sensibilité". Dieser Unterschied verstärkt sich dann
in der Entwicklung, da das Mädchen zu "obéissance", "réserve" und
"prière" angehalten werde, der Junge aber zur "émancipation morale"

---

1 Ebd., S. 29 ff.
2 Ebd., S. 35.
3 Ebd., S. 40.
4 Ebd., S. 27: "La femme est un grand enfant qui a ses idées, ses caprices, ses
   délicatesses particuliaires: ..."
5 Ebd., S. 107.
6 Ebd., S. 36.

komme. So geht die Entwicklung dahin, daß sich das Leben auf den Mann hin zentriert, daß alles auf seinen Namen läuft: Besitz, Frau und Kinder. Dieser geförderte Egoismus findet dann in der Liebe seinen krassesten Ausdruck, wenn nicht nur die Frau, die liebt, das Glück des Mannes will, sondern auch der Mann, den sie liebt.[1] So erklärt sich dann auch, daß die egoistischen und unmoralischen Männer sich gerade an die Frauen wenden, die "les plus innocentes et les plus dévouées" sind, weil die ihnen fremde Unschuld und Hingabe sie anziehen.[2] Womit der Mann für die Frau in Adèle Esquiros' Augen nach der herrschenden, herkömmlichen Rollenverteilung eine Bedrohung ist, der sie sich nicht erwehren kann, weil das Rollenbild ihr dafür keine Hilfe bietet.

In die moralisch entgegengesetzte Richtung führt der männliche Egoismus, wenn Männer Umgang mit der "anderen" Frau pflegen. Adèle Esquiros spricht in ihren Darlegungen nirgendwo ausdrücklich von der Prostituierten oder Kurtisane, deutet aber in diese Richtung, wenn sie, bei Mann und Frau, scharf kritisiert, von der Arbeit anderer zu leben.[3] Damit ist natürlich jeder gemeint, der nicht selbst für seinen Lebensunterhalt sorgt. Daß es aber um die in irgendeiner Art ausgehaltene Frau geht, wird in der weiteren Darlegung deutlich, wenn sie auf gewisse Frauen zu sprechen kommt, die sie "glaneuses" nennt, weil sie überall zusammenraffen und nichts geben.[4] Die Anziehungskraft dieser Frauen liegt im Gegensatz zu der vorher erwähnten Unschuld darin, daß sie sich nur mit Männern einlassen, die ihnen etwas zu bieten haben.[5] Sie schmeicheln also dem Egoismus und der Eigenliebe des Mannes und werten ihn auf, wenn sie seine Aufmerksamkeit akzeptieren.

---

1 Ebd., S. 82 ff.
2 Ebd., S. 72 ff. Hier drastisch ausgedrückt: "C'est bien triste, que la boue salisse de préférence les plus belles fleurs."
3 Ebd., S. 87.
4 Ebd., S. 88.
5 Ebd., S. 89.

Das gerade erwähnte Verhalten ist bereits ein Beweis für das negative Wesen des Mannes. Es kommt noch hinzu, daß der Mann oft "abruti par les spiritueux, le tabac et les mauvaises passions" ist. Deshalb ist für Adèle Esquiros die aktuelle Situation schrecklich. Denn da die Gesellschaft sich auf die Männer stützt, gibt es Wichtiges nicht mehr: "plus de croyance, plus de courage, plus rien de grand." Mit einem offensichtlichen Seitenhieb auf Michelet stellt sie dann fest, daß die einzigen noch brennenden Intelligenzen krank sind, was ihre "systèmes fous, contradictoires et inadmissibles" beweisen. Trotzdem fordere der Mann in seinem Hochmut die Rechte und vergäße dafür viele seiner Pflichten.[1] Rettung kann von der Frau, "ce grand enfant", kommen, da sie der Gleichgültigkeit ihre Sensibilität, dem Egoismus ihre Hingabe, dem Nichts ihren Glauben, dem Materialismus ihre Poesie entgegenstellen kann. Die Gesellschaft hat von der Frau bisher keinen Gebrauch gemacht. Deshalb soll sie ihre "jeunesse" einbringen, die darin besteht, daß die Frau seit Anbeginn der Welt ihr Leben erwartet.[2] Dieser Beitrag der Frau kann sich in der Gesellschaft nur realisieren in Beziehung zum Mann, da die Gesellschaft aus Männern und Frauen besteht. Immer begegnet die Frau dem Mann. Am intensivsten ist ihre Begegnung in der Liebe. Deshalb soll nun Adèle Esquiros' Konzeption von Liebe und Ehe betrachtet werden.

3.2.3.2 "L'amour peut sauver le monde"

Adèle Esquiros kritisiert Michelets Liebesbegriff. Er glaubt nämlich, daß sehr oft Liebe mit dem Wertschätzen einer bestimmten Eigenschaft verwechselt wird, die nicht persönlichkeitsspezifisch ist, sondern allen Vertretern einer bestimmten Gruppe eignet. Deshalb kann ein Betroffener auch von dieser Liebe -wie von einem Krankheitsanfall- "geheilt" werden, wenn man ihm diesen Irrtum deutlich vor Augen führt.[3] Dem hält sie

---

1 Ebd., S. 103 f.
2 Ebd., S. 107.
3 Vgl. dazu die Zusammenfassung des Kapitels "La tentation" im Inhaltsverzeichnis

entgegen, daß Liebe keine Krankheit ist und folglich auch nicht geheilt werden kann oder muß.[1] Außerdem steht seinem Liebesbegriff, der in einem kleinen Haushalt mit nur einem einfachen Mädchen als Stütze der Hausfrau gelebt werden soll, die allgemeine Meinung entgegen, daß man reich sein muß, um sich der Liebe widmen zu können.[2]

Michelets Familienkonzeption kommt Adèle Esquiros sehr unrealistisch vor, da sie seiner Forderung nach nur einem einfachen Mädchen vom Lande zur Unterstützung der Hausfrau entgegenhält, daß die Frau dadurch nicht unbedingt vor verderblichen Einflüssen geschützt sei. Man denke an die ländlich-derben Sitten.[3] Diese Idylle ist also nur ein Traum. Ebenso steht es mit dem schönen Bild von der kranken Frau und ihrem sie als "Arzt" pflegenden Ehemann. Sie wirft die Frage auf, welcher Mann die Geduld zur lebenslangen Krankenpflege aufbrächte.[4]

Fehlende Liebesbegeisterung der Frau oder ihre eheliche Untreue sind nicht allein Schuld der Frau, da sie meistens vom Mann dadurch verursacht sind, daß "sympathie morale et physique" von vornherein als Basis gefehlt haben, so daß die Frau die Liebe entweder einschlafen läßt oder sie einem Partner schenkt, der sie haben will.[5]

Liebe ist für Adèle Esquiros etwas ganz Anderes und wesentlich Anspruchsvolleres als das, was Michelet meint. Sein "système d'amour" sei eine "contradiction perpétuelle".[6] Wahre Liebe bedeutet ein Geben und Nehmen von zwei Partnern, die etwas gemeinsam haben, wobei die Rollen wechseln können.[7] Mal kommt von einem Partner die Hingabe, mal vom anderen. Ebenso geht es mit allem Anderen. Deshalb wächst

---

zu Michelet, *L'amour*, wo es heißt: "L'erreur du coeur tient souvent à ce qu'il prend pour mérite *unique* de l'objet aimé une chose *commune* à un peuple, à une race, etc."

1 Esquiros, *L'amour*, S. 20 f.
2 Ebd., S. 15.
3 Ebd., S. 16 ff.
4 Ebd., S. 23.
5 Ebd., S. 22 und S. 25.
6 Ebd., S. 37.
7 Ebd., S. 48 f.

die Liebe auch erst langsam, da man den Partner "erlernen" muß.[1] Sie
ist nicht möglich, wenn man aus Angst vor dem Nichts sich und dem
anderen Liebe als Komödie vorspielt.[2] Liebe ist "oubli de soi pour un
autre", "une vertu, une intelligence et une gloire" und "dévouement".[3]
Deshalb kann die Liebe ein Gefühl der Unsterblichkeit geben.[4]

Diese Liebe meint Adèle Esquiros, wenn sie davon spricht, daß die
Liebe die Welt retten kann. Allerdings braucht diese Liebe eine Voraussetzung, nämlich die "égalité", da es zwischen einem Herrn und seinem
Sklaven keine Liebe geben kann.[5] Die Unabhängigkeit der Entscheidung,
Liebe zu geben, und die individuelle Freiheit bestimmen den Wert, den
Liebe hat. Im Gegensatz zum System von Michelet besteht A. Esquiros
darauf, daß sich zwei Personen in der Liebe vereinen, die wirklich zwei
bleiben müssen, um sich gegenseitig etwas geben zu können.[6] Daraus
folgt für die Partnerschaft, daß sie auf beiderseitigem Bemühen um ein
gelungenes Zusammenleben aufbauen muß, denn "La vie à deux n'est
acceptable qu'en se faisant bien des concessions".[7] Was unserer Meinung nach in diese Liebes- und Partnerschaftskonzeption nur schwer
hineinpaßt, ist Adèle Esquiros' Äußerung zur körperlichen Gewalt. Sie
meint nämlich, es seien "détails intimes où personne n'a rien à voir", wenn
ein Mann seine Frau oder umgekehrt schlage.[8] Das kann nur dahin
interpretiert werden, daß sie von zwei eigenverantwortlichen Menschen
erwartet, ihre Probleme selbständig lösen zu können. Immerhin apostrophiert sie das Problem als nicht spezifisch weiblich, was bedeutet, daß
für sie selbstverständlich ist anzunehmen, daß ungefähr genauso viele
Männer geschlagen werden wie Frauen. Die Gesellschaft unserer Tage
hat diesen Aspekt des Gewaltproblems in der Ehe lange totgeschwiegen.

---

1 Ebd., S. 75.
2 Ebd., S. 59.
3 Ebd., S. 81.
4 Ebd., S. 56.
5 Ebd., S. 104.
6 Ebd., S. 95.
7 Ebd., S. 62.
8 Ebd., S. 24.

Nun soll noch kurz auf Adèle Esquiros Meinung zur gelungenen Ehebeziehung ihrer Zeit eingegangen werden. Ähnlich wie Michelet sieht sie den bescheidenen äußeren Rahmen als eher geeignet für einen glücklichen Haushalt an. Das liegt daran, daß bei den Arbeitern und Kleinbürgern die Gleichheit von Mann und Frau fast erreicht ist, weil die Erziehung, die nutzbaren Fähigkeiten und die Existenzmittel annähernd gleich sind. Der Arbeit des Mannes steht das Gebären der Frau als gleichwertig gegenüber.[1] Da die Frau in vielen Fällen für den Lebensunterhalt der Familie mitarbeiten muß, stehen Mann und Frau sowieso auf einer Ebene. Anders sieht es aus im gehobenen Bürgertum, wo es immer noch recht viele glückliche Familien in ihrem Sinne gibt. Zwar hat der Mann seine "culture à part" und seine für die Frau unzugängliche Arbeitswelt. Doch solange der Beruf "devoir" und "fatigue" ist, dem Erwerb des Lebensunterhaltes dient und nicht "infatuation" wird, und solange für den Mann die Familie im Gegenzug dazu "repos" und "bonheur" bietet, kann eine Familie glücklich sein.[2] In allen anderen Fällen existiert nach Meinung von A. Esquiros Ehe gar nicht[3], kann das Zusammenleben zumindest ihrer Konzeption nicht entsprechen.

3.3   Auffälligkeiten beim Vergleich der verschiedenen Frauenbilder

Die Feministinnen des 19. Jahrhunderts sind weder Einzelgängerinnen noch Vertreterinnen ihrer Geschlechtsgenossinnen. Sie stellen keine großen, verallgemeinernden Entwürfe vor. Mit ihren Texten wollen die Frauen in ganz konkreter Form Probleme aufzeigen und Stellung beziehen.[4] Dies gilt auch für die drei hier zu betrachtenden Schriftstellerinnen und ihre Konzeptionen. Aus der persönlichen Betroffenheit und Lebens-

---

1 Ebd., S. 104 f.
2 Ebd., S. 105.
3 Ebd., S. 106.
4 Vgl. Mey, a.a.O., S. 82.

wirklichkeit heraus entstehen ihre Schriften, mit denen sie sich an der öffentlichen Diskussion beteiligen. Jede von ihnen bringt ihre persönlichen Vorstellungen ein, die sich dann entweder mit denen der anderen decken oder von ihnen in manchen Aspekten abweichen.

Frauen sind aus dem wirtschaftlichen Gefüge des 19. Jahrhunderts nicht wegzudenken, da die neuentstandenen Fabriken mehr Personal benötigen, als an männlichen Arbeitskräften in Frankreich zur Verfügung steht. So ist das 19. Jahrhundert das "siècle de l'ouvrière"[1]. Die Existenz so vieler Arbeiterinnen ist das beste Gegenbeispiel zum Bild der kranken Frau von Michelet und der unfähigen Frau von Proudhon. Wäre die Frau an sich krank, schwach und unfähig, könnte die Industrie sie nicht gebrauchen. Einen Vorteil bietet aber das Frauenbild à la Michelet und Proudhon. Auf dem Hintergrund dieser Ideologie ist es zu vertreten, wenn Schwankungen in der Wirtschaft auf dem Rücken der Frau ausgetragen werden. Es sind die Frauen, die in Flautezeiten zuerst entlassen werden und die auch im Normalfall bereits weniger Lohn für gleiche Arbeit erhalten[2], da aufgrund des herrschenden Frauenbildes ihre Arbeit nicht denselben Wert haben kann wie die des Mannes. Selbst Vertreter eines äußerst konservativen Frauenbildes wie Barbey d'Aurevilly wissen um die Notwendigkeit der Arbeiterin[3] und ziehen Vorteil aus dem sich auch auf die Arbeiterin auswirkenden negativen Frauenbild.

Durch die vorangehenden Darlegungen ist deutlich geworden, daß das negative Frauenbild bei Proudhon und Michelet sich nicht grundlegend, sondern nur im Ausgangspunkt unterscheidet. Wenn man also näher spezifizieren möchte, kann man Proudhon mit seinem Bild der unfähigen Frau als im Vergleich zum Mann minderwertigen Menschen einen Frauenfeind nennen. Michelet dagegen mit seiner jovial-mitleidigen Art, die Frau als krankes Wesen zu mystifizieren, ist ein auf den ersten Blick

---

1 Siehe dazu Madeleine Rebérioux, *L'ouvrière*, in: Aron, a.a.O., S. 61.
2 Ebd., S. 65.
3 Im bereits erwähnten Artikel in *Le Pays* vom 11.12. 1859, in: Michelet, *Oeuvres complètes*, Bd. 18, 1985, sagt er, daß Michelet sich gegen die "économie politique" wende, wenn er die Arbeiterin ablehne.

weniger agressiver Antifeminist nach dem Motto der unter 2.2.1 erwähnten Karikatur von Gavarni. Diese Beurteilung des Antifeminismus der beiden findet sich ja auch bei André Léo, die zu Beginn ihrer Auseinandersetzung mit ihren Theorien sagt, daß beide die Frau beleidigen, Proudhon "grossièrement" und Michelet "plus doucereusement", aber "guère moins".[1]

Nach Meinung der Feministinnen bedeutet Liebe in den Darstellungen bei Proudhon und Michelet nur Arbeit, die keinen Preis hat.[2] Nach Meinung von Juliette Adam, André Léo und Adèle Esquiros ist Liebe aber gar nicht in diesem Zusammenhang zu sehen. Das geht deutlich daraus hervor, daß sie eine gleichberechtigte Partnerschaft mit dem Mann wollen und deshalb die Gleichheit von Mann und Frau als Grundlage der Liebe ansehen. Aus diesem Grund lehnen alle drei die von Proudhon und Michelet implizit geäußerte Vergöttlichung der Frau scharf ab. Zugleich weisen sie darauf hin, daß der Mann sich selbst schadet, wenn er seine Partnerin als ein "être inférieure" behandelt.

Das Problem, das sich aus der scharfen Proudhonschen Abgrenzung "courtisane ou ménagère" ergibt, betrifft jede Frau, da die Kontrolle der Prostituierten auf jede allein in den Straßen angetroffene Frau angewandt werden kann.[3] Man kann sich vorstellen, was das bedeutet. Keine Frau, die aus welchen Gründen auch immer allein unterwegs ist, ist sicher vor dieser demütigenden Behandlung. Kein Wunder also, wenn die Frauen vehement für ihre Rechte eintreten, wozu eben auch gehört, daß eine Frau sich außer Haus frei bewegen kann. Dies ist ja die Voraussetzung zur Verwirklichung der auch von Juliette Adam, André Léo und Adèle Esquiros gestellten Forderung nach dem Recht auf Arbeit für alle Frauen. Letztendlich ist erst die Verwirklichung dieses Rechtes eine Möglichkeit,

---

1 Léo, *La femme et les moeurs*, S. 15 f.
2 Vgl. Mey, a.a.O., S. 89.
3 Siehe ebd., S. 100.

daß die Frau sich selbst vorstehen kann. Erst so entsteht eine Alternative zur Prostitution und zum nicht weniger moralisch antastbaren Weg, sich in eine Ehe zu verkaufen.

Um die Freiheit des Einzelnen, die zu den wichtigsten Forderungen der Menschenrechte gehört, und um -wie Juliette Adam darlegt- die Verantwortlichkeit für das Verhalten dem Partner gegenüber nicht einzuschränken, fordern Juliette Adam, André Léo und Adèle Esquiros die Möglichkeit zur Scheidung. Es versteht sich von selbst, daß auch hier alle drei Frauen ein für Mann und Frau gleiches Recht meinen und nicht ein je nach Geschlecht unterschiedliches, wie der *Code civil* von 1804 es vorsieht, wenn er zum Beispiel bezüglich des Ehebruchs als Scheidungsgrund nach Mann und Frau differenziert.

Gewisse Unterschiede in den Überlegungen der drei Schriftstellerinnen liegen in einzelnen Aspekten, die besonders betont werden. So weist Juliette Adam daraufhin, daß es Fähigkeiten des Menschen gibt, die eher männlich, andere die eher weiblich sind. Sie fordert außerdem ausdrücklich die freie Verfügungsgewalt der Frau über das von ihr Erwirtschaftete. Im Zusammenhang mit dem Scheidungsrecht befaßt sie sich mit dem Problem der Scheidungskinder, denen sie den Vorteil zweier intakter Familien in Aussicht stellt. Dieser Aspekt ist sehr modern, wenn man an die immer wieder aufkommende Diskussion um das Schicksal der Scheidungskinder unserer Tage (gemeinsames Sorgerecht usw.) denkt.

Bei André Léo wird besonders herausgestellt, daß die Rechte der Frau dem Wunsch nach Ordnung geopfert werden.[1] Den in diesem Zusammenhang geforderten Altruismus der Frau, - als von der Natur in besonderem Maße in die Frau gelegt mythifiziert - weist sie dezidiert zurück, wenn sie die Diskussion um die weibliche Liebesfähigkeit in den Kontext der Gehirndiskussion stellt. Diese Ablehnung des angeborenen weiblichen Opferungswillens ist nach M. Biarnais[2] ein sehr moderner Aspekt in den Vorstellungen André Léos. Außerdem wird von André Léo am

---

1 Vgl. Biarnais, a.a.O., S. 31.
2 Siehe ebd., Anm. 53, S. 152.

deutlichsten darauf verwiesen, daß die Veränderung der Lage der Frau nicht nur zwingend erforderlich, sondern gleichzeitig die radikalste Veränderung der Gesellschaft ist, da alle Bereiche menschlichen Lebens davon betroffen sind.

Adèle Esquiros ist von den drei Schriftstellerinnen diejenige mit dem negativsten Männerbild. Das erklärt sich sicherlich aus ihren persönlichen Lebenserfahrungen, wie noch zu sehen sein wird. In ihrer Konzeption fällt auf, daß sie besonders betont, nach den bisherigen Erfahrungen sei die Verwirklichung eines glücklichen Familienlebens nur im Milieu der Arbeiter und des kleinen und mittleren Bürgertums möglich, weil nur dort in gewisser Weise die Gleichheit von Mann und Frau realisiert ist.

4 Verwirklichung des weiblichen Frauenbildes in Realität und Fiktion bei Juliette Adam, André Léo und Adèle Esquiros

Zunächst stellt sich hier die grundsätzliche Frage, welche Funktion der Roman für die Veränderung der Frauenrolle hat.[1] Am besten läßt sie sich sicherlich mit dem Begriff des Vehikels umschreiben, wenn man sieht, daß Romane in unterhaltender Form Ideen veranschaulichen, die durch die Romanlektüre eine größere Verbreitung finden, als dies bei theoretischen Schriften der Fall wäre. So schafft der Roman Öffentlichkeit und bildet das Bewußtsein seiner Leser.

In diesem Sinne wirkten auch die literarischen Werke der drei Schriftstellerinnen, die in der vorliegenden Untersuchung näher betrachtet werden. Ihre Romane sind Thesen-Romane, die das Publikum in unterhaltsamer Form mit den Vorstellungen der Autorinnen vertraut machen sollen, wie sie sich das Leben vorstellen. Besonders deutlich kommen diese Vorstellungen der drei "femmes de lettres" in ihren bereits untersuchten theoretischen Abhandlungen zum Ausdruck. Doch reichen theoretische Überlegungen nicht aus, sich ein Bild davon zu machen, wie Ideologie sich in der Realität verwirklichen kann. Deshalb ist es nützlich, das literarische Schaffen der drei Frauen heranzuziehen, in dem sie für ihre Ideen ein plastisches Beispiel geben. Da theoretische Überlegungen auch immer in Zusammenhang mit der Lebenswirklichkeit des Denkenden stehen, soll aber zunächst das persönliche Leben der drei Schriftstellerinnen betrachtet werden. So kann man in etwa feststellen, wo ihre Vorstellungen ihren Ursprung nehmen, sei es im eigenen schmerzlichen Erleben von zu verändernden Mißständen, sei es im Beispiel von mehr oder weniger nahestehenden Mitmenschen, sei es in angenommenen Denkweisen, mit denen man im Laufe des Lebens konfrontiert wird.

---

1 Siehe dazu Hegenbarth-Rösgen, a.a.O., S. 13.

So dienen die drei verschiedenen Aspekte - theoretische Positionen, Literaturschaffen und persönliche Lebensrealität - als jeweilige Gegenprobe. Aus Übereinstimmungen und Unterschieden lassen sich Rückschlüsse ziehen, die der Erweiterung unserer Erkenntnis dienen.

4.1 Die Lebensumstände von Juliette Adam, André Léo und Adèle Esquiros

Bereits mit der so simplen Äußerlichkeit des Namen fangen die Schwierigkeiten dieser Untersuchung an. Alle drei "femmes de lettres" tauchen in der Sekundärliteratur und in Bibliotheksverzeichnissen unter verschiedenen Namen auf. Diese verschiedenen Namen lassen sich aus dem jeweiligen Lebenslauf erklären. Vorweg aber soll kurz für alle drei Frauen angegeben werden, unter welchen Namen sie dem Suchenden begegnen können.

Juliette Adam, die wir konsequent bei diesem Namen nennen, weil sie den größten Teil ihres Lebens unter diesem Namen ihrer zweiten Ehe verbracht hat, wird unter den Namen Juliette Lamber[1], Juliette La Messine, Juliette Adam und Mme Edmond Adam erwähnt.

André Léo haben wir grundsätzlich mit ihrem Pseudonym bezeichnet, da sie unter diesem Namen allgemein am bekanntesten ist. Sie ist unter den folgenden Namen zu finden: Léodile Béra[2], Mme (de) Champseix[3] und Mme Malon.

---

1 Was es mit dieser orthographischen Variante zu ihrem Mädchennamen Lambert auf sich hat, wird später dargelegt werden.

2 Hier gibt es, möglicherweise durch Schreibfehler bedingte, Variationen wie Léonie (Sie findet sich z.B. in: *Grand dictionnaire universel du XIXe siècle*, Pierre Larousse, Bd. 3, 1867, S. 905.), Léonide und Bera (Beide finden sich im Katalog der Bibliothèque Marguerite Durand, Paris.).

3 Auch in diesem Fall existiert eine andere Schreibweise: Champceix (z.B. im Katalog der Bibliothèque Nationale Paris). Es bleibt offen, wie es zu dem im Katalog der BN zu findenden Adelsprädikat kam.

Adèle Esquiros, die in dieser Untersuchung immer unter diesem Namen
erwähnt wird, weil sie bis zu ihrem Lebensende unter diesem Namen
veröffentlicht hat, ist auch unter ihrem Mädchenamen Adèle Battanchon
bekannt.

Von den drei Schriftstellerinnen hat sicher André Léo den originellsten
Namen zur Veröffentlichung ihrer Werke gewählt. Sie setzte ihn zusammen aus den Vornamen ihrer beiden Zwillingssöhne aus erster Ehe. In
Anbetracht ihres starken Engagements für ihre Überzeugungen und ihres
politischen Wirkens, kann nicht davon die Rede sein, daß sie ein Pseudonym benutzt, um sich zu verstecken. Eher zielen ihre Überlegungen
darauf ab, das Lesepublikum nicht gleich durch eine weibliche Autoren-
schaft abzuschrecken. Vielleicht dachte sie auch, daß -nomen est omen-
die Namen ihrer Kinder ihrem Werk Glück bringen.[1]

Unter ihrem eigenen Namen veröffentlichen die beiden anderen "femmes de lettres", Adèle Esquiros und Juliette Adam. Adèle Esquiros
bedient sich dabei zunächst ihres Mädchennamens, später grundsätzlich
ihres Ehenamens, auch nach der Trennung von ihrem Mann, vielleicht
auch aus finanziellen Erwägungen heraus[2], da der Name Alphonse
Esquiros recht bekannt ist. Dennoch spielt sicher auch der Erhalt der
Kontinuität beim Beibehalten des Namens eine Rolle, da die Leser sie
unter diesem Namen bereits kennen.

Juliette Adam veröffentlicht unter jedem Namen, den sie in ihrem Leben
trägt, wobei es keineswegs so ist, daß der jeweils gültige Zivilname auch
ihr Schriftstellername ist. Ihr Debut, die *Idées anti-proudhoniennes*, zeich-
net sie mit ihrem ersten Ehenamen, wobei es bei der zweiten Auflage zu
einem Eklat kommt, als ihr von ihr getrennt lebender Mann auf die
Gütergemeinschaft pocht und ihre Autorenrechte einkassiert. Später
unterzeichnet sie wahlweise mit ihrem zweiten Ehenamen Juliette Adam

---

1 Vgl. dazu *Femmes de lettres au XIXe siècle*, S. 257 f.
2 In ihren später noch zu erwähnenden Werken *Histoire d'une sous-maîtresse* und *Un
vieux bas-bleu* wird das keineswegs beneidenswerte Schicksal von Frauen, die sich
mit Schreiben ihren Lebensunterhalt verdienen wollen, gezeigt.

oder mit ihrem durch das fehlende "t" leicht veränderten Mädchennamen Juliette Lamber. Ein Blick in den Katalog der Bibliothèque Nationale zeigt, daß sie auch unter dem Pseudonym "Comte Paul Vasili" veröffentlicht hat. Verschiedene späte Werke tragen diesen Namen. Sie wählt ihn, um ihrer Sympathie für das Ausland, speziell den Osten, Ausdruck zu verleihen.[1]

Oft wird von Schriftstellerinnen ein Pseudonym gewählt, um Schwierigkeiten zu vermeiden. Man könnte ein solches Verhalten als Mangel an persönlichem Mut auslegen. Die im weiteren Verlauf dieser Untersuchung noch erfolgenden Einblicke in das Leben der drei hier zu behandelnden Autorinnen wird jedoch zeigen, daß dies in den vorliegenden Fällen nicht die Motivation für die Wahl eines Pseudonyms gewesen sein kann. Sicher ist hingegen, daß der bewußt gewählte Name eine Botschaft vermittelt.

4.1.1 Juliette Adam - Dame der bürgerlichen Gesellschaft

Juliette Adam, von A. Blanc-Péridier euphorisch gefeiert als "princesse de la troisième République"[2], wird am 4. Oktober 1836 als zweites und einzig überlebendes Kind der wohlhabenden pikardischen Arztfamilie Lambert in Verberie (Oise) geboren.[3] Mit fast exakt hundert Jahren stirbt sie am 23. August 1936, womit sie sich allein schon durch ihr stattliches Lebensalter von der Menge abhebt. Über ihre Bildung urteilt S. Morcos ziemlich hart, wenn er sagt: "Le caractère fragmentaire de ses connaissances permet, toutefois, de supposer que, jeune, elle n'avait jamais été astreinte à une éducation intégrale, à une discipline intellectuelle sérieu-

---

1 Siehe dazu auch: *Femmes de lettres au XIXe siècle*, S. 274 f. Der Beleg dafür, daß das russische Pseudonym den Russen ihre Freundschaft beweisen soll, findet sich bei: Manon Cormier, *Madame Juliette Adam ou l'aurore de la IIIe République*, Bordeaux 1934, S. 255.

2 Vgl. dazu z.B. den Titel ihres Werkes: Adrienne Blanc-Péridier, *Une princesse de la troisième République*, Paris 1936.

3 Die Angaben zur Person von Juliette Adam stammen aus: Saad Morcos, *Juliette Adam*, Le Caire 1961, S. 1 f.

se. Les audaces et les erreurs de sa carrière sont témoins que les débordements de son talent n'avaient pas été canalisés. Ses écrits, son action sont ceux de l'autodidacte intelligente: on y trouve la fougue et les impatiences désordonnées d'un esprit prématurément livré à lui-même."[1] Beeinflußt wird sie in ihrem Denken vor allem durch die drei Männer in ihrem Leben, ihren Vater und ihre zwei Ehemänner.[2] Die beiden Ehegatten sind dabei besonders wichtig, weil sie Juliette Adam vor Probleme stellen, für die sie Lösungen finden muß, was sie auch zu ihrem Engagement in der Frauenfrage bringt. Dabei ist wichtig zu wissen, daß Juliette Adams Vater politisch ein Schüler Proudhons ist und ihr erster Mann Auguste Comte bewundert.[3]

Ihre erste Ehe geht sie 1853 mit sechzehn Jahren ein mit dem Juristen Alexis La Messine (1821–1867). Mit ihm hat sie eine Tochter, Alice (1854–1946). Er ist es auch, der sie mit dem Problem konfrontiert, über das Zusammenleben von Mann und Frau nachzudenken, da die Ehe schon ab 1859 schlecht läuft. S. Morcos weist dabei auf die widersprüchlichen und nicht zu überprüfenden Gründe hin. Juliette Adam bezeichnet ihren Mann als untreu, andere halten ihn für das fast unschuldige Opfer einer "femme 'démoniaque' et excessivement ambitieuse".[4] Ungewiß ist der Einfluß, den ihr späterer zweiter Mann auf den Verlauf der Ehe nimmt. Juliette Adam, die mit ihrem Mann seit 1857 in Paris lebt, lernt nämlich in dieser Zeit den sehr wohlhabenden Politiker Edmond Adam (1816–1877) kennen.[5] Diese persönlichen Lebensumstände machen das Interesse Juliette Adams an einer partnerschaftlichen Ehekonzeption mit der Möglichkeit einer Scheidung deutlich, kann sie ihren zweiten Mann doch erst 1868, nach dem frühen Tod ihres ersten Mannes, heiraten.

---

1 Ebd., S. 2.
2 Vgl. ebd., S. 4 ff.
3 Siehe Cormier, a.a.O., S. 19.
4 Morcos, *Juliette Adam*, S. 4.
5 Ebd., S. 5.

Im Kampf um die "séparation de corps et de biens" von ihrem ersten Ehemann, die sie erst wenige Monate vor dessen Tod erreicht, lernt Juliette Adam noch ein anderes Problem kennen. Der Ehemann ist ja generell der allein entscheidende Familienvorstand. A. La Messine, obwohl Jurist, geht aber in der Ausübung der ehelichen Gewalt viel weiter, als es das Gesetz erlaubt, als er sich 1860 bei der Herausgabe seines Werkes *Garibaldi* nicht auf kenntlich gemachte Zitate der im Vorjahr von seiner Frau veröffentlichten Biographie *Garibaldi* beschränkt, sondern den vollständigen Text seinem Werk einverleibt.[1] Der finanzielle Aspekt braucht dabei insofern nicht berücksichtigt zu werden, als der Ehemann als Haushaltsvorstand sowieso die alleinige Verfügungsgewalt über alle Einnahmen hat, solange keine Trennung ausgesprochen ist.

In diesem Zusammenhang soll jetzt noch kurz auf den etwas überraschenden Autorennamen "Lamber" eingegangen werden. Einerseits könnte er ein Versuch gewesen sein, die Einkünfte der Frau dem Mann vorzuenthalten. Andererseits könnte es ein Druckfehler sein, da Juliette Adam in einem Brief an den Verleger davon spricht, daß ihr Vater, empört über die Verstümmelung seines Namens, das Hinzufügen des "T" fordert. Am wahrscheinlichsten ist die Erklärung, daß "Lamber" ohne "T" den Versuch eines Pseudonyms darstellt, da der Ehemann laut Gesetz Veröffentlichungen seiner Frau in Vergangenheit und Zukunft untersagen kann, wenn er nachweist, daß das Werk den materiellen oder auch immateriellen Interessen der ehelichen Gemeinschaft abträglich ist.[2] Allerdings muß er schlüssig nachweisen, daß der Autor mit seiner Frau identisch ist. Offenbar hat A. La Messine seine Frau mit dieser Möglichkeit der Machtausübung unter Druck gesetzt und damit ihr Eintreten für das Recht der Frau auf Arbeit begründet.

Die journalistische Seite von Juliette Adams Tätigkeit als Schriftstellerin kommt zuerst zur Geltung, als *Le Siècle* einen Artikel von ihr veröffentlicht, der sich mit der Damenmode befaßt und strenge Kritik am Luxus

---

1 Ebd., S. 5.
2 Vgl. ebd., S. 5 f.

der Damenmode übt, weil dies die Frau erst in die Abhängigkeit vom
Ehemann hineintreibe. Zu diesem Zeitpunkt ist sie knapp zwanzig Jahre
alt.[1] Viel später gründet sie eine eigene Zeitschrift, deren Direktorin sie
auch bis 1899 bleibt. Ihre Ratgeber sind dabei Emile de Girardin, Cal-
mann-Lévy, Chamerot und Stern. Da *L'Esprit Libre* vom Publikum kühl
aufgenommen wird, ändert die Zeitschrift solange ihren Namen, bis sie
schließlich als *Nouvelle Revue* lange Bestand hat.[2] Die Zeitschrift hat sich
ein hohes Ziel gesetzt, sie will "l'organe de l'ordre nouveau, le porte-dra-
peau d'une diplomatie réservée et prudente, la tribune des grands pen-
seurs et des grands écrivains" sein.[3] Direkte Ziele sind dabei die
Unterstützung des Vertrauens des elsaß-lothringischen Patriotismus, das
Niederkämpfen Bismarcks, das Eintreten für die Allianz mit Rußland und
ganz gezielt die Vorbereitung der "Revanche" für die Niederlage im
preußisch-französischen Krieg.[4]

Interessant ist auch ein Blick auf eine ganz andere Seite des Lebens
von Juliette Adam. Die "dame de lettres" führt nämlich auch einen Salon.
Ihre Mittwoch-Empfänge gelten seit dem Jahre 1879 als "événement
parisien d'une grande importance politique et sociale". S. Morcos beschreibt diesen Salon allerdings drastisch als Löwenkäfig, in dem Juliette
Adam die Dompteuse spielt.[5] Als Witwe scheint Juliette Adam sich ab
1878 auf ihren Salon und die neue Aufgabe der Zeitschrift gestürzt zu
haben, um ihrem Leben Inhalt und ihrem Ehrgeiz Nahrung zu geben. Ihr
Geltungsbedürfnis -oder auch ihre Eitelkeit- wird deutlich in der Angelegenheit der "rue Juliette Lamber" im 17. Pariser Arrondissement. Diese
Straße gibt es seit 1881. Zwar hat Juliette Adam viel Geld in das Projekt
gesteckt, kann aber den Magistrat doch nicht dazu bringen, die Straße

1 Ebd., S. 15.
2 Siehe ebd., S. 159: *L'esprit Libre* -> *Revue Française* -> *Revue Républicaine* -> *Revue de Paris* -> *Nouvelle Revue*. Über den Rücktritt Juliette Adams vom Posten als Direktorin der Zeitschrift spricht Morcos S. 176.
3 Ebd., S. 301.
4 Vgl. Léon Daudet, "L'entre-deux-guerre", in: *Souvenirs des milieux littéraires, politiques, artistiques et médicaux de 1880 à 1905*, 3ᵉ série, 1915, S. 233.
5 Siehe Morcos, *Juliette Adam*, S. 125.

öffentlich anzuerkennen. Erst 1895 wird aus dem Privatweg die heute noch existierende öffentliche Straße.[1] Das Bemühen darum, in einem Straßennamen verewigt zu werden, spricht von einer ausgeprägten Portion Eigenliebe. Außerdem verrät das finanzielle Engagement Juliette Adams in dieser Angelegenheit, daß sie in sehr guten materiellen Verhältnissen lebt. Daß sie auch in der eleganten Welt verkehrt, beweisen ihre Kontakte mit bekannten Persönlichkeiten wie Gambetta, Alexandre Dumas fils, George Sand usw.[2] Auch mit Victor Hugo (1802–1885) verbindet sie eine auf einem gemeinsamen politschen Ideal beruhende Freundschaft.[3] Am deutlichsten wird das Geltungsbedürfnis Juliette Adams belegt im Namensregister ihrer Memoiren, das auf zweiunddreißig Seiten um fünfhundert Namen umfaßt, darunter "extremely important figures of the time".[4] Die beeindruckende Zahl zeigt, daß Juliette Adam sich gerne in Beziehung zu bekannten Persönlichkeiten zeigt, was die Einschätzung ihrer Memoiren als "often romanticized and of doubtful veracity" berechtigt.[5]

Noch ein Wort zum Pseudonym "Comte Paul Vasili", worauf im Katalog der Bibliothèque Nationale verwiesen wird. Dort heißt es, wie im Anhang dieser Untersuchung erwähnt wird, daß unter diesem Namen Juliette Adam -u.a. in Co-Autorschaft-, A.-H. Foucault de Mondion und Elie de Cyon[6] veröffentlicht haben. Es handelt sich aber um ein kollektives

---

1 Vgl. ebd., S. 136 f.
2 Siehe Morcos, *Juliette Adam*, S. 98: Hier wird die Freundschaft mit Gambetta erstmals angesprochen. Auf den Seiten 51 ff wird die Freundschaft mit A. Dumas fils und ihr Einfluß auf Juliette Adam -er soll sie zu *Païenne* angeregt haben-dargelegt. S. 104: George Sand empfing Juliette Adam zum ersten Mal am 1. November 1866.
3 Siehe Santo L. Arico, "Madame Juliette Adam and Victor Hugo: An unpublished souvenir", in: *Romances Notes*, vol. XXVI, n° 2, Winter 1985, S. 111. Das politische Ideal war die Revanche für die Niederlage von 1871.
4 Jean Scammon Hyland und Daniel H. Thomas, "Juliette Adam: She devil or *Grande Française*?", in: Avriel H. Goldberger, Hg, *Woman as mediatrix*, New York/London 1987, S. 166.
5 Ebd., S. 161.
6 Siehe Morcos, *Juliette Adam*, S. 191: Elie de Cyon ist Russe und Mitarbeiter an der *Nouvelle Revue*. Sein Name lautet eigentlich Ilia Faddéiévitch Tsion.

Pseudonym, das zuerst von der Prinzessin Catherine Radziwill und später von vielen Mitarbeitern der *Nouvelle Revue*, also auch von dem eben erwähnten Elie de Cyon, benutzt wird. Man kann aber trotzdem daran festhalten, das Pseudonym mit Juliette Adam gleichzusetzen, weil sie alles inspiriert hat, was mit diesem Namen an die Öffentlichkeit tritt. Die ersten Texte unter diesem Namen tauchen im Jahre 1883 auf.[1]

Der Mythos von der "Grande Française" Juliette Adam, den selbst der ihr wohlmeinende Dumas fils als lächerlich bezeichnet, beruht auf dem literarischen Schaffen Juliette Adams, das in ihren Sechziger Jahren entsteht, als sie in der Gesellschaft immer mehr an Einfluß verliert. Um das sich von ihr abwendende Interesse wiederzugewinnen, verfaßt sie unwahrscheinliche Erzählungen, die ihre Vergangenheit glorifizieren.[2] Und so wird sie zu ihren Lebzeiten zu einer Legende[3], weil sie zeitlebens so sehr um ihren Ruhm gekämpft hat.

Damit soll die Persönlichkeit Juliette Adams aber keineswegs abgewertet werden. Jeder, der sich in irgendeiner Form in die Öffentlichkeit begibt, hat eine gewisse exhibitionistische Neigung, sonst bliebe er still bei sich. Nicht wegzudiskutieren sind die Talente Juliette Adams, die letztendlich ihren Erfolg begründen. Von den drei im Rahmen dieser Untersuchung zu behandelnden Autorinnen ist sie sicher die mondänste mit dem -insbesondere materiell- "leichtesten" Leben. In ihrem sozialen Umfeld hat sie den verbissenen Kampf um Rechte sicherlich nicht nötig, was den leichteren Ton in ihren Werken erklärt. Gerade die Tatsache, daß sie sich in ihrem Leben Ansehen erringt, spricht dafür, daß ihr Eintreten für die Frau von großer Bedeutung ist. Sie hat die notwendige Öffentlichkeit, um Bewußtsein schaffen zu können. Somit sind ihre literarischen Produkte

---

1 Vgl. ebd., S. 284 ff.
2 Siehe ebd., S. 304: "Mais vers la soixantaine, quand le déclin de sa revue, les échecs de sa politique, son salon en perte de prestige lui rappelèrent qu'elle était de plus en plus dépassée par l'écoulement impitoyable du temps, Juliette entreprit de ramener à elle l'intérêt en lançant des récits imvraisemblables qui retraçaient tantôt des épisodes fabuleux de sa vie, tantôt des phases inconnues de ses luttes 'titanesques'."
3 Ebd., S. 151.

gute Vehikel der feministischen Ideen, wie gemäßigt sie in ihrem Leben auch vertreten sein mögen. Schließlich hat allein schon die Selbstverständlichkeit, mit der sie sich persönlichen Ruhm erkämpft durch einen Salon, das Aufbauen einer Zeitschrift und ihr literarisches Schaffen, Beispielcharakter.

4.1.2 André Léo - Kämpferin des Sozialismus

Bei André Léo ist es sehr einfach, exakte Angaben zu ihren persönlichen Lebensumständen zu erhalten, da die *Association André Léo* in Lusignan sehr um das Andenken der berühmten Tochter des Ortes bemüht ist und sorgfältig die Materialien zusammengetragen hat, die sie jedem Interessenten auf Anfrage zugänglich macht.[1] Laut Standesamteintrag ist André Léo am 18. August 1824 als Victoire-Léodile Béra, Tochter des Notars von Lusignan geboren. Auch sie erreicht ein stattliches Alter und stirbt 1900. Man beerdigt sie auf dem Friedhof von Auteuil neben ihrem ersten Mann Grégoire Champseix (1817–1863) und ihren beiden Söhnen (Léo, 1853-1885; André, 1853–1893) aus erster Ehe. In ihrem Testament setzt sie derjenigen Gemeinde eine kleine Rente aus, die als erste das Kollektiv-System ausprobieren und zu diesem Zweck ein Stück Land zur gemeinsamen Nutzung für eine Gruppe Armer zur Verfügung stellen wird. So versucht sie, noch über den Tod hinaus für ihre politischen Überzeugungen einzutreten und zu deren Verbreitung beizutragen.

---

1 Wenn nicht anders angegeben stammen die Angaben zum Leben André Léos aus den Unterlagen der *Association André Léo* (13 rue de la Chaîne, 86000 Poitiers), die der Öffentlichkeit besonders anläßlich der André-Léo-Ausstellung 1984 in Form von Broschüren zugänglich gemacht wurden. Diese Austellung wurde in verschiedenen Städten des Poitou gezeigt und wurde begleitet von Vorträgen und Diskussionen. FR 3 Poitou-Charente hat zu diesem Anlaß am 8. März 1984 einen kleinen Filmbericht gesendet. Ausgelöst wurde die Beschäftigung mit André Léo durch den Besuch von Fernanda Gastaldello in Lusignan und Champagné-Saint-Hilaire, die von der Universität Padua den Auftrag erhalten hatte, eine "tesi" über Leben und Werk dieser ein wenig in Vergessenheit geratenen Schriftstellerin zu schreiben.

Wichtig für ihr literarisches Schaffen ist die Tatsache, daß sie 1851 nach ihrer Eheschließung mit dem Professeur Grégoire Champseix in Lausanne lebt, wohin er ins Exil hatte gehen müssen. So lernt André Léo andere als französische Verhältnisse kennen, was sich in ihren Romanen später widerspiegelt. Erst nach der Amnestie von 1860 kehrt die Familie in die Hauptstadt Paris zurück, die André Léo mit ihren Kindern nach der *Commune* wieder verlassen muß. Sie geht erneut ins Schweizer Exil, aus dem sie erst aufgrund der Amnestie von 1880 zurückkehren kann. In der Zwischenzeit geht sie 1872 eine zweite Ehe mit dem siebzehn Jahre jüngeren Benoît Malon (1841–1893) ein, von dem sie sich aber bereits 1878 wieder trennt. Bis zu ihrer Rückkehr nach Paris lebt sie in Mailand und Lugano und veröffentlicht unter ihrem Mädchennamen. In Paris verbringt sie ihre letzten Lebensjahre, besonders nach dem Tode Benoît Malons, in fast völliger Vergessenheit.

Wie man anhand der Biographie feststellen kann, gehört André Léo den "classes aisées" an und macht sich die Sache des Sozialismus aus intellektuellen Gründen zueigen.[1] Dabei kann man sie nicht einem festen politischen Flügel des Sozialismus zuordnen, weil sie sich ihre "indipendeza e originalità politica" bewahrt.[2] Sie lehnt jeden Autoritarismus ab, sei es auf politischem oder religiösem Gebiet.[3] Sie gehört zu den wenigen Frauen, die an der *Commune* aktiv teilnehmen.[4] Daß ihr Frauenbild nicht Gleichheit mit dem Mann in jeder Hinsicht umfaßt, belegt die Tatsache, daß sie in der *Commune* die Bildung eines Frauen-Batallions verhindert.[5] Dabei beschränkt sich der Unterschied aber nur auf die einzelnen Tätigkeiten, während sie im allgemeinen die Gleichheit von Mann und Frau als Grundprinzip ansieht, das behauptet werden muß.[6]

1 Siehe Edith Thomas, *Les "pétroleuses"*, Paris 1963, S. 264.
2 Fernanda Gastaldello, "André Léo, scrittrice d'avanguardia", in: *Francia*, n. 39–40, S. 25.
3 Ebd., S. 28.
4 Vgl. E. Thomas, a.a.O., S. 54.
5 Ebd., S. 55.
6 Siehe Gastaldello, "André Léo, scrittrice d'avanguardia", S. 30: Hier heißt es, André Léo wollte "riaffermare la parità dei diritti e dei doveri tra l'uomo e la donna".

André Léo ist eine vielschichtige Persönlichkeit. Sie ist nicht nur "d'abord romancière, puis militante politique, puis journaliste", sondern diese verschiedenen Bestandteile ihrer Tätigkeit lassen sich nicht voneinander trennen und beeinflussen sich gegenseitig.[1] Sie schreibt nicht nur als Journalistin für verschiedene Zeitungen, sondern gründet unter anderem auch zusammen mit Anna Jaclard im Jahre 1871 *La Sociale*.[2]

Eine gewisse Wechselwirkung der politischen und feministischen Ideen gibt es bei André Léo sicher auch mit ihrem zweiten Mann, dem "doux socialiste" Benoît Malon[3], der die nicht verheirateten Frauen vom Schimpfwort "vieille fille" befreien und sie sinnvoll in der Gesellschaft beschäftigt sehen möchte. Die Ehe nach der herkömmlichen Art lehnt er ab, da sie ein Instrument zur Unterdrückung der Frau sei. Erst wenn die Partner sich frei nach Neigung wählen, Rücksicht darauf genommen wird, ob sie zusammenpassen, und nicht mehr der materielle Aspekt zählt, ist die Ehe der Gesellschaft und ihrem Vorwärtskommen nützlich.[4] Hingewiesen werden soll noch auf den ungewöhnlichen Altersunterschied zwischen André Léo und ihrem zweiten Mann. Ist es heute noch die Ausnahme und von der Gesellschaft eher negativ beurteilt, wenn in einem Ehepaar die Frau um einiges älter ist, so kann man sicher sagen, daß im 19. Jahrhundert eine solche Paarkonstellation viel Anlaß zu Kritik gegeben haben muß, insbesondere wenn man sich erinnert, daß die "Vordenker" Proudhon und Michelet einen um einiges älteren Ehemann als für eine gute Ehe notwendig gepredigt haben. André Léo setzt sich also auch in ihrem persönlichen Leben über gesellschaftliche Konventionen mutig hinweg, wenn ihr auch der ihr feindlich gesonnene Barbey d'Aurevilly vorwirft, "puritaine" zu sein. Dieser Vorwurf aus dem Munde Barbey d'Aurevillys überrascht, da er auf ihrer Ablehnung der freien Liebe basiert,

---

1 Siehe Roger Bellet, "André Léo, écrivain-idéologue", in: *Romantisme*, n° 77, 1992, S. 61.
2 *Femmes de lettres au XIXe siècle*, S. 257.
3 Vgl. Turgeon, a.a.O., Bd. 2, S. 268.
4 Siehe ebd., S. 269 f.

die der Kritiker als strenger Katholik eigentlich selbst scharf verurteilt.[1] In seiner Kritik kann man seine Meinung wiederfinden, daß die um die Rechte der Frau bemühten Frauen, oder -wie er sie nennt- "bas-bleus", in seinen Augen alle so freizügig waren, für die freie Liebe einzutreten. Wenn André Léo es nicht tut, ist sie für ihn ein halbherziger "bas-bleu", also eine schlechte Vertreterin der eigenen Überzeugungen.

Eine kleine Anmerkung sei noch gemacht zum Geburtsort von André Léo. Lusignan, das heute mit dem Titel "Ville de la Mélusine" wirbt, ist durch die Sage mit dem -nach Michelet- "feenhaften" Charakter der Frau verbunden. Wie bereits bei der Darstellung von Michelets Frauenbild erwähnt, ist der Begriff der Undine, Nixe, Melusine mit dem Gedanken an die Frau als Hexe, die dem Mann und damit der Gesellschaft schadet, verbunden. Vielleicht kann man dieses negative Bild damit erklären, daß in Melusine und all ihren Verwandten der mittelalterlichen Dichtung die Erinnerung an "frühzeitliche weibliche Mächtigkeit" fortlebt[2], wenn auch diese Deutung erst in der letzten Zeit stark herausgestellt wird. Man kann zwar sicher nicht sagen, daß André Léo mit der Legende von der schönen Melusine das Bild der "starken Frau" kennenlernt. Sicher aber hat sie durch die Erzählungen erfahren, wie unheimlich und unheilvoll die Frau als Wesen ist. Gerade bei André Léo kann man also voraussetzen, daß sie allein schon durch Kindheitserinnerungen mit dem negativen Frauenbild ihrer Zeit vertraut war.

4.1.3   Adèle Esquiros - Endstation Elend

Es ist nicht einfach, etwas über die Lebensumstände von Adèle Esquiros zu erfahren.[3] Sie wird weder von ihrer Zeit noch, als logische Konsequenz, von der Nachwelt als bedeutend und wichtig eingeschätzt

---

1 Siehe Jules Barbey d'Aurevilly, *Les bas-bleus*, Paris 1878, S. 269.
2 Nach dem 2. Teil der dreiteiligen Fernsehsendereihe "König Artus", Tafelrunde und Zauberreich, Melusine - Morgane, Südwestfunk, 14.08.1990, 23.30h (Copyright 1988).
3 Aus diesem Grund sind im Anhang dieser Untersuchung die Dokumente, die sich

und deshalb zumeist am Rande erwähnt. In den Nachschlagewerken, die man üblicherweise zum Einstieg in ein entsprechendes Thema heranzieht, findet sie keine oder nur sehr geringe Beachtung. Meist wird sie nur im Zusammenhang mit ihrem Mann in einem Nachsatz erwähnt.[1] Aber auch Persönlichkeiten, die im Laufe der Geschichte vergessen werden, können einen wichtigen Beitrag zur Entwicklung des kollektiven Bewußtseins in der Gesellschaft geliefert haben. Schon die Untersuchung der theoretischen Schrift von Adèle Esquiros hat gezeigt, daß ihre Überlegungen für die feministische Diskussion im 19. Jahrhundert von Interesse sind.

Was nun ihre persönlichen Lebensumstände angeht, so finden sich diese für den hier vorliegenden Zweck in geeigneter Form in einem Artikel von A. Zielonka[2], der sich zunächst mit ihrem noch heute viel bekannteren Ehemann Alphonse Esquiros (1812–1876) beschäftigt hat. In seinem Artikel befaßt er sich dann ausschließlich mit der ihm interessant gewordenen Adèle Esquiros und legt ihre Lebensumstände dar.

Adèle Battanchon ist am 12.12.1819 in Paris geboren. Sie ist "institutrice" und arbeitet in Paris als "sous-maîtresse", als sie -wahrscheinlich 1845- ihren künftigen Mann kennenlernt. Am 7.8.1847 heiratet sie den Schriftsteller und Politiker, der sie allerdings bereits kurze Zeit später,

---

auf Adèle Esquiros beziehen (Geburtsurkunde, Heiratsurkunde und Todesurkunde) und die mir von den Pariser Mairies auf meine Anfrage hin freundlicherweise in Kopie zur Verfügung gestellt wurden, wiedergegeben.

1 So in: *Grand dictionnaire unversel* von Pierre Larousse, Bd. 7, 1870, S. 934, und in: *La grande Encyclopédie*, Inventaire des sciences, des lettres et des arts par une société de savants et de gens de lettres, sous la direction de (André) Berthelot (u.a.), Paris, Lamicault, Bd. 16, 1892, S. 379. Einen eigenen, wenn auch kurzen Artikel widmet ihr hingegen der *Dictionnaire de biographie française*, publié sous la direction de Roman D'Amat, Paris, Letouzey et Ané, Bd. XIII, 1975, S. 44.

2 Anthony Zielonka, "Le féminisme d'Adèle Esquiros", in: *Studi francesi*, n° XCIV, 1988, S. 91 ff. Er verweist auf: J.-P. Van der Linden, *Alphonse Esquiros, de la bohème romantique à la république sociale*, Heerlen/Paris, Winants et Nizet, 1948. In diesem Werk fänden sich wertvolle Hilfen in der Bibliographie und im Index, die es erlaubten, die Angaben zu ihrem Leben zusammenzustellen. Da er sich in seinem Artikel dieser Aufgabe bereits unterzogen hat, soll hier auf seine Zusammenstellung zurückgegriffen werden.

wahrscheinlich 1849, und ganz definitiv, als er ins Exil geht, verläßt, so daß sie die Problematik der Ehe und der nicht existierenden Scheidungsmöglichkeit am eigenen Leibe erfährt. Ihre literarischen Anfänge liegen im Jahre 1844. Das erste Buch, die Gedichtesammlung *Le fil de la vierge*, erscheint 1845. Alphonse Esquiros schreibt das Vorwort dazu. In der Folgezeit veröffentlichen sie auch gemeinsame Werke, zum Beispiel die *Histoire des amants célèbres de l'Antiquité*, in der sie die Idee einer progressiven Liebe, die sich durch alle Zivilisationen hindurch manifestiert, entwickeln. Adèle Esquiros ist, genau wie Juliette Adam und André Léo, auch journalistisch tätig. Auch sie versucht, eine Zeitschrift nach ihren eigenen Vorstellungen, *La soeur de charité, religion universelle* zu etablieren, womit sie leider keinen Erfolg hat. Die einzige Nummer, die entweder 1854 oder 1859 erschienen ist, enthält das Programm, dem sie das Unternehmen weiht, nämlich der Verteidigung der "cause des femmes".

Adèle Esquiros teilt die sozialistischen Sympathien ihres Mannes und ist Mitglied in mehreren Revolutionsclubs[1]. Alleingelassen wartet sie auf die nie erfolgende Rückkehr ihres Mannes. Sie wird Mitglied der *Société des Gens de Lettres*, die ihr zu etwas Geld verhilft, damit sie überleben kann. Seit 1871 droht ihr die völlige Erblindung. 1878 schickt ihr die *Société* einen Arzt, der sie ans Bett gefesselt, an allen Gliedern gelähmt und fast völlig erblindet vorfindet. Der Arzt stellt außerdem "anciennes habitudes alcooliques et d'asthme" fest. Noch viele Jahre muß sie dieses Leben voller Leiden ertragen, bis sie endlich am 22.12.1886 im völligen Elend stirbt.[2]

Rückschlüsse auf das Milieu, dem Adèle Esquiros entstammt, lassen sich aus den Standesamtseintragungen[3] ziehen, in denen die Berufe der auf dem Amt erschienenen Personen angegeben ist. Ihre Eltern sind ein

---

1 Sie ist Mitglied bei: Société d'éducation mutuelle des femmes, Société de protection nouvelle en faveur des femmes, Club du Peuple, Club de la Montagne und Club des Femmes.

2 Die biographischen Angaben entstammen dem oben erwähnten Artikel von Zielonka, "Le féminisme d'Adèle Esquiros", S. 91 f und S. 95.

"élève en médecine" und eine "rentière", bereits vierunddreißig und zweiunddreißig Jahre alt. Sie heiraten erst drei Jahre später, wobei M. Battanchon dann als "propriétaire" ausgewiesen ist. Zeugen bei der Geburtseintragung sind ein "propriétaire" und ein "tailleur". Aus diesen Angaben kann man schließen, daß es sich um ein kleinbürgerliches Milieu handeln muß, da die Eltern spät ein Kind bekommen und noch später erst heiraten können. Offenbar waren Ehe und Familie vorher finanziell nicht möglich. Auch Adèle Esquiros und ihr Mann sind zum Zeitpunkt der Eheschließung bereits achtundzwanzig beziehungsweise fünfunddreißig Jahre alt. Das Milieu muß also dasselbe geblieben sein, auch wenn als Zeugen des Bräutigams ein "avocat à la Cour Royale" und ein "ancien militaire", "Chevalier de la légion d'honneur", genannt werden. Als interessantes Detail ist noch hinzuzufügen, daß bei der Eheschließ- ung der Beruf von Adèle Esquiros mit "institutrice", bei ihrem Tod aber mit "femme de lettres" angegeben wird.

Man kann also sagen, daß Adèle Esquiros von den drei im Rahmen dieser Untersuchung zu betrachtenden Schriftstellerinnen diejenige ist, die in der schwierigsten materiellen Situation lebt, besonders mit fort- schreitendem Alter. Auch in Liebe und Ehe hat sie die schlimmsten und offenbar nur negative Erfahrungen gemacht. So ist verständlich, daß ihr Ton, zum Beispiel in der theoretischen Schrift *L'amour* am drängendsten ist. Auch die Bitterkeit ihrer Romane rührt aus den eigenen Lebenserfah- rungen her. Man kann vielleicht sogar soweit gehen zu sagen, daß viele Geschehnisse in ihren Romanen autobiographisches Erleben spiegeln. Doch davon wird später noch die Rede sein. Es steht jedoch fest, daß die Erfahrung ihrer Lebenswirklichkeit Adèle Esquiros in ihrem Feminismus geprägt hat. Man denke an ihre Aussage über das nur im einfachen Bürgertum existierende, glückliche Familienleben. Ihr leidenschaftliches Engagement für die Frauenfrage wird von A. Zielonka in seinem Artikel mit einem "toast" belegt, den Adèle anläßlich eines Banquet der "écoles"

---

7 Siehe Texte im Anhang.

des 11. Arrondissements (zu datieren zwischen 1848 und 1851) ausgibt: ihre wichtigste Forderung ist hier das Recht der Frau auf Arbeit, wobei es sie aus ihrer persönlichen Betroffenheit heraus verständlicherweise besonders erregt, daß zur Zeit noch Schriftstellerinnen im Elend umkommen müssen, während nur Berufe wie der einer Tänzerin gut bezahlt werden.[1]

4.2 Das Bild der Frau im literarischen Schaffen der drei Schriftstellerinnen

Im 19. Jahrhundert gibt es eine große Anzahl von mehr oder weniger bekannten Schriftstellerinnen, die sich in ihrem literarischen Schaffen auch mit der Frauenfrage befassen. Das herausragendste Beispiel bietet zweifelsohne George Sand, auf die im Laufe der Untersuchungen bereits mehrfach eingegangen wurde. Interessant sind aber auch die Zeugnisse aller anderen schreibenden Frauen, da jede Schriftstellerin mit ihren Ideen die Komplexität des Themas mit ihrem spezifischen Beitrag widerspiegelt. Im vorliegenden Fall sollen nun die Beiträge von Juliette Adam, André Léo und Adèle Esquiros dargelegt und beurteilt werden.

Ganz allgemein machen die Schriftstellerinnen im 19. Jahrhundert der Ehe den Prozess und stellen in ihren Werken die weibliche Überlegenheit in materieller und erzieherischer Hinsicht heraus. Sie sehen sich als "compagnes et institutrices des hommes" und schreiben eine sehr engagierte Literatur, "romans à thèse", um ihre Ideen zu verbreiten.[2] Diese Haltung läßt sich in den theoretischen Schriften der drei hier zur Debatte stehenden "femmes de lettres" in Ansätzen wiederfinden. Im folgenden gilt es, ihre literarischen Produkte auf die Frage zu überprüfen, ob beziehungsweise wie sie die jeweilige Konzeption von Frau, Ehe und Familie darstellen.

---

1 Vgl. Zielonka, "Le féminisme d'Adèle Esquiros", S. 100 f.
2 Vgl. Slama, *Femmes écrivains*, in: Aron, a.a.O., S. 227 ff.

4.2.1   Juliette Adam und der unterhaltend-belehrende Roman

Betrachtet man sich das Leben Juliette Adams, wird verständlich, warum ihr literarisches Schaffen zwar ihre Ideen illustriert, dabei aber einen versöhnlichen Ton anschlägt. Sie ist als Dame der Gesellschaft viel weniger gezwungen, um gewisse Rechte und Freiheiten zu kämpfen. Abgesehen von ihren ganz persönlichen Schwierigkeiten, die ihr Plädoyer für die Scheidung erklären, besitzt sie eine schwächere Motivation für ein leidenschaftliches Eintreten für die Sache der Frau als André Léo und Adèle Esquiros, deren beider politisches Engagement wesentlich stärker ist. So erklärt sich auch ihre konziliantere Art, für ihre Vorstellungen zu werben. Auch ihre sehr viel gemäßigteren Positionen selbst werden dadurch verständlich.

Juliette Adams Romane sind immer eine Illustration der Gedanken, die sie zur Zeit des Schreibens am meisten beschäftigen.[1] Aus diesem Grund kann man ihre literarischen Erzeugnisse heranziehen, um zu untersuchen, wie sie sich die Verwirklichung ihrer Ideen vorstellt.

In großer zeitlicher Nähe zur theoretischen "Kampfschrift" der *Idées anti-proudhoniennes*, in der sie Proudhons Ansichten kritisiert und ihre eigenen entwickelt, steht das 1860 veröffentlichte und Daniel Stern gewidmete Werk *Mon village*, das bereits einen ganz anderen Ton anschlägt. Es handelt sich hier eher um ein Genre-Gemälde. Erzählt wird die Geschichte von Rose, deren Geliebter Pierre sie verführt, bevor er in den Krieg zieht. Sie bekommt daraufhin natürlich ein Kind, was sie im Dorf allen möglichen Schwierigkeiten aussetzt, bis die "mairesse" ihr hilft, indem sie zu ihr geht und sie unter ihrer Protektion wieder in die Gemeinschaft zurückführt. Man erfährt dann, daß Pierre gefallen ist und das Kind nicht mehr anerkennen kann, was dann aber Pierres Vater anstelle seines

---

1   Siehe Marie-France Hilgar, *Literary currents in the works of Juliette Adam*, in: *Continental, Latin-Americain and Francophone women writers*, Wichita 1985, S. 14.

Sohnes tut. Rose lebt seit der Rehabilitierung ein einfaches Leben als Näherin und Betreuerin der Kinder des Dorfes zur Hauptarbeitszeit im Sommer. Das feministische Engagement der Autorin drückt sich in diesem Werk dennoch aus. Zum einen im glücklichen Ausgang der Lebensgeschichte der Protagonistin Rose, die durch die "mairesse" eine Möglichkeit erhält, sich trotz eines scharf kritisierten Fehltrittes ein anständiges Leben zu bewahren und damit der Prostitution zu entgehen. Zum anderen wird am Anfang das Thema der Verführung deutlich zum Diskussionsgegenstand gemacht, als nämlich Pierre und Rose sich über Treue und Verführung unterhalten. Dabei fordert der Mann von der Frau absolute Treue, die er selbst nicht hundertprozentig halten will. Seine Begründung dafür ist, daß "une femme,..., ça doit donner tout ce qu'on lui réclame"[1]. Diese Philosophie beinhaltet unterschwellig natürlich auch, daß eine Frau der Verführung des Mannes, den sie liebt und der sie mit seiner Liebe beehrt, nachgeben muß. Als Pierre dann aber in der weiteren Unterhaltung das verführte Mädchen mehr tadelt als seinen Verführer, weist Rose diese Schuldzuweisung energisch zurück mit dem Hinweis darauf, daß das Mädchen sich ja auf das Treueversprechen verlasse und daß außerdem der Mann der Handelnde sei.[2] Ihr eigenes Beispiel zeigt dann aber, daß Pierres Meinung von allen geteilt wird, denn "On ne lui épargne au village ni une parole méprisante, ni un affront."[3] Der glückliche Ausgang der Lebensgeschichte Roses zeigt die Einstellung Juliette Adams zu diesem Thema recht deutlich. Außerdem illustriert die Art und Weise, wie Rose ins bürgerliche Leben reintegriert wird einen weiteren Lieblingsgedanken der Autorin, nämlich die besondere Eignung der Frau für bestimmte Funktionen des öffentlichen Lebens, besonders wenn es um soziales Engagement geht. Hier ist es nämlich die "mairesse", die eine glückliche

---

1 Juliette Adam, *Mon village*, Paris 1860, S. 49.
2 Ebd., S. 51.
3 Ebd., S. 102.

Lösung zu Wege bringt.[1] Im Zusammenhang mit den Überlegungen Juliette Adams in den *Idées anti-proudhoniennes* muß man sich jetzt nur fragen, ob sie mit der Eignung der Frau zur "mairesse" meint, daß die Frau diese Aufgaben als Gehilfin ihres Mannes übernehmen, oder ob sie diese Aufgaben als Teil der Funktion des Amtes selbst erfüllen soll. In diesem Roman kann die Autorin nur auf bereits existierende Zustände zurückgreifen, so daß die "mairesse" nicht selbst die Amtsinhaberin sein kann. Das spricht aber nicht dagegen, daß in den theoretischen Überlegungen durchaus die Frau als Amtsinhaberin vorgeschlagen wird. Die "mairesse" als Gehilfin ihres Mannes beweist nämlich die generelle Fähigkeit der Frau, mit den Problemen ausgezeichnet zurecht zu kommen und somit für das Amt an sich ebenso geeignet zu sein wie der Mann.

Auch die *Récits d'une paysanne* von 1862 spielen auf dem Land. Hier ist der Abstand zu den *Idées anti-proudhoniennes* noch größer, da es sich bei den einzelnen Geschichten zumeist darum dreht, daß ein Pärchen Schwierigkeiten überwinden muß, um heiraten zu können. Dabei handelt es sich um die üblichen Problemstellungen wie Streit der Eltern, Geld und Altersunterschied. Es findet sich also nur ein ganz schwacher Nachklang der theoretischen Überlegungen von Juliette Adam, die in der Wahl des Themas liegen, geht es ihr doch darum, daß der Partner frei gewählt werden kann nach dem Gesichtspunkt des Zusammenpassens, frei von materiellen Überlegungen. Von diesem Thema weicht die letzte Erzählung, "Le journalier" ab, in der es um einen Mann geht, der sich weiterbildet und Gärtner wird. Die Triebfeder für das Vorwärtsstreben sind dabei der Ehrgeiz und der Neid. Er wäre nämlich ein schlechter Mensch geworden, hätte er nicht aufsteigen dürfen. Also begründet sich sein Handeln aus einem gewissen Egoismus -oder anders gesagt Selbsterhaltungstrieb- und nicht aus Liebe und aus dem Wunsch, den Eltern zu gefallen. Dieser Erzählung könnte man die Interpretation zuordnen, daß

---

1 Ebd., S. 198: "Tout ça, n'est-ce pas l'ouvrage de madame la mairesse? Sans elle, la Rose aurait fait quelque malheur, soyez-en sûrs. Madame la mairesse, répétez-le, c'est une des premières femmes du monde entier!"

auch die Frau sich um ihrer selbst willen um Bildung bemühen soll. Auf diese Art vermeidet sie es dann auch, wie der Protagonist in der Erzählung, zum schlechten Menschen zu werden, weil sie dann keinen Grund mehr hat, den Mann um seine Entwicklungsmöglichkeiten zu beneiden. Diese Deutung ist aber sehr frei, da es in der Erzählung ja um einen Mann geht.

Eine engere Verbindung zu den *Idées anti-proudhoniennes* hat der 1869 erscheinende Roman *L'éducation de Laure*, der sich mit der Erziehung eines jungen Mädchens beschäftigt. Die kleine Laure wird von den Großeltern und dem Großonkel erzogen und nicht in ein Pensionat geschickt. Dabei sind die Aufgaben folgendermaßen verteilt: Der Großvater kümmert sich um die Gesundheit, die Großmutter um das Herz und der Onkel um die Intelligenz.[1] Dieses Arrangement kommt besonders dem Onkel entgegen, der sich eine Schülerin seiner eigenen Philosophie erziehen will.[2] Dabei vergißt er, auf die Persönlichkeit seiner Schülerin einzugehen, und zwängt sie in sein eigenes intellektuelles Korsett, was von seinem Freund, der einen Sohn, Pierre, zu erziehen hat, kritisiert wird, weil Laure dadurch "mécanique" und "moins humaine que toi" werde.[3] Als Laure siebzehn Jahre ist, beginnt man über eine mögliche Eheschließung nachzudenken. In diesem Zusammenhang kommt Juliette Adam darauf zurück, daß die Problematik dieser Suche eines Ehemannes im allgemeinen darin liegt, daß man viel eher einen Schwiegersohn sucht als einen Mann für die Tochter. Deshalb sind die Auswahlkriterien auch ganz andere als sie die betroffene Frau selbst setzen würde. Es deutet sich früh an, daß der bereits erwähnte Pierre der geeignete Mann

---

1 Juliette Adam, *L'éducation de Laure*, Paris 1869, S. 62.
2 Ebd., S. 63: "Léguer ses plus chères théories à un disciple intelligent dont on peut pétrir l'esprit à son gré, n'est-ce pas le rêve de tous les philosophes?"
3 Ebd., S. 73: "N'ayant que Laure pour élève, Jehan aurait pu s'appliquer à développer les facultés propres à l'enfant; mais, loin de songer à l'individualité de sa nièce, il rechercha par quel procédé il pourrait le mieux pétrir et façonner ce jeune être pensant qu'on lui donnait à instruire. Théoricien entêté, l'oncle croyait à la vertu de ses théories et considérait l'intelligence humaine comme une pâte préparée pour le moulage."

für Laure ist. Im Verlauf des Kennenlernens kommt es dann zu einer Diskussion der beiden Protagonisten, die nach konträren Prinzipien erzogen wurden, über die Frau. Der Onkel glaubt an die spirituelle Überlegenheit der Frau. Seine Schülerin vertritt die Meinung, daß die Intelligenz von Mann und Frau gleich sei.[1] Pierre setzt dem entgegen, daß sich eine Frau, die den Mann nachzuäffen versucht, lächerlich mache.[2] Schließlich aber finden sich die beiden jungen Leute nach einigen Wirrungen, weil sie beide an ihren Vorstellungen Abstriche machen. Pierre verliert seine "impétuosité" und sie ihre "rhétorique", woraus man schließen kann, daß Juliette Adam in der Frauenfrage den versöhnlichen Weg des Kompromisses mit langsamen, schrittchenweisen Erfolgen wählt.

Der Briefroman *Saine et sauve*, der 1870 herauskommt, thematisiert die Veränderung einer Frau durch die Liebe zu einem Mann mit wertvollem Charakter. Diese Veränderung findet auf einer langen Reise statt, die Estelle unternimmt, um der Pariser Gesellschaft zu entfliehen, und weil ihr verstorbener Mann ihr keine Gelegenheit zum Reisen gegeben hatte. Aus einem Brief ihrer Schwester Léonie geht hervor, daß Estelle sich während ihrer Ehe auf dem seichten Parkett der Gesellschaft bewegt hatte.[3] Dabei hat sie sich nach eigenem Urteil zu einem Menschen entwickelt, dessen "charité est bien froide à côté de la tienne [= ihre Schwester Léonie]"[4]. Für Estelle bietet das Lebensmodell ihrer Eltern in

---

1 Ebd., S. 159 ff.
2 Ebd., S. 163.
3 Juliette Adam, *Saine et sauve*, Paris 1870, S. 38 f: "Chère Estelle, ne crois pas être exilée de la société entière parce que tu es sortie d'un cercle de gens très à part, qui semble vouloir résumer aujourd'hui toutes les sottises et toutes les excentricités. ... Quand les saisons à la mode réunissent ta société, tu me l'as dit souvent toi-même, ce ne sont plus que médisances, soupçons, jalousies de la part des femmes; alors, les hommes désertent les salons pour se retrouver dans tous les lieux qui leur sont réservés, surtout à l'écurie. Pauvre monde! Non, tu n'étais pas faite pour vivre toujours dans ce milieu; c'est assez d'y avoir passé huit ans, ma soeur. Tu en es sortie et tu n'y rentreras pas, j'en ai l'espoir. Dans quelques jours, ton oeil sera déshabitué de la caricature, et tu ne consentiras plus à revêtir, en temps honnête, des costumes de carnaval."
4 Ebd., S. 60.

der ländlichen Monotonie der Jahreszeiten keine Möglichkeit zum Glück-
lichsein. Dies äußert sie auch ihrer Schwester gegenüber, die sich
zusammen mit ihrem Mann an diesem elterlichen Lebensmodell orientiert
hat.[1] Wenn sie sich nach den Ratschlägen ihrer Schwester richten würde,
wäre sie "une femme du monde convertie au bas bleu", über die sich alle
lustig machen würden.[2] Nach und nach aber lernt sie durch den Kontakt
zu Warnier, dem wertvollen Charakter, den sie letztendlich heiraten wird,
umzudenken. So kommt es dann zur euphorischen Ankündigung Estelles: "Léonie, Hector, je rentre en France saine et sauve, et j'ai hâte de
vous embrasser!"[3]

Auch dieser Roman illustriert wieder einige Ideen Juliette Adams. Ihr
Hauptgedanke ist offensichtlich, daß die Wahl des Partners entscheidend
ist für die eigene Persönlichkeitsentwicklung. Interessant ist die karikie-
rende Gleichsetzung von "bas bleu" mit Langweiligkeit, Diskussionen
über Frauenrechte und sozialem Engagement.[4] Es ist Juliette Adams Art,
über den Weg der Ironie diejenigen zu kritisieren, die den Begriff benut-

---

1 Ebd., S. 80: "Ton mari et toi, vous vivez occupés de vos terres, donnant du travail
   aux ouvriers, du pain aux malheureux, de l'argent à ceux qui en ont besoin. Vous
   surveillez vos semailles, vos récoltes; vous lisez, vous étudiez, vous vous promenez.
   En hiver, votre lampe s'éteint de bonne heure, le soir, pour se rallumer le matin. La
   monotonie règne en maîtresse chez vous, chez vos paysans, et vous l'accueillez
   comme une amie; loin de la repousser, vous lui faites place; vous la croyez gardienne
   de vos joies tranquilles. Vous avez recommencé la vie de mon père et celle de ma
   mère, sans y rien ajouter que le bonheur de votre entourage, et vous vous dites
   heureux!"
2 Ebd., S. 214.
3 Ebd., S. 412.
4 Ebd., S. 214. In Estelles Brief heißt es zu Léonies Vorschlägen zur Lebensgestaltung
   der Schwester: "Tu parles comme un livre ennuyeux. J'ai cru, à tout instant, que tu
   allais me faire un discours sur le droit des femmes, la cause des femmes, les lois
   qui les oppriment, les réformes qui leur sont dues. Je me vois d'ici à la tête d'une
   maison de bienfaisance, d'une école, d'un asile, de je ne sais quoi! Mais je serais
   autrement ridicule qu'avec la dernière mode de Worth, je t'en réponds! Quelle bonne
   fortune pour les feuilles légères, aussi médisantes qu'indiscrètes! On publierait
   partout cette histoire lamentable d'une femme du monde convertie au bas bleu! Quel
   rire universel!"

zen, um eine Frau, die für die Rechte der Frau eintritt und Vorschläge für ein anderes weibliches Rollenbild macht, lächerlich und damit mundtot zu machen. Das auch in diesem Roman wieder auftauchende Bild vom glücklichen, einfachen Leben auf dem Land zeigt, daß diese Vorstellung sich bei Juliette Adam festgesetzt hat.

Nun soll noch ein kurzer Blick auf einige nach dem Zweiten Kaiserreich entstandene Werke Juliette Adams die weitere Entwicklung der Autorin bezüglich der hier zur Diskussion stehenden Thematik beleuchten. Da ist zum Beispiel der 1878 erscheinende Roman *Laide*, in dem es um eine junge Frau geht, die in ihrer Kindheit durch Krankheit häßlich wurde und als Erwachsene durch eine Krankheit ihre Schönheit wieder zurückerhält. Dieses Werk ist der Erinnerung an George Sand gewidmet und handelt von der Liebe. Der Roman versucht zu illustrieren, daß die echte Liebe sich von der Verliebtheit dadurch unterscheidet, daß sie nicht auf äußerlichen Merkmalen des Gegenübers beruht. Wenn im dritten Kapitel der Protagonist Guy sein schmetterlinghaftes Flattern von einer Geliebten zur anderen damit erklärt, daß er in jeder Frau **die** Frau sucht und Hélène ein solches Verhalten billigt, weil sie sich auf diese Weise an der Schönheit der anderen Frauen gerächt fühlt, dann liegt dem ein Liebesbegriff zugrunde, der auf Äußerlichkeiten, besonders den körperlichen Vorzügen der Frau, basiert. Was Juliette Adam von diesem Verständnis der Liebe hält, ist daran abzulesen, daß sie Guy am Ende von seinen schönen Geliebten gelangweilt zur angeblich häßlichen Hélène eilen läßt, weil er erkennt, daß er sie ungeachtet ihrer Häßlichkeit liebt. Angenehme Überraschung und für den Leser zufriedenstellender Schluß ist, daß Hélène mittlerweile von strahlendster Schönheit ist und damit innere und äußere Werte einander ergänzen. Diese Konzession zeigt den konzilianten Charakter des Feminismus bei Juliette Adam.

La chanson des nouveaux époux von 1882 thematisiert dann weitere Aspekte der Liebeskonzeption von Juliette Adam. Hier geht es in verschiedenen Erzählungen um das Verhältnis Neuvermählter, wobei die Autorin immer wieder unterstreicht, daß der Dialog zwischen den Ehepartnern wichtig ist und nicht abreißen darf.[1] Des weiteren wird hingewiesen auf die Gefährlichkeit von Eifersucht[2], auf die Bedeutung der Leidenschaft für den Mann[3] und die Rücksicht, die ein Mann bei aller Liebe auf seine Pflichten nehmen muß und zu deren Wahrnehmung ihn die Ehefrau anhalten soll[4].

Das 1883 erscheinende und Alexandre Dumas fils gewidmete Werk *Païenne* ist wieder wesentlich enger verbunden mit den theoretischen Überlegungen der *Idées anti-proudhoniennes*. Hier geht es nämlich um die Geschichte einer Frau, die unter einem ausschweifend untreuen und außerdem spielenden Ehemann leidet und erst durch seinen im Duell erfolgenden Tod erlöst wird für ein glückliches Eheleben mit ihrem Geliebten. S. Morcos weist in seiner Untersuchung darauf hin, daß der Roman ganz offensichtlich autobiographische Züge trage und die persönliche Vergangenheit der Autorin aufarbeite.[5] Dazu muß man sagen, daß sich gerade bei einer Autorin wie Juliette Adam, die ihre Themen immer aus ihrer persönlichen Lebensrealität bezieht und ihr literarisches Schaffen zur Illustration ihrer Vorstellungen benutzt, immer mit der Biographie argumentieren läßt. Andererseits kann man kein Werk nur auf die biographische Interpretation beschränken. Dies beweist auch die Schwierigkeit, die S. Morcos mit der Zuweisung der Personen hat, da zum Beispiel Tiburce nicht völlig mit Edmond Adam zu identifizieren ist. Als sicher darf gelten, daß die Autorin sich an bestimmten Personen orientiert hat und von ihren persönlichen Lebensumständen beeinflußt wird.

Interessant ist im Roman *Païenne*, wie Juliette Adam das außereheliche Liebesverhältnis Mélisandres mit Tiburce rechtfertigt. Durch die Untreue des Ehemannes wird sie von der eigenen Verpflichtung zur Treue ent-

1 Juliette Adam, *La chanson des nouveaux époux*, Paris 1882, 1. Erzählung "L'Arco Felice" (S. 3 ff) und 9. Erzählung "La piscina mirabile" (S. 51 ff).
2 Ebd., 8. Erzählung "Il tempio di Serapide" (S. 45 ff) und 9. Erzählung "La piscina mirabile" (S. 51 ff).
3 Ebd., 3. Erzählung "La solfatàra" (S. 15 ff).
4 Ebd., 4. Erzählung "La torre de la patria" (S. 21 ff) und 6. Erzählung "La villa Cicerone" (S. 33 ff).
5 Siehe Morcos, *Juliette Adam*, S. 50.

bunden. Deshalb ist ihr Liebesverhältnis kein Ehebruch.[1] Sie bezeichnet es sogar als "hymen".[2] Diese Auffassung unterscheidet sich grundlegend von der zeitgenössischen Beurteilung des Ehebruchs, die besonders mit dem Fehlverhalten der Frau scharf zu Gericht geht.

Es taucht in *Païenne* noch ein weiterer Gedanke aus den theoretischen Überlegungen Juliette Adams auf. Im Zusammenhang mit dem völligen Ruin des treulosen Ehemannes, der durch exzessives Spielen verursacht ist, wird nämlich darauf verwiesen, daß Mélisandre nicht mitbetroffen ist durch den Ruin ihres Mannes, da sie "sous le régime dotal"[3] verheiratet und ihr eigenes Vermögen ihr damit gesichert ist. Wie bereits dargelegt ist dies die zu dieser Zeit günstigste Regelung für die Frau. Juliette Adam läßt diesen Aspekt in ihren Roman einfließen, um ihre These zu illustrieren, daß die Ehe eine von materiellen Überlegungen freie Partnerschaft sein soll. Die beste Vorbedingung auf dem Weg dahin ist für sie folglich der "régime dotal".

Zum Schluß soll jetzt noch ein Blick auf *Jalousie de jeune fille*, erschienen 1889, geworfen werden. Diesen Roman hat sie für ihre Enkelinnen geschrieben, die von ihrer Großmutter einen spannenden Liebesroman mit zahlreichen Verwicklungen und Happy-End erbeten hatten, was sie um ihren Ruf als "seriöse" Schriftstellerin fürchten läßt.[4] Die in der Tat etwas "dünne" Geschichte mit Eifersucht und Entführungen erhebt keinen Anspruch darauf, irgendwelche Theorien zu illustrieren. Dennoch kann Juliette Adam nicht ganz aus ihrer Haut und läßt die Schurken des Stückes in Anlehnung an ihre politische Einstellung Preußen und Preußenfreunde sein.

---

1 Juliette Adam, *Païenne*, Paris 1883, S. 49.
2 Ebd., S. 103.
3 Ebd., S. 223 f.
4 Juliette Adam, *Jalousie de jeune fille*, Paris 1889. In dem vorangestellten Widmungsschreiben legt sie die Gründe dar, warum sie ein sie kompromitierendes, "triviales" Werk verfaßt: "vous allez me compromettre à tout jamais, si j'arrive à vous satisfaire, aux yeux de ceux qui trouvent quelque mérite à mes livres ... ennuyeux."

Mit diesem letzten erwähnten Werk hat sich Juliette Adam von allen hier behandelten Werken am weitesten von ihren theoretischen Darlegungen in den *Idées anti-proudhoniennes* entfernt, da es hier nur noch um die Unterhaltung geht. Generell kann man aber sagen, daß die Vorstellungen der Autorin von der Rolle der Frau und ihrem Zusammenleben mit dem Mann unterschwellig und in unterschiedlicher Intensität zu Buche schlagen. Dabei muß man allerdings ein wenig genauer hinschauen, weil ihre in ihrem literarischen Schaffen zum Ausdruck gebrachten Ansichten nicht so revolutionär sind, als daß man sie unbedingt feministisch nennen muß. Dennoch verdeutlicht das Werk Juliette Adams ihre Vorstellungen recht gut. Es zeigt, genau wie ihr persönliches Leben, vor allem die Selbstverständlichkeit, mit der sie Mann und Frau als gleichberechtigt nebeneinanderstellt.

4.2.2 André Léo und der engagiert erzieherische Roman

André Léo, die von Barbey d'Aurevilly in scharf angreifendem Ton ein "bas-bleu foncé, trop congluliné dans son indigo, pour être jamais la créature, enflammée et inspirée, qu'on appelle une grande artiste"[1] genannt wird, hat von den drei hier zu behandelnden Schriftstellerinnen am stärksten ihr literarisches Schaffen als Vehikel ihrer Überzeugungen benutzt. Insofern hat Barbey d'Aurevilly recht, wenn er ihr den Ton einer "maîtresse d'école" bescheinigt.[2] Auch mit der Aussage über ihr Ideal -"C'est l'amour sans rêverie avec un paysan robuste, beaucoup de pommes de terre et pas de Dieu!"[3] - hat er nicht ganz unrecht, wie die

---

1 Barbey d'Aurevilly, *Les bas-bleus*, S. 266. Es gibt zwei Sorten von "bas-bleus". Die einen gleichen den "courtisanes", und die anderen, wie André Léo, gleichen einer "vieille fille". (S. 267) Der Unterschied springt gleich ins Auge, denn "Mme André Léo, cette pecque, est un bas-bleu qui ne ressemble en rien aux bas-bleus cocottes, à bottines et à traînes. Elle, c'est le bas-bleu économique, en sabots et en lunettes, et fière également de ses lunettes et de ses sabots." (S. 277).
2 Ebd., S. 266.
3 Jules Barbey d'Aurevilly, *Les vieilles actrices, Le musée des antiques, Antiques et bleues*, Paris 1884, S. 155.

nähere Betrachtung einzelner Romane noch zeigen wird. Die Lebensform, die sie als ein Ideal vorstellt, hat etwas Hausbackenes, Kleinbürgerliches, und der Schluß vieler Romane, der kurz das Leben der Protagonisten einige Zeit danach zeigt, erinnert ein bißchen an die Märchen der Kindheit und ihren Schluß "...sie lebten glücklich und zufrieden. Und wenn sie nicht gestorben sind, so leben sie noch heute".

Der erste Roman, den sie noch aus der Schweiz mitbringt und 1862 veröffentlicht, *Un mariage scandaleux*, ist dafür ein treffendes Beispiel, denn die Haupthandlung ist die Liebesgeschichte der verarmten Bürgerstochter Lucie zum Bauern Michel. Diese Heirat ist skandalös in den Augen der Gesellschaft, weil Lucie unter ihrem Stand heiratet und eine Mesalliance eingeht. Dabei spielt es keine Rolle, daß Michel ein intelligenter, grundehrlicher und gutmütiger Mensch ist. Hingegen findet die Heirat von Lucies reicher Kusine Aurélie gesellschaftliche Anerkennung, weil ihr Mann Fernand aus dem Bürgertum stammt und über eine gute Position verfügt. Daß er ein sechzehnjähriges Bauernmädchen geschwängert und sich vor der Verantwortung gedrückt hat, wird von der Gesellschaft dem Mädchen und seiner Familie angelastet und beeinträchtigt seinen Ruf in keiner Weise. In Lucies Augen ist diese Heirat wegen Fernands schlechten Charakters skandalös. Am Ende, als beide Ehen nach sechs Jahren gezeigt werden, ist die Situation umgekehrt, da Fernand durch einen neuen Verführungsskandal, der diesmal eine Dame der Gesellschaft betrifft und durch einen tödlich endenden Abtreibungsversuch in einem Eklat endet, auch in den Augen der Gesellschaft unmöglich geworden ist, während Michel und Lucie in immer mehr akzeptierten blühenden Verhältnissen leben. Aber auch jetzt steht ihnen die Gesellschaft teilweise verständnislos gegenüber, weil sie sich nicht eindeutig für die Zugehörigkeit zu einem Stand entscheiden. Das läßt sich daran festmachen, daß sie ihr Verhalten von der Zweckmäßigkeit bestimmen lassen und nicht den in der jeweiligen Gesellschaftsschicht üblichen Verhaltensweisen nacheifern. So legen sie großen Wert auf Sauberkeit, Lektüre und Weiterbildung, wie es im Bürgertum üblich ist. Das bedeutet, daß sie sich zwar für ein bäuerliches Leben entscheiden, nützliche Verhaltensweisen der bürgerlichen Gesellschaftsschicht jedoch in ihr Leben aufnehmen. Sie verzichten aber auf das im bäuerlichen Leben übliche Tragen von schweren Hauben, die Kopfschmerzen verursachen, da sie sich nicht durch starres Festhalten an äußerlichen Zugehörigkeitsmerkmalen Schaden zufügen wollen. Dieser Schluß zeigt, daß André Léo offensichtlich von einer Gesellschaft träumt, in der Gleichheit und Aufstiegschancen für alle möglich sind und in der kein Hochmut oder falscher Stolz die Menschen in der freien Wahl ihres Lebensmodus einschränkt.

Auch im 1864 veröffentlichten Roman *Une vieille fille* ist das Schlußbild fünf Jahre nach Ende der Handlung eine ländliche Idylle. Die Geschichte des Schweizers Albert, der bei der "vieille fille" Marie Dubois wohnt und sich in ihre schöne, junge Schwester Pauline verliebt, erkennt nach und nach, daß er eigentlich die "ältliche" Marie liebt, mit der er sich geistig austauschen kann. Um die spätere Idylle vollkommen zu machen, stellt sich heraus, daß Marie sich nur als "vieille fille" verkleidet hat, in Wirklichkeit aber eine schöne junge Frau ist, deren Äußeres es ihr nicht erlaubt hätte, unabhängig ohne Schutz der Familie oder eines Ehemannes zu leben. Da sie einer verarmten Familie mit vier Töchtern entstammt, deshalb keine Ehe eingehen kann und außerdem das Beispiel ihrer älteren Schwester vor Augen hat, deren Ehe unglücklich wurde, konnte sie ihren Wunsch nach einem unabhängigen Leben nur so verwirklichen. Der Rückschluß auf das Leben der Frau im allgemeinen liegt bei dieser literarischen Konstruktion André Léos klar auf der Hand. Es wird deutlich gemacht, daß eine Frau nach ihrem Äußeren beurteilt und dadurch in ihren Möglichkeiten der Lebensführung eingeschränkt wird. In der Figur der Pauline wird das typische Frauenbild kritisiert. Sie legt Wert auf Äußerlichkeiten wie schöne Kleidung, auf die sie ihr ganzes Geld verwendet. Ihr einziges Bestreben ist eine möglichst vorteilhafte Ehe, und oberflächliche Bildung ist für sie nur Zeitvertreib, aber nicht inneres Bedürfnis.[1] André Léos Bild der Frau wird dagegen von Marie vertreten,

---

1 André Léo, *Une vieille fille*, Paris 1864, S. 36.

die auf Äußerlichkeiten keinen Wert legt. Nur mit einer solchen Frau, die ihren Geist geschult hat, kann eine tiefe, wahre Liebe gelebt werden, die sich hier im Roman folgendermaßen definiert: "Aimer, c'est connaître, mais surtout, c'est apprendre."[1]

In den *Observations d'une mère de famille à M. Duruy*, die 1865 herauskommen, geht es um das zweite Lieblingsthema André Léos, die Erziehung der Kinder. Bereits die ersten Worte zeigen, welche Bedeutung die Autorin dem Thema beimißt, wendet sie sich doch mit folgenden Worten an den "ministre de l'instruction publique": "Vous occupez, Monsieur le Ministre, le poste le plus important de l'Etat,...". Kinder sind die Zukunft. Deshalb ist es fatal, wenn das Erziehungssystem so katastrophal versagt, wie es von André Léo anhand der Darstellung des Lebensschicksals verschiedener Kinder in den *Observations d'une mère de famille à M. Duruy* vorgeführt wird. Sie apostrophiert hier als den Normalfall, daß durch die genossene Erziehung ein achtzehnjähriger Sohn nur noch von einem radikalen Erfolgsstreben beherrscht erscheint, ein sechzehnjähriges Mädchen Welt und Familie verlassen und ins Kloster gehen will und ein Zehnjähriger Probleme hat, sein natürliches Streben nach Wissen und Glauben mit den Sophismen der aktuellen Erziehung zu vereinbaren.[2] Schuld an dieser mißlichen Lage ist in den Augen der Autorin die Tatsache, daß die Vermittlung biblischer Wahrheiten den Hauptbestandteil der Erziehung bildet, was die Kinder nicht zu Menschen ihrer Zeit formen könne.[3] Da die Bibel und die Heiligengeschichten negative Verhaltensweisen (Grausamkeit, Unmoral usw.) -die meist belohnt werden- zeigten, würden Kinder, denen man moralisches Verhalten anerziehen will, verwirrt. Auch wenn sie später im Laufe ihrer Entwicklung Ordnung in diese Verwirrung bringen könnten, sei dies nicht gut für diese Entwick-

---

1 Ebd., S. 136.
2 André Léo, *Observations d'une mère de famille à M. Duruy*, Paris 1865, S. 7 f.
3 Ebd., S. 11.

lung, da das religiöse Empfinden des Kindes dadurch so nachhaltig gestört werden könne, daß es absterbe. Wenn man aber den ersten Glaube verliere, finde man keinen anderen mehr.[1] André Léos Ausführungen zeigen deutlich ihren Antiklerikalismus. Sie stellen aber auch ebenso klar heraus, was für die Autorin den Platz der religiösen Überzeugung eingenommen hat, nämlich die Leitgedanken der französischen Revolution: "liberté, égalité, fraternité. Voilà le dogme ... tout un catéchisme y est contenu." Auf diesen Prinzipien beruht für sie die "religion du progrès", die "adoration et aspiration, foi et recherche" miteinander verbinden. In diesem System ist auch Platz für Gott, denn die "religion du progrès justifie Dieu. Il est le juste et le bon par excellence, puisqu'il ne nous donne d'autre règle que le vrai".[2] Auf diesen Leitgedanken basieren letztlich alle literarischen Werke André Léos. Die *Observations d'une mère de famille à M. Duruy* sind aus diesem Grund nicht nur eine explizite Erläuterung dieser Leitgedanken, sondern können auch zum besseren Verständnis ihres literarischen Schaffens als eine Art "Sekundärliteratur" herangezogen werden. Besonders wichtig sind sie dabei für diejenigen Werke André Léos, welche sich mit ihrer Erziehungskonzeption befassen.

Ein anderes brisantes Thema wird in *Un divorce* von 1866 angesprochen. Die Haupthandlung konzentriert sich auf den armen Maler Camille und auf Claire, die Tochter des reichen Grandvaux. Camille liebt Claire, kann sie aber aufgrund seiner Mittellosigkeit nicht zur Frau nehmen. Claire willigt schließlich in die Ehe mit einem dem Vater genehmeren, "passenderen" Mann ein. Anhand dieser Verbindung wird gezeigt, wie katastrophal eine Ehe verlaufen kann, die auf Äußerlichkeiten basiert und keine Rücksicht auf Kompatibilität der Charaktere nimmt. Die junge Frau gibt sich alle Mühe, ihren Mann zu lieben. Von seiner Seite wird aber keine Anstrengung unternommen, zum Gelingen der Ehe beizutragen. Schon kurz nach der Hochzeit nimmt er alte Gewohnheiten wieder auf und geht

---

1 Ebd., S. 38.
2 Ebd., S. 44 f.

alleine aus. Schließlich betrügt er seine Frau, ohne Rücksicht auf ihre Gefühle oder Diskretion zu nehmen. Immer wieder wird Claire an ihre Pflichten erinnert. Die Frau muß alles tolerieren, da sie vom Manne abhängt.[1] Im Laufe der Auseinandersetzungen kommt es wiederholt zur Versöhnung, bis Ferdinand seiner Frau bei einer solchen Gelegenheit seine Position klarmacht:

"J'ai consenti, à cause du monde, lui dit-il, à une réconciliation apparente; mais je n'oublierai jamais votre insolence et vos fureurs d'aujourd'hui, non plus que le ridicule dont vous venez de nous couvrir. Je vous déclare que toute affection est désormais éteinte entre nous; vous n'avez plus aucun droit à mes égards ni à ma bonté. Vous avez provoqué ma haine, vous en sentirez les effets."

Diese Drohung wird in ihrer Wirkung verstärkt durch Claires Eltern, die ihr unmittelbar danach klarmachen, daß sie sich falsch verhalten habe, wenn sie ihren Mann der Untreue beschuldigt und versucht, ihre Vorstellungen von Ehe zu verwirklichen.[2] Erst als Ferdinand Geld verliert, das zu ihrer Mitgift gehört, kann Claire ihren Mann mit Zustimmung des Vaters verlassen. Anstoß dazu ist, daß Ferdinand eine Vertraute seiner Geliebten Herminie als Dienstmädchen in die eheliche Wohnung aufnimmt. Ihr Mann macht gar keinen Versuch, sie zurückzugewinnen, und verheimlicht seine Beziehungen zu Herminie in keiner Weise. Dennoch ist es Claires Verhalten, das von der Gesellschaft nur widerwillig akzeptiert wird.[3] Ferdinand geht aber nicht auf den Vorschlag einer Scheidung mit beiderseitigem Einverständnis ein. (Da die Geschichte in der Schweiz spielt, ist Scheidung überhaupt erst möglich.) Er behauptet seine Unschuld und macht von seinen gesetzlichen Möglichkeiten Gebrauch, indem er per Gerichtsvollzieher seinen Sohn fordert. Claire ist schon

---

1 André Léo, *Un divorce*, Paris 1866, S. 171: "Ne sais-tu pas, Mathilde, qu'un mari a le droit de forcer sa femme à habiter avec lui, même, s'il le fallait, à l'aide des gendarmes!"

2 Ebd., S. 300. Bereits in einer früheren Auseinandersetzung (S. 229) macht Ferdinand seiner Frau ihre schlechte Position klar: "vous avez tort de le prendre sur ce ton avec moi. Vous êtes ma femme; vous me devez respect et obéissance."

3 Ebd., S. 360: "Cependant une chose, paraît-il, te justifie beaucoup, c'est que ton mari aurait compromis ta dot."

bereit zurückzukehren, als ihr Vater mit dem Beweis der Untreue Ferdinands, den er in flagranti mit Herminie überrascht hat, heimkommt. Während des Scheidungsverfahrens wird viel "schmutzige Wäsche gewaschen". Ferdinand lügt und behauptet, zwischen Claire und Camille bestehe ein Verhältnis. Letztlich geht es so aus, daß Claire die Tochter behalten darf, der Sohn aber dem Vater zugesprochen wird. Deshalb versucht Claire, sich nochmals mit Ferdinand zu versöhnen, und erreicht, daß er ihr den Sohn unter der Bedingung überläßt, ihn hin und wieder sehen zu können. Drei Jahre später heiratet Ferdinand Herminie. Camille und Claire hingegen haben noch nicht geheiratet, weil sie befürchtet, ihren Sohn dann zu verlieren.[1] Da aber Ferdinand das Kind eines Tages nach einem Besuch einfach behält, beginnt die Auseinandersetzung von neuem. Schließlich stirbt der kränkliche Sohn Claires nicht zuletzt wegen der lieblosen Betreuung in seinem Vaterhaus. Seine Mutter trägt ihn auf ihren Armen fort und stirbt wenige Tage darauf, ihren toten Sohn immer noch fest umschlungen haltend.

Die Geschichte zeigt also, daß selbst der am Fiasko einer Ehe unschuldigen Frau keine Möglichkeit bleibt, gegen ihr Schicksal anzugehen. Dies ist darauf zurückzuführen, daß der Frau wegen mangelnder Erziehung zu Selbstbewußtsein die Fähigkeit fehlt, ihrem Mann als gleichwertiger Ehepartner gegenüberzutreten. Eine mögliche Lösung dieses Problems wird zu Beginn des Romans angedeutet, als Claires Kusine Mathilde ihr erklärt, wie sie für ihren Mann von Interesse sein könnte: "Tu veux que ton mari se plaise avec toi? pourquoi ne pas t'instruire dans les choses qui l'intéressent, afin que vous en puissiez causer ensemble."[2] Die Frau muß eine eigene Persönlichkeit sein, wie es zum Beispiel Herminie auf ihre vulgäre Art ist.[3]

---

1 Ebd., S. 452: "Mais ce qui m'irrite au delà de toute expression, c'est de vous voir à la merci de cet homme, après que les lois sociales vous ont séparée de lui. Toujours, quoi qu'on fasse, il sera donc l'éternel obstacle à votre bonheur? ... Il est des liens qu'on ne peut rompre, dit Claire avec abattement."
2 Ebd., S. 134.
3 Ebd., S. 233: "Claire, cette madame Fonjallat est moins belle que toi; mais ton mari

Die Scheidung wird im Roman auch noch in einer Diskussion zwischen Romanfiguren problematisiert, die nicht in die Auseinandersetzung von Ferdinand und Claire direkt involviert sind. Mathilde und ihr Vater diskutieren das Für und Wider. Der Vater ist gegen die Scheidung, denn:

"[le divorce] n'atteint pas la source du mal et ne fait que méconnaître de plus en plus les lois de l'union humaine. ... le divorce n'est pas, ne peut pas être le remède aux maux du mariage, puisqu'il en nie le principe et en méconnait [sic] le but. Est-il donc si difficile de remonter à la cause du mal?"

Da sie dieser Position großen Raum gibt und sie unwiderlegt stehen läßt, kann man rückschließen, daß André Léo zwar für die Scheidung eintritt, um unmöglich gewordene Situationen zu beenden, im Grunde aber einen verantwortungsbewußteren Umgang mit der Ehe fordert, um einem Scheitern der Ehe vorzubeugen. Deshalb läßt sie M. Sargeaz seine Ansichten über die Ehe darlegen:

"Le mariage, ce développement et ce renouvellement de l'être, cette fusion sublime d'unités éparses, que Dieu seul pouvait inventer, mystère insondable dans sa force et dans sa grandeur, noeud de la vie, comment les hommes l'abordent-ils? Est-ce avec religion? avec respect? est-ce même avec prudence? Quel est celui de leurs intérêts, parmi les plus secondaires, qu'ils sacrifient plus facilement? Et de quoi se rient-ils avec autant de mépris? De l'amour, que Dieu leur avait donné, les hommes ont fait la débauche. Eh bien! que le malheur donc, le crime et la honte règnent dans le mariage, et bouleversent la société, jusqu'à ce qu'enfin on s'épouvante, et qu'ils renoncent à faire de l'acte le plus solennel et le plus grave l'enjeu de leurs orgueils et de leurs cupidités."

Auch bei ihm selbst habe ein persönlicher Fehler das Scheitern seiner Ehe zu verantworten, denn

"j'avais abordé le mariage sans religion; j'avais choisi ma femme pour sa beauté seule, et sans autre pensée que de satisfaire la

---

la préférerait à une Cléopâtre, parce qu'elle a, quoique assez vulgaire, une personalité décidée. Elle est elle-même. Elle veut, elle se fait sentir. On ne l'a jamais tout entière."

passion qu'elle m'inspirait. Aussi, n'ai-je trouvé que ce que j'avais apporté moi-même, l'amour des fragiles idoles."[1]

Grundvoraussetzung für eine Veränderung der Gesellschaft ist also für André Léo eine Veränderung der Ehekonzeption, die wiederum eine Veränderung des Frauenbildes voraussetzt.

Das Frauenbild André Léos kommt in *Les deux filles de Monsieur Plichon* von 1868 deutlich zum Ausdruck. Die beiden Töchterfiguren konstruiert sie fast schon in einer Art Schwarz-Weiß-Malerei als Gegensatzpaar. Blanche, die am Anfang als die anziehendere und dem Frauenbild der Gesellschaft voll entsprechende junge Frau dargestellt wird, verliert im Laufe der Geschichte die Sympathie des Lesers. William, ein verarmter Adeliger verlobt sich mit ihr, weil er nach einer früheren Enttäuschung auf seinen Freund Gilbert hört, der ihm rät, eine Ehe auf eine solide, materiell begründete Basis zu stellen.[2] Er lernt aber nach und nach Edith lieben -die unabhängig sein und arbeiten will-, weil er feststellt, daß Blanche seinen Ideen -er möchte das Elend der Landbevölkerung verbessern- verständnislos gegenübersteht, Edith hingegen ihn an ihren Gedanken über Liebe, Ehe teilhaben läßt und selbst schon die Idee einer Schule für die Landbevölkerung gehabt hat. Als Plichon verarmt, löst Blanche die Verlobung, weil sie befürchtet, auch von William nicht das ersehnte Leben in Luxus erhalten zu können. So ist der Weg frei für die beiden Liebenden, die ihre Pläne progressiv in die Tat umsetzen können. Auch hier gibt es wieder eine Momentaufnahme des Zustandes nach einigen Jahren. Gilbert, auf dessen Rat William beinahe in die Irre gegangen wäre, hat seine unangenehme Frau, die er ihres Geldes wegen geheiratet hatte, verloren und steht mittellos da, während William ein großer Landbesitzer geworden ist und ihm vorschlagen kann, in seiner

---

1 Diese Diskussion entwickelt sich ebd., S. 473 ff.
2 André Léo, *Les deux filles de Monsieur Plichon*, Paris 1868, S. 33: "C'est précisément parce que l'amour a peu de durée, comme tu le reconnais si bien, que le mariage doit être, au point de vue des intérêts - de ces intérêts qui constituent le fond de l'existence - une affaire sérieuse et solide."

Landschule als Lehrer tätig zu sein. Ganz deutlich wird in dieser Geschichte, daß André Léo sich die Frau als Partnerin des Mannes wünscht und Wert legt auf ihre geistige Aktivität. Eine auf den charakterlichen Vorzügen der Partner beruhende Ehe wird dann zu einer glücklichen und erfolgreichen Lebensgemeinschaft.

Auch André Léos im selben Jahr erscheinendes Werk *Attendre-Espérer* geht in diese Richtung, wobei sich die Partnerproblematik hier aus einem, wenn auch relativen, Standesunterschied ergibt. Der reiche Arzt Emile Keraudet liebt die adelige Witwe Antoinette de Carzet. Beide sind edle Charaktere und arbeiten selbstlos für die Verbesserung der Bildung der Landbevölkerung, obwohl die öffentliche Meinung gegen sie ist und die These vertreten wird, es sei besser ein Krankenhaus zu errichten als eine Schule zu gründen. Bildung sei "de l'agrément", Gesundheit aber "le nécessaire".[1] Jedoch gerade weil die Gesundheit eine so wichtige Voraussetzung -auch für Bildung- ist, stellt das Engagement des Arztes eine glückliche Lösung dar: Gesundheit und Bildung sind beide wichtig und die Grundlage für eine freie Entfaltung der Persönlichkeit. Bildung darf deshalb nicht der Luxus der Bessergestellten bleiben.

Wie bereits viele der bisher behandelten Werke befaßt sich auch der ebenfalls 1868 veröffentlichte Roman *Les désirs de Marinette* mit der Ehe. Erzählt wird die Geschichte eines armen Mädchens, das einen ebenso armen Handwerker heiratet, mit ihm Kinder bekommt und in einfachen, sich nur allmählich verbessernden Verhältnissen lebt. Auf ihrem Gesangstalent baut sie sich eine Opernkarriere auf, die ihr Erfolg und den Wunsch nach Luxus bringt. Sie trennt sich von ihrem Mann und geht ein Verhältnis mit einem Adeligen ein. Ihr Mann nimmt ihr zu deren Besten die Kinder weg. Dann geht es kontinuierlich bergab. Ihr Liebhaber verläßt sie. Da die Motivation zu ihrem Ausbruch aus der Ehe die große Liebe war, zerbricht ihre Karriere an der Trennung von dem Liebhaber. Schließlich findet sie zurück zu ihrer Familie. Marinette hat auf schmerz-

---

1 André Léo, *Attendre-Espérer*, Paris 1868, S. 76.

hafte Weise gelernt, daß "fortune" und "bonheur" keine Synonyme sind, sondern daß Glück vom ernsthaften Bemühen eines redlichen Charakters abhängt.

Der originellste Roman André Léos, *Aline-Ali*, der 1869 herauskommt, erzählt die Geschichte einer jungen Frau, die auf der Suche nach der Identität von Mann und Frau in die Rolle des Mannes schlüpft, um das andere Geschlecht aus eigener Anschauung kennenzulernen. Dabei erfährt Aline, mit welchen sinnlosen Schwierigkeiten eine Frau zu kämpfen hat, die sich einem Mann gar nicht erst stellen. So hat die junge Metella gar keine Chance, von ihrer Feder leben zu können. Sie wird als "bas-bleu" abgelehnt, ohne daß ihr Werk auch nur geprüft wird.[1] Als aber Aline unter ihrem männlichen Namen Metellas Arbeit veröffentlicht, wird diese akzeptiert und gelobt. Aline schützt gewisse Befürchtungen vor, "ihr" Machwerk sei von weiblichem Stil, da sie kein Herkules sei, und erhält von ihren männlichen Diskussionspartnern zur Antwort:

"La différence, vous le savez bien, consiste, non dans la force même, mais dans le principe mâle qui est en vous, comme cet article en fournit la preuve irrécusable. Ce n'est point une femme qui eût produit de tels aperçus, et les eût exprimés avec cette logique, avec cette force de déduction."[2]

Diese Problematik klingt auch in *Les deux filles de Monsieur Plichon* an, wenn darauf verwiesen wird, daß ein Erfolg als Schriftstellerin fast nur dann möglich ist, wenn die Frau reich ist, zumindest aber in der Lage, auf eigene Kosten zu veröffentlichen.[3]

Nach ihren verschiedenen Erfahrungen versteht Aline,

"pourquoi l'homme et la femme se plaignent si douloureusement l'un de l'autre. Elevés chacun dans un monde à part, ils ne se connaissent pas, ils ne sauraient se comprendre; sous ce même nom magique d'amour, chacun évoque une différente image."[4]

---

1 André Léo, *Aline-Ali*, Paris 1869, S. 145: "Le bas-bleu me crispe les nerfs. ... Est-il rien de plus détestable qu'une femme qui se mêle d'écrire?"
2 Ebd., S. 157.
3 Léo, *Les deux filles de Monsieur Plichon*, S. 168.
4 Léo, *Aline-Ali*, S. 191.

Wieder als Frau lebend kann sie sich auch nicht dazu durchringen, Paul Villano zu vertrauen und eine Ehe mit ihm einzugehen, so daß er sich gezwungen sieht, sich von ihr zu lösen. Aline ist auf ihrem Landsitz um soziale Verbesserungen bemüht. Sie will die Bezahlung der Frauen, die auf ihren Feldern arbeiten, derjenigen der Männer angleichen und schafft auch einen Kindergarten. Nach Pauls Tod weiht sie ihr Leben der Verbesserung der "condition de la femme". Dieser Schluß ist im Gegensatz zu den anderen Werken nicht glücklich, womit die Autorin ganz deutlich macht, daß noch ein weiter Weg zurückzulegen ist, bis Mann und Frau sich ganz selbstverständlich in echter Partnerschaft gegenüberstehen können.

Mit *Aline-Ali* ist bereits angedeutet, daß noch ein großes Stück Erziehungsarbeit zu leisten ist, bis die zum Erreichen der Gleichberechtigung von Mann und Frau notwendigen Veränderungen bewirkt sind. So ist es verständlich, daß sich das literarische Schaffen André Léos nach dem Zweiten Kaiserreich immer mehr zum Vehikel ihrer Vorstellungen von Erziehung macht. Außerdem hat sie in den bereits besprochenen Werken ihr Frauenbild und ihr Verständnis von der Ehe hinlänglich klargemacht. *L'enfant des Rudère*, 1881 erschienen, verdeutlicht André Léos Erziehungsprinzip, daß man besser mit Interesse und Freude lernt als eingeschüchtert von Strenge und Angst.

La justice des choses von 1891 beschreibt die Entwicklung eines Kindes, das sorgfältig nach den von André Léo propagierten Prinzipien erzogen wird. Interessant ist dabei der von der Autorin gewählte Ton, da sie sich darum bemüht, auf dem Niveau des kleinen Protagonisten zu argumentieren. Ihre Wahl eines Kindes als Hauptfigur zeigt, daß die Autorin der Meinung ist, ihre Argumentation sei so leicht verständlich, daß selbst ein Kind sie verstehen könne.

Im letzten Werk, auf das hier ein Blick geworfen werden soll, *La famille Audroit et l'éducation nouvelle*, das kurz vor ihrem Tod, 1899, erscheint, stellt André Léo dem Leser eine Familie vor, die als Muster zur allgemeinen Nachahmung dienen kann. Jungen und Mädchen werden hier zusammen und in gleicher Weise erzogen, was allen Kindern später ein glückliches Leben ermöglicht.

Die Analyse der Romane André Léos ergibt, daß sie im Laufe der Zeit ihre Ideen nicht verändert, sondern nur unter verschiedenen Aspekten näher erläutert. Auch ihr im literarischen Schaffen dargelegtes Bild von Frau, Ehe und Familie ist ein stimmiges Modell. Es geht ihr letztlich darum, in immer wieder abgewandelter Form ihrer Grundidee Ausdruck zu verleihen, daß Mann und Frau gleichwertig sind und einander gleichberechtigte Partner sein sollen. Zu einem solchen Zusammenleben soll sie eine gründliche, nach gleichen Konzeptionen und am besten in Koedukation erfolgende Schulbildung führen.

4.2.3   Adèle Esquiros und der Roman als bitter-belehrender Beweis

Das literarische Schaffen von Adèle Esquiros ist nicht sehr umfangreich; es umfaßt nur einige wenige Titel. Es wurde die Meinung vertreten, ihre Romane seien "assez mauvais".[1] Vom Standpunkt des Literaturkritikers aus betrachtet mag dies zutreffen. In Bezug auf Autorintention und Wirkung ihres Werkes ist die Diskussion über dessen literarischen Wert jedoch zunächst sekundär. Einerseits zählt, ob ein Schriftsteller durch hohe Verkaufszahlen ein breites Publikum erreicht. Man denke in diesem Zusammenhang an den Einfluß der "best-selling" Trivialliteratur. Und andererseits geht es hier um die Funktion des Romans als Medium der Übermittlung von Lebenskonzeptionen und der Kritik an herrschenden Mißständen. Über die Verkaufszahlen läßt sich nun nur sagen, daß Adèle Esquiros kein breites Publikum erreicht haben kann, da es nie zu einer Neuauflage eines ihrer Werke kommt. Aber demjenigen Leser, der sich ihrem Werk zuwendet, bietet sie mit ihren Romanen eine sehr gelungene

---

1 E. Thomas, a.a.O., S. 47.

Illustration ihrer theoretischen Überlegungen zur Frauenfrage. Insofern kann man ihre Romane zumindest als literarhistorisch interessant ansehen. Die drei wichtigsten ihrer Werke sind in Bezug auf unsere Fragestellung die beiden Romane *Histoire d'une sous-maîtresse* (1861) und *Un vieux bas-bleu* (1849) und die Abhandlung über die "gehobene" Prostitution der Frau, *Les marchandes d'amour* (1865). Dabei ist die *Histoire d'une sous-maîtresse* das interessanteste Buch, zum einen weil es sicherlich auf der selbsterlebten Berufserfahrung der Autorin beruht, zum anderen weil hier intensiv auf das Problem der weiblichen Berufstätigkeit eingegangen wird.

Ebenso wie die theoretische Schrift *L'amour* wirkt die *Histoire d'une sous-maîtresse* sehr lebendig durch die Verwendung bestimmter Stilmittel. Es handelt sich um ein durch Briefe ergänztes Tagebuch der "sous-maîtresse" Mademoiselle "Grognon" -natürlich ein von den Schülerinnen verliehener Spitzname-, das ihr von Schülerinnen entwendet wurde und dadurch zur Kenntnis der Leser gelangt, sozusagen als "authentisches Dokument". Die Handlung bietet also den geeigneten Rahmen, um die zu dieser Zeit mögliche oder eben gerade nicht mögliche Betätigung der Frau in verschiedenen Berufen zu zeigen, da hier von jungen Mädchen die Rede ist, die ihren Platz im Leben noch finden müssen.

Da ist zunächst einmal die Titelfigur selbst, die als Lehrerin einen typisch weiblichen Beruf ausübt. Ihr persönliches Schicksal zeigt, daß es sich hier sicher nicht um einen Traumberuf handelt, wird doch in einer Anmerkung darauf verwiesen, wie schlecht dieser bezahlt wird. Eine "sous-maîtresse" verdient weniger als ein einfacher Dienstbote, wenn sie nicht sogar nur freie Station als Gegenleistung für ihre Arbeit erhält.[1]

---

1 Adèle Esquiros, *Histoire d'une sous-maîtresse*, Paris 1861, S. 28: "Une bonne cuisinière gagne, en général, 8 ou 600 fr. par an, et pour 200 fr. vous avez une très bonne sous-maîtresse. Les gages de ce qu'on appelle une sous-maîtresse sont bien inférieurs aux gages des domestiques, même les plus infimes. Il est même ordinaire d'employer des jeunes filles instruites et distinguées au pair, c'est-à-dire, sans autre rétribution que leur nourriture."

Mademoiselle Grognon ist Waise und beginnt ihre Berufstätigkeit mit achtzehn Jahren. In ihrer Kindheit ist sie eine Art Paria, da die Schülerinnen nach den Stoffen ihrer Kleider in drei verschiedene Kasten eingeteilt werden und ihr noch zur untersten der nötige Zierrat fehlt. Deshalb ist sie auf sich selbst angewiesen und widmet sich der Erweiterung ihres Wissens. Diese Bildung bringt ihr dann das Problem, daß sie nach nicht angezweifelter Meinung ihres Vormundes keinen einfachen Mann heiraten, einen "bien élevé" aber nicht "bekommen" kann, weil sie dazu eine Mitgift oder wenigstens eine auffallende Schönheit bräuchte. Es nutzt ihr nicht, ein pflichtbewußter Mensch zu sein. Außerdem hilft ihr die Schulbildung, für die ihr Vormund ihr kleines Erbteil verbraucht hat, nicht, sich auf eigene Füße zu stellen, da sie -wie die Köchin ausruft- nichts *Nützliches* gelernt hat.[1] Ihre kleinen Talente kann sie nicht zur Grundlage einer Berufstätigkeit machen, da sie kein Mann ist, sagt doch ihr Vormund ihr selbst:

> "Si vous étiez un homme, oui; un homme, même pauvre, arrive à tout. Il y a l'Ecole des beaux-arts, avec ses cours de dessin, d'anatomie, de perspective, etc. Mais les femmes n'y sont pas admises. On a si bien prévu l'impossibilité de certaines professions pour les femmes, que certains mots: peintre, sculpteur, etc., n'ont pas de féminin."[2]

Das gilt ebenso für ihr Begabung für Musik, denn

> "En musique, sur mille hommes, on produit à peine une femme. Encore n'est-ce pas comme musicienne, mais comme excentricité. Il s'agit, en ce cas, d'une exhibition renforcée de réclames, de tapage et d'intrigues. Il reste les leçons; mais, dans les maisons riches, on préfère les hommes, ça fait meilleur effet."[3]

---

1   Ebd., S. 25: "Dam! Monsieur, ce n'est pas sa faute, à cette fille, si on ne lui a rien appris d'utile."
2   Ebd., S. 25 f.
3   Ebd., S. 26.

Diese Erfahrung wird von den Schülerinnen Mademoiselle Grognons dann in ähnlicher Form wiederholt. Clotilde, ein kahlköpfiges, gehbehindertes und bitteres Mädchen, das durch die Lehrerin wegen seiner Intelligenz die Hoffnung auf ein besseres, nützliches Leben bekommen hatte, scheitert. Sie stellt fest, daß Bildung eine überflüssige Erschwernis der Lebensumstände bedeutet.[1] Und Zélie, ein poetisches, sentimentales Mädchen, blond und blauäugig, erleidet Schiffbruch beim Versuch, als Schriftstellerin zu leben. Im ersten Brief schreibt sie noch begeistert von ihrer Lebenswelt. Im zweiten Brief kommt schon die Ernüchterung durch ihre Erfahrungen mit der Literaturkritik. Im dritten Brief schließlich ist sie desillusioniert. Persönlich hat sie die Erfahrung gemacht, daß ihre literarischen Versuche zwar erschienen sind, daß diese aber kaum noch Ähnlichkeit mit dem haben, was sie geschrieben hat. Außerdem hat sie erlebt, daß eine alte Frau, die vergeblich versucht hatte, auf der Schriftstellerei ihr Leben aufzubauen, im fortschreitenden Elend stirbt. Nur Agathis, ein ernsthaftes Kind, das gut mit Zahlen (Geld!) umgehen kann, trifft es gut im Leben. Obwohl sie ein "mauvais coeur" hat, macht sie eine reiche Heirat.

Die bittere Resignation von Mademoiselle Grognon, die sich in den letzten Sätzen des Buches ausdrückt

("Maîtresse d'école que je suis, voilà bien mon lot: des phrases, des phrases... Mais on meurt avec des phrases! ...et je pleure sur ma nullité."[2]),

kann sicher als Bitterkeit und Resignation von Adèle Esquiros verstanden werden. Auch sie kennt das Leben als "sous-maîtresse" und als "femme de lettres". Gerade das Detail der im ständig wachsenden Elend sterbenden alten Schriftstellerin ist von erschreckender Eindringlichkeit, nimmt es doch Adèle Esquiros' eigenes Schicksal vorweg.

---

1   Ebd., S. 122. In ihrem Brief schreibt Clotilde: "Laissez-moi souffrir comme la brute, je souffrirai moins." Sie glaubt, wegen "manque de bonheur" bald zu sterben.
2   Ebd., S. 138.

Ein anderes Bild der "femme de lettres" zeigt das viel früher entstandene Werk *Un vieux bas-bleu*, in dem Madame de Saint-Mégrin, deren Adelsprädikat von eigenen Gnaden stammt, die böse Karikatur der Schriftstellerin ist. Die alternde Frau, die mit künstlichen Mitteln versucht, Jugend vorzutäuschen, lebt von einem kleinen Vermögen und der Prätention, Schriftstellerin zu sein, obwohl sie sich keiner ernsthaften Arbeit widmet. Ihre Welt dreht sich um den Mann, den sie krampfhaft halten will. Zum Zeitpunkt der Handlung ist es ein bedeutend jüngerer Mann, Genest, der sich in die Hauptfigur, Gabrielle de Beaulieu, verliebt hat. Um Genest wieder an sich zu binden, versucht die alte Frau, Gabrielle unter dem Deckmantel der uneigennützigen Nächstenliebe mit allen Mitteln zu schaden und sie einem Lebemann, Saint-Marc, als Geliebte auszuliefern. Das junge Mädchen, das zu einer Tante in eine Pension nach Paris gekommen war, ist in der unglücklichen Lage, nach dem Tod der Tante das Institut verlassen und auf eigenen Füßen stehen zu müssen. Auch sie macht ihre Einsamkeit mit dem Studium von Büchern wett. Doch sie muß hart kämpfen, dem Verführer nicht in die Hände zu fallen.

Am Ende des Buches, als die Bösewichte eine gewisse Bestrafung erfahren, die sie selbst aber ungebrochen in ihrem Hochmut hinnehmen, wird Gabrielle von ihrer Mutter besucht. Gabrielle ist zwar erst zwanzig Jahre alt, aber bereits verbittert. Ihr Leben ist zerstört. Im letzten Absatz heißt es:

"Tout était fini pour Gabrielle: le germe de sa vie était étouffé. Elle se remit au travail avec ardeur; non au travail de la pensée, mais à un travail matériel et accablant qui laissait dormir son coeur."[1]

Sie wird "froide comme une tombe" und findet keinen Zugang mehr zu den literarischen Versuchen von früher, in denen sie in ihrem Idealismus an eine glückliche Zukunft und das Glück geglaubt hatte. So bringt der Roman *Un vieux bas-bleu* zwei Dinge deutlich zum Ausdruck. Er zeigt

---

1 Adèle Esquiros, *Un vieux bas-bleu*, in: *Les Veillées Littéraires*, Paris 1849, S. 14.

die Schwierigkeiten der Frau, auf anständige Weise ihren Lebensweg zu gestalten. Und er illustriert grundsätzlich das Problem der "femme de lettres". Auf der einen Seite wirken die negativen Beispiele wie die alte Madame de Saint-Mégrin in der Gesellschaft dem Bemühen derer, die ernsthaft um die Schriftstellerei als Lebensmöglichkeit kämpfen, entgegen. Auf der anderen Seite werden den wirklich Begabten wie Gabrielle de Beaulieu frühzeitig die Flügel gestutzt und ihnen damit jede Chance genommen.

Der schwere Kampf einer jungen Frau, ein anständiges Leben zu führen, findet sein Echo in *Les marchandes d'amour*, das eine Art Handbuch der Geschichte der "gehobenen" Prostitution ist. Hier wird der Hintergrund, auf dem das Kurtisanenwesen des 19. Jahrhunderts aufbaut, erhellt mittels der Darstellung der Prostitution durch die Geschichte hindurch mit besonderer Berücksichtigung von Madame de Pompadour und Madame du Barry. Der Zusammenhang zwischen gesellschaftlichen Mißständen und dem Kurtisanenwesen wird erklärt.[1] Durch die Glorifizierung des Lasters in der Literatur würden die Frauen korrumpiert und dadurch die gesellschaftlichen Zustände zum Schlechten hin beeinflußt. Die arme Frau müsse nämlich auf alles verzichten, selbst auf den Luxus, der unverzichtbar erscheint. In schlechten Büchern finde sie nun den unverdienten Luxus der Kurtisane beschrieben. Wenn sie aber versuche, das Beispiel nachzuahmen, komme zu ihrem Elend noch die Schande hinzu.[2] Gemäß Adèle Esquiros führt diese schlechte Literatur dazu, daß junge Frauen ihre bescheidene Herkunft verleugnen und daß unter anderem die Findelkinder so zahlreich sind. Selbst die Ehefrau wird von

---

1 Adèle Esquiros, *Les marchandes d'amour*, Paris 1865, S. 5–9. Hier heißt es unter anderem: "La courtisane a pris naissance avec la société: elle est le parasite de la famille. La vanité, la luxure, le désordre sont les précieuses aptitudes de la courtisane. Où règnent la licence et la dépravation, la courtisane fleurit. Elle pullule dans les sociétés en décadence. Là où meurt la famille, la courtisane triomphe. Les lois sont muettes, la conscience ne parle plus... vive la courtisane!"
2 Ebd., S. 112 ff.

dieser Literatur beeinflußt, weil sie aus Angst davor, die Kurtisane könnte ihr den Mann wegnehmen, ihre Tugend maskiert, um einen Mann zu halten, der oft ein "coeur vicieux" hat.[1]

Der Knackpunkt der Problematik liegt darin, daß die Frau keine "anständige" Möglichkeit hat, sich einen ausreichenden Lebensunterhalt zu verdienen.der Zusammenhang ist also folgender:

> "Les courtisanes minent les sociétés, mais les sociétés font les courtisanes! C'est en ôtant aux femmes tout moyen d'existence honorable qu'on leur ôte toute dignité et qu'on les force à mourir ou à vivre honteusement."[2]

In *Les marchandes d'amour* geht Adèle Esquiros also sehr intensiv auf ein Problem ein, das sie in ihrer theoretischen Schrift nur kurz gestreift hatte. Hier legt sie auch ausführlich eine recht originelle Lösungsmöglichkeit vor, deren Effizienz leider nicht bewiesen werden konnte. Sie schlägt nämlich vor, daß jeder Mann mit dreißig Jahren entweder verheiratet sein oder, je nach Vermögenslage, eine Zusatzsteuer, eine "patente de célibataire", zahlen solle, die dann vom Staat an die Frauen je nach Bedürfnis weitergegeben werde. Da der Staat den Mann zum Beschützer der Frau mache, müsse er auch dafür sorgen, daß die Frau geschützt werde. Die Sorge für die Waisen müsse bei der Frau bis zu einer Eheschließung fortgesetzt werden, da eine Frau keine andere Existenzmöglichkeit als die Ehe habe.[3]

---

1 Ebd., S. 117.
2 Ebd., S. 182.
3 Ebd., S. 216 f. Wegen der Originalität des Gedankens soll die Textstelle hier auch im Original wiedergegeben werden: "La société est organisée de manière que l'homme est obligé d'être le protecteur de la femme. -Il s'agit de faire une loi qui régisse cette protection. Tout homme arrivé à l'âge de trente ans, par exemple, sera tenu d'être marié ou de payer une *patente de célibataire*. Chaque homme sera taxé selon sa situation de fortune; et l'impôt sera reparti sur les femmes selon leur degré de pauvreté. L'Etat se charge des orphelins jusqu'à leur âge de majorité; pour la femme pauvre, cette protection doit continuer jusqu'au mariage, puisque, hors le mariage, il n'y a pas pour elle d'existence possible."

Diese Idee mag aus moderner Perspektive abstrus erscheinen. In ihrer Zeit hat sie bestimmt anders gewirkt, weil sie ganz deutlich vor Augen führt, wo die Verantwortlichkeit liegt. Wenn die Gesellschaft die Frau im traditionellen Rollenbild festhält und damit der Frau jede anständige Lebensgrundlage entzieht und wenn zudem die Frau vom Gesetz als minderjährig behandelt und vom Schutz des Mannes abhängig erklärt wird, muß auch von der Gesellschaft und per Gesetz dafür gesorgt werden, daß die Frau im Rahmen einer solchen Rollenzuweisung anständig leben kann. Ist die Gesellschaft dazu nicht imstande, muß sie die Situation der Frau grundlegend verändern. Adèle Esquiros' Vorschlag scheint sicherlich so abstrus und lächerlich nicht.

So hat Adèle Esquiros im letzten der drei hier näher betrachteten Werke zurückgefunden zu ihrem kämpferischen Engagement für die Verbesserung der miserablen Lage der Frau.

5　　Zusammenfassung und Ausblick

Wie im Verlauf der Darlegungen zu sehen war, ist das Streben nach der Gleichberechtigung der Geschlechter dem Lauf eines Flusses ähnlich. Zuerst gab es in der Menschheitsgeschichte vereinzeltes Eintreten für die Rechte der Frau, einzelnen Regenfällen vergleichbar. Dann finden sich einzelne Quellen, aus denen eine kontinuierliche Diskussion hervorging, die dann durch die französische Revolution gebündelt wurden, um später in den im 19. Jahrhundert immer breiter werdenden Strom des Kampfes um die Gleichberechtigung der Geschlechter einzufließen.[1] Die teilweise sehr militant geführten Auseinandersetzungen des 20. Jahrhunderts sind eine weitere Etappe auf dem Weg zum Ziel. Dabei stehen noch immer verschiedene Probleme an, für die bisher keine Lösung gefunden ist. Noch immer hat Geltung, was Simone de Beauvoir in ihrem Werk *Le deuxième sexe* darlegt[2]: Die Frau muß sich ihrem Frausein stellen, obwohl kein Mann seine Überlegungen damit beginnen muß zu definieren, was das Mannsein für sein Leben bedeutet. Außerdem hat die Frau im Gegensatz zu anderen um Emanzipation bemühten Gesellschaftsgruppen das Problem, keine aus der Gesellschaft herauszulösende Gruppe zu sein, die sich als eigenständige Gruppe manifestieren kann. Sie kann wohl als Farbige, als Ausländerin, als politisch Unterdrückte usw. solchen Gruppen angehören. Aber in ihrem Streben nach Gleichberechtigung mit dem Mann bleibt ihr das Problem, nie dem Mann als gegnerische Gruppe gegenübertreten zu können, da ihre Solidarität mit ihren Geschlechtsgenossinnen durch andere Aspekte wie Solidarität mit ihrer politischen Gruppe, ihrer Gesellschaftsschicht oder ihrer Nation

---

1　In diesem Zusammenhang soll kurz Erwähnung finden, daß häufig die Meinung vertreten wird, die internationale Entwicklung der feministischen Gedanken habe ihren Ausgangspunkt in der Frauenrechtskonferenz in Seneca Falls (USA) 1848. Siehe dazu Joan Kelly, "Early Feminist Theory and the *Querelle des femmes*, 1400-1789", in: *Signs*, Autumn 1982, Vol. 8, Nr. 1, S. 4.
2　Juliet Mitchell legt in: *Frauen - die längste Revolution, Feminismus, Literatur, Psychoanalyse*, Frankfurt am Main 1987, S. 15, dar, daß Simone de Beauvoirs Buch bis heute der wichtigste Beitrag zum Thema ist.

bzw. Rasse usw. überlagert wird.[1] Diese Problematik kommt auch im literarischen Schaffen von Juliette Adam, André Léo und Adèle Esquiros zum Ausdruck, wenn von Frauen in welchem Lebenszusammenhang auch immer die Rede ist. Sie ist Tochter, Schwester, Ehefrau, Lehrerin, Schriftstellerin usw. Die spezifischen Probleme des Frau-Seins werden also meist überlagert durch Aspekte, die sich aus anderen Komponenten der Lebenssituation ergeben.

Selbst in den theoretischen Überlegungen der drei hier behandelten Schriftstellerinnen, kommt die Frau nicht als ein "abstraktes" Wesen vor, losgelöst von ihren Lebensumständen. Sie wird gesehen im Verhältnis zum Mann, und sie wird betrachtet hinsichtlich ihrer Fähigkeiten für bestimmte Lebensformen, d.h. Ehe, Familie und Berufstätigkeit. In den literarischen Werken ist die Abstraktion schon allein deshalb ausgeschlossen, weil komplexe Lebenssituationen mit ihrer Problematik und ihren Lösungsmöglichkeiten dargestellt werden. Anhand dieser Darstellungen kann man dann Rückschlüsse ziehen auf das zugrunde liegende abstrakte Bild. Dabei stellt man fest, daß das literarische Schaffen der drei Schriftstellerinnen tatsächlich eine Illustration der jeweiligen Theorie bietet. Auch das persönliche Leben der drei "femmes de lettres" zeigt, daß sie ihre Theorien nicht nur zur Nutzanwendung für andere aufgestellt, sondern auch selbst gelebt haben. Je nach Persönlichkeit und Lebensumständen ergeben sich dabei Unterschiede zwischen den drei Autorinnen.

Zunächst einmal ist nochmals hervorzuheben, daß Juliette Adam als Stern der oberen Gesellschaftsschicht den leichtesten Ton anschlägt, weil sie auch das finanziell sorgloseste Leben hatte. Wegen ihrer Position als Dame der Gesellschaft trifft sie auf viel weniger Widerstände als André Léo und Adèle Esquiros. Dennoch hat auch sie mit Widrigkeiten, so besonders mit ihren Eheschwierigkeiten, zu kämpfen. Außerdem ist auch sie von der grundsätzlichen Diskriminierung der Frau betroffen.

---

1 Siehe dazu die Darlegungen in der Einleitung zum ersten Band von Simone de Beauvoirs *Le deuxième sexe*, Paris 1949.

André Léo hat wegen ihrer persönlichen Lebensumstände schon mehr zu leiden. Sie kommt zwar aus gesicherten finanziellen Verhältnissen, muß aber zum Beispiel das Exil auf sich nehmen, was Anpassung an völlig andere Lebensumstände und den Verlust von erworbener Sicherheit bedeutet. Da sie für ihre Überzeugungen diesen hohen Preis bezahlen muß, tritt sie für diese auch leidenschaftlich ein.

Das schwierigste Leben hat sicherlich Adèle Esquiros, die kleinbürgerlichen Verhältnissen entstammt und zeit ihres Lebens um dessen materielle Grundlage kämpfen muß. Das erklärt auch den sehr harten und teilweise bitteren Ton ihrer Werke.

Alle wichtigen Forderungen der Feministen ihrer Zeit finden sich bei Juliette Adam, André Léo und Adèle Esquiros wieder. Je nach eigener Betroffenheit wird dabei ein bestimmter Aspekt mehr oder weniger betont. So erklären zum Beispiel die Eheschwierigkeiten Juliette Adams ihr Eintreten für Scheidung und für das Recht der Frau auf Arbeit usw. Alle drei Schriftstellerinnen verbindet, daß sie in der Ehe schlechte Erfahrungen gemacht haben. Allein die Tatsache, daß von drei Frauen drei schlechte Erfahrungen machen, sollte auch dann zu Denken geben, wenn man einwendet, daß die drei ausgesuchten Beispiele nicht repräsentativ sein können. Sie liefern zumindest gewisse Indizien, daß am zu diesem Zeitpunkt existierenden System etwas "nicht stimmt".

Originalität beweisen die drei "femmes de lettres", wenn Adèle Esquiros eine Junggesellensteuer fordert, Juliette Adam die Frauen in der Gerichtsbarkeit tätig sehen möchte und André Léo der Koedukation das Wort redet.

Ganz besonderes Lob gebührt den drei Schriftstellerinnen dafür, sich auf eine Diskussion mit zwei der führenden Denker ihrer Zeit, Proudhon und Michelet, eingelassen und dadurch tatkräftig an der Entwicklung der Emanzipation der Frau mitgewirkt zu haben. Ihre in diesem Zusammenhang entstandenen Werke sind literarhistorisch von höchstem Interesse.

Bei allen theoretischen Überlegungen mangelt es den drei Autorinnen allerdings an praktischer Erfahrung, um die Probleme lösen zu können, die sich im weiteren Verlauf aus ihren Vorstellungen ergeben. Sie können nur Vorschläge machen, um gesellschaftliche Veränderungen einzuleiten. Dies getan zu haben, bleibt ihr Verdienst. Sie haben gemäß ihren Möglichkeiten zur Verbreitung der feministischen Ideen beigetragen, ohne allerdings konkrete Folgen und Konsequenzen mitzubedenken. So fehlt bei ihnen zum Beispiel ein Vorschlag zur Betreuung und Versorgung der Kinder arbeitender Mütter. Auch machen sie sich keine -schriftlich geäußerten- Gedanken darüber, wie die alltäglich anfallende Arbeit in Haushalt und Familie organisiert werden soll, wenn die Frau berufstätig ist. Aber es muß wiederholt werden, daß sie dies aus ihrer Lebenssituation heraus auch gar nicht leisten können. Im Rahmen ihrer Möglichkeiten treten sie für jede nur denkbare Verbesserung der "condition de la femme" ein.

Dabei fehlt ihrem Engagement die militante Verbissenheit. Auch kommt es, selbst bei André Léo, nie zu übertriebenem Politisieren der Frauenfrage. Alle drei erkennen richtig, daß in der Gesellschaft Veränderungen eintreten müssen. Außerdem scheint der Kampf um die politischen Rechte der Frau zur Zeit des Zweiten Kaiserreiches noch von den viel wichtigeren, elementaren Anliegen in der Frauenfrage überlagert zu sein.

Der Kampf um die Gleichberechtigung der Geschlechter ist noch nicht beendet, wie groß die Fortschritte im Einzelfall auch sein mögen. Dabei spielt der biologische Unterschied zwischen Mann und Frau sicherlich eine Hauptrolle. Da die Aufgabe des "Kinderkriegens" nur von der Frau übernommen werden kann, wird die Frage, wie dieser Bestandteil des weiblichen Lebens mit einer Lebensverwirklichung nach männlichem Muster zu vereinbaren ist, die zentrale Frage in dieser Diskussion bleiben. Ein wichtiger Beitrag zur Emanzipation der Frau war die Entwicklung eines effizienten Verhütungsschutzes, der mit der Einführung der Pille in den Sechziger Jahren den Frauen erstmals ähnliche körperliche Freiheit gewährt, wie sie Männern von jeher selbstverständlich ist. Die Frau ist jetzt nicht mehr hilflos einer ständig drohenden Schwangerschaft ausgesetzt und kann selbst bestimmen, ob und wann sie ein Kind haben möchte. Das ist die Voraussetzung dafür, daß die Erwerbstätigkeit unter ähnlichen Bedingungen ermöglicht wird wie die des Mannes. Aus dieser

Prämisse der Erwerbstätigkeit der Frau als Grundlage ihrer Mitbestimmung erwachsen dann im 20. Jahrhundert auch die neuen Forderungen der Frauen nach Unterbringungsmöglichkeiten der Kinder und Entlastung von der Hausarbeit.[1]

Aber die Entwicklung des Gleichberechtigungskampfes hat auch gezeigt, daß Simone de Beauvoir Recht hat, wenn sie sagt, das Problem der Schaffung einer neuen Frauenrolle liege darin, daß die Voraussetzung dazu eine dem Mann bereits als ebenbürtige Partnerin gegenüberstehende Frau wäre. Ihre vorgeschlagenen Veränderungen[2] im Gesellschaftsleben wie gleiche Ausbildung und Berufschancen für Jungen und Mädchen und selbst der in einigen sozialistischen Ländern eingeführte Zwang aller zur Berufstätigkeit haben bis heute nicht ausgereicht, das Ziel der Chancengleichheit - bezogen auf die Geschlechter - zu erreichen.

Auch in anderen Ländern befassen sich im 19. Jahrhundert Schriftstellerinnen mit der Frauenfrage. Erinnert sei an die Schwestern Brontë. So kann man zum Beispiel in *The tenant of Wildfell Hall*[3] (1848) von Anne Brontë (1820–1849) an vielen Stellen das spezifische Weiblichkeitsbild der Autorin erkennen. Auch sie zeigt eine Frau, die in unglücklicher Ehe lebt und versucht, sich davon zu befreien. Man findet hier also die starke Frau ebenso wie in anderen feministischen Werken wieder. Am deutlichsten wird das Engagement, wenn von der Kindererziehung die Rede ist. Bei Anne Brontë liegt dabei der Akzent auf den Fehlern, die bei der Erziehung von Jungen bisher gemacht wurden und die sie in Annäherung an eine gemeinsame Erziehung mit Rückgriff auf die Prinzipien der Mädchenerziehung vermeiden will. So tritt die Protagonistin von *The tenant of Wildfall Hall* zum Beispiel dafür ein, aus Jungen nicht waghalsige

---

1 Siehe Jutta Menschik, *Feminismus, Geschichte, Theorie, Praxis*, Köln 1977, S. 11.
2 Diese Gedanken finden sich in den Schlußbetrachtungen am Ende des zweiten Teiles von Simone de Beauvoirs Buch *Le deuxième sexe*.
3 Hier in folgender Ausgabe zugrunde gelegt: Anne Brontë, *The tenant of Wildfall Hall*, London, Penguin Classics, 1985.

Kämpfernaturen zu machen. Schließlich sei die logische Konsequenz dieser Erziehung der sich zum Heldentod in den Krieg stürzende Soldat, obwohl Gewalt noch nie ein Problem gelöst habe.

Auch in Deutschland beschäftigt sich im 19. Jahrhundert eine viel gelesene Autorin mit der Frauenfrage. Die aus kleinbürgerlichen Verhältnissen stammende Eugenie John (1825-1887)[1], die unter dem Pseudonym E. Marlitt zahlreiche Romane geschrieben und in der *Gartenlaube* veröffentlicht hat, muß wie viele andere alleinstehende Frauen um ihren Lebensunterhalt kämpfen. Ihre Tätigkeit als Sängerin wird wegen ihrer Schwerhörigkeit beendet, ihre Tätigkeit als Gesellschaftsdame der Fürstin Schwarzburg-Sondershausen wegen Arthritis. Das Schreiben ist also der letzte Versuch, sich den Lebensunterhalt zu sichern. Es gelingt ihr ausgezeichnet, da sie zum Ärger von berühmten Kollegen wie Fontane die bedeutendsten Honorare ihrer Zeit erhält.[2] *Die zweite Frau* ist dabei ihr ambitioniertestes Werk, was die Emanzipation der Frau anbelangt[3], fordert sie doch für die Frau Bildung, eine partnerschaftliche, freigewählte Ehe und die Möglichkeit der Scheidung. Sie lehnt es scharf ab, daß die Frau durch die Religion gegängelt wird. Hingegen unterscheidet sie sich von anderen Feministinnen dadurch, daß sie dem "Behüten der heiligen Herdflamme", dem "Zusammenhalten >des Hauses<" Priorität allen anderen Tätigkeiten der Frau gegenüber einräumt.[4]

Eine ihrer Nachfolgerinnen in der Publikumsgunst ist Hedwig Courths-Mahler (1867–1950), die hier nicht zitiert wird, weil sie in ihren zahllosen Romanen feministische Ideen verbreitet hat. Bei ihr dominiert ganz im Gegenteil ein klischeehaftes Frauenbild. Wohl sind alle ihre Frauen stark.

---

1 Die Angaben zur Person entstammen den Nachbemerkungen der Sammelausgabe des Verlages Neues Leben, Berlin, die 1992 erschien und folgende Romane der Marlitt umfaßt: *Goldelse* (Ersterscheinung 1866), *Reichsgräfin Gisela* (Ersterscheinung 1870), *Die zweite Frau* (Ersterscheinung 1874) und *Im Hause des Kommerzienrates* (Ersterscheinung 1877).
2 E. Marlitt, Sammelausgabe 1992, in der Nachbemerkung von Martin Lindau zum Roman *Goldelse*.
3 Ebd., in der Nachbemerkung von Stephanie Syring zu *Die zweite Frau*.
4 E. Marlitt, *Die zweite Frau*, S. 248.

Aber sie sind es vor allem im Erdulden und in ihrer Charakterstärke. Die heile Welt dieser Romane basiert auf der klassischen Rollenverteilung und dem dazugehörigen traditionellen Frauenbild, dem auch die Autorin selbst immer nachgelebt hat.[1] So soll Hedwig Courths-Mahler auch nur erwähnt werden, um die "Gefährlichkeit" dieser Trivialliteratur zu betonen. Wie die Werke von Juliette Adam, André Léo, Adèle Esquiros und all ihren feministisch-engagierten Kolleginnen das feministische Gedankengut verbreiten und für die Sache der Frau kämpfen, so wirkt auch das Werk von H. Courths-Mahler, nur leider in die entgegengesetzte Richtung, da sie ihre Leserinnen in der traditionellen Vorstellung von der Geschlechts-rollendifferenzierung bestätigt. Dadurch erhalten ihre hohen Auflagen-zahlen eine restaurative Funktion im Kampf um die Emanzipation der Frau.

Im 20. Jahrhundert hat die Literatur eine neue Richtung gefunden, für die Frau einzutreten, nutzen doch viele Autoren die Möglichkeiten der Science fiction- und Fantasy-Literatur dazu, nicht nur neue Welten, sondern auch neue Umgangsformen der Geschlechter untereinander darzustellen. Stellvertretend für die feministisch geprägte Literatur dieser Richtung soll die Amerikanerin Marion Zimmer-Bradley (*1930) genannt werden. Mit ihren Romanen *The mists of Avalon* (1982) und *Firebrand* (1987) lenkt sie den Blick des Lesers auf Scharnierstellen der Geschichte, wo Frauenfeindlichkeit sich durchzusetzen beginnt. In der Fantasy-Lite-ratur sieht sie ein Betätigungsfeld für den Kampf gegen diskriminierende Vorurteile. Im Vorwort zum von ihr herausgegebenen Sammelband *Sword and sorceress* (1984) legt sie ihre Gründe dar. So ist ihrer Meinung nach dieser Literaturbereich der letzte, der sich der weiblichen Gleichbe-

---

1 Vgl. dazu Isolde Grunwald, Hg., *Hedwig Courths-Mahler, Pflaumenmus und rote Rosen, Kochrezepte und Geschichten aus einem berühmten Leben*, München/Bergisch Gladbach 1981, S. 159. Hier wird der Begriff des Blaustrumpfs immer noch als negative Kritik benutzt und als auf die Schriftstellerin keinesfalls zutreffend zurückgewiesen: "Sie wurde nicht zum Snob, zum Blaustrumpf - 'die HCM' blieb eine herzerfrischend natürliche, gutmütige, mütterlich für die ihren sorgende Frau, die es hervorragend verstand, Passion und Pflicht zu vereinen."

rechtigung öffnete.[1] Vorher werden über die Fantasy-Literatur diskriminierende Klischees transportiert, wenn zum Beispiel der Amazonenmythos, der keineswegs eine weibliche Erfindung ist, beharrlich verbreitet wird, dient er doch von altersher dazu, den Kampf des Mannes gegen die nicht nach männlichen Vorstellungen lebende Frau zu rechtfertigen.[2] "Die Griechen, ..., mußten Amazonen erfinden, um zu beweisen, daß sie Frauen überlegen waren: nicht nur jenen weiblichen Halbkretins, die sie zu heiraten pflegten, um sie dann in bestimmte Gemächer zu verbannen, sondern auch die sozusagen hypothetische >>starke Frau<<."[3]

Wie der Blick in die feministisch engagierte Literatur zeigt, läßt sich das Problem der Frau, gleichberechtigte Partnerin des Mannes zu sein, nicht lösen durch partielle Rechte, die der Frau zugestanden werden. So belegt Françoise d'Eaubonne, daß zum Beispiel weder Wahlrecht noch Berufstätigkeit die Frau befreien, wenn das Bewußtsein für die Gleichwertigkeit fehlt. Anhand von Beispielen zeigt sie, daß eine Frau, die das Wahlrecht hat und/oder berufstätig ist, "schlimmer dran" sein kann als die Frau in einer Gesellschaft, in der sie diese Rechte nicht besitzt.[4] Das bedeutet natürlich nicht, daß um diese Rechte nicht gekämpft werden soll. Es heißt nur, daß der Kampf um einzelne Rechte allein nicht ausreicht. Erreicht werden muß eine Bewußtseinsveränderung.

---

1 Siehe Marion Zimmer Bradley, "Das heroische Image von Frauen: Die Frau als Zauberin und Kriegerin", in: Marion Zimmer-Bradley, Hg., *Schwertschwester, Magische Geschichten*, Frankfurt am Main 1986, S. 9.
2 Ebd., S. 10: "...existierten Amazonen praktisch zu dem Zweck, von Männern besiegt und meist vergewaltigt oder sexuell gedemütigt zu werden. ... Die Amazone wird erfunden, um wieder und wieder bezwungen zu werden: eine Frau, die der Mann erobert, tötet oder auch in ein untertäniges Eheweib verwandelt."
3 Ebd., S. 11.
4 Vgl. Françoise d'Eaubonne, *Les femmes avant le patriarcat*, Paris 1977, S. 217.

Anhang

Liste der Werke von Juliette Adam[1]

L'Arrière-Saison, Paris, impr. de G. Towne, 1865.

Blanche de Coucy. L'Enfant. La Chenille et la violette. L'Orgue. La Fête-Dieu. La Femme, Paris, C. Vanier, 1858.

La Chanson des nouveaux époux, Paris, L. Conquet, 1882.

Dans les Alpes, nouveaux récits par Juliette Lamber, Paris, Michel Lévy, 1868.

L'Education de Laure, Paris, Michel Lévy, 1869.

Garibaldi, sa vie, d'après des documents inédits, Paris, E. Dentu, 1859.

Le Général Skobeleff, Paris, libr. de la <Nouvelle Revue>, 1886.

Grecque, Paris, Calmann Lévy, 1879.

Idées anti-proudhoniennes sur l'amour, la femme et le mariage, Paris, A. Taride, 1858.

Idées anti-proudhoniennes sur l'amour, la femme et le mariage, 2e édition, augmentée d'un examen critique du livre <La Guerre et la paix>, Paris, E. Dentu, 1861.

Jalousie de jeune fille, Paris, libr. de la <Nouvelle Revue>, 1889.

Jean et Pascal, Paris, Calmann Lévy, 1876.

Laide, Paris, Calmann Lévy, 1878.

Le Mandarin, Paris, Michel Lévy, 1860.

Mon Petit Théâtre. Le Temps nouveau. Mourir. Coupable. Fleurs piquées.

Galatée, Paris, G. Havard, 1896.

Mon Village, Paris, Michel Lévy, 1860.

Païenne, Paris, P. Ollendorff, 1883.

La Papauté, Amsterdam, R. C. Meijer, 1860.

---

1 Die Angaben zu den Werken der drei Autorinnen stammen aus dem Katalog der Bibliothèque Nationale Paris. Einige Werke können in der BN wegen ihres schlechten Zustandes leider nicht mehr eingesehen werden. Die Werke von Juliette Adam und André Léo sind im Katalog auch unter deren anderen Namen zu suchen.

La Patrie hongroise, souvenirs personnels, Paris, libr. de la <Nouvelle Revue>, 1884.

La Patrie portugaise, souvenirs personnels, Paris, G. Havard, 1896.

Poètes grecs contemporains, Paris, Calmann Lévy, 1881.

Récits d'une paysanne, Paris, J. Hetzel, 1862.

Récits du golfe Juan. Patrie. La Pêche au feu. Eont-bouillant. Un Jour de mai. Mithra, Paris, Michel Lévy, 1875.

Saine et sauve, Paris, Michel Lévy, 1870.

Le Siège de Paris, journal d'une Parisienne..., Paris, Michel Lévy, 1873.

Un Rêve sur le divin, Paris, libr. de la <Nouvelle Revue>, 1888.

Voyage autour du Grand-Pin, Paris, J. Hetzel, 1863.

Außerdem werden noch erwähnt: Vorworte in verschiedenen Werken, Briefe und verschiedene Veröffentlichungen, teils in Co-Autorschaft, unter dem Pseudonym Vasili (Cte Paul), das Mme Adam, A.-H. Foucault de Mondion und Elie de Cyon zugeordnet wird.

Liste der Werke von André Léo

A tous les démocrates. L'Agriculteur, journal du dimanche. (Circulaire de Paul Lacombe. J. Toussaint. Elysée Reclus. André Léo [Mme L. de Champceix].), Paris, impr. de J. Voisvenel, 1870.

Aline-Ali, Paris, Librairie Internationale, 1869.

Attendre Espérer. Les désirs de Marinette, Paris, L. Hachette, 1868.

La Commune de Malempis, conte, Paris, librairie de la Bibliothèque démocratique, 1874.

Les deux filles de M. Plichon, Paris, A. Faure, 1865.

Double histoire. Histoire d'un fait divers, Paris, L. Hachette, 1868.

La Femme et les moeurs. Liberté ou monarchie, Paris, au journal <Le Droit des femmes>, 1869.

La Grande illusion des petits bourgeois, Paris, bureaux du <Siècle>, rue Chauchat, 14, 1876.

La Guerre sociale. Discours prononcé au Congrès de la paix à Lausanne (1871), Neufchâtel, impr. de Guillaume fils, 1871.

L'Idéal au village, Paris, L. Hachette, 1867.

Jacques Galéron, Paris, A. Faure, 1865.

Légendes corréziennes..., Paris, Hachette, 1870.

Marianne, Paris, bureau du <Siècle>, rue Chauchat, 14, 1877.

Observations d'une mère de famille à M. Duruy, Paris, A. Faure, 1865.

Un divorce, Paris, Librairie internationale, 1866.

Un mariage scandaleux, Paris, L. Hachette, 1862.

Une vieille fille, Paris, A. Faure, 1864.

Coupons le câble!, Paris, Fischbacher, 1899.

L'Enfant des Rudère, Paris, bureaux du <Siècle>, 1881.

L'Epousée du bandit, Paris, bureaux du <Siècle>, 1880.

La Famille Audroit et l'éducation nouvelle, Paris, E. Duruy, 1899.

Grazia, Paris, bureaux du <Siècle> (s.d.).

La justice des choses..., Poitiers, P. Planchier, 1891.

Le petit moi, Paris, M. Dreyfous, 1892.

Un mariage scandaleux, Paris, C. Marpon et E. Flammarion, 1883.

Liste der Werke von Adèle Esquiros

L'Amour, Paris, 42, rue des Tournelles, 1860.

Les Amours étranges, Paris, A. Courcier, 1853.

La Course aux maris. La Nouvelle Cendrillon. L'Amour d'une jeune fille. L'Echoppe du père Mitou. in: Alphonse Esquiros, *Une vie à deux*, Paris, Lécrivain et Toubou, 1859.

Le Fil de la Vierge, Paris, V. Bouton, 1845.

Histoire d'une sous-maîtresse, Paris, E. Pick, 1861.

Histoire des amants célèbres, par Alphonse Esquiros et Adèle Esquiros, Paris, bureau des publications nationales, 1847.

Les Marchandes d'amour, Paris, F. Pick, 1865.

Regrets. Souvenirs d'enfance. Consolation. Jalousie. [Par Adèle et Alphonse Esquiros.], Paris, impr. de Benard, 1849.

La soeur de charité, religion universelle... [Rédacteur: Adèle Esquiros.], Paris, 53, rue d'Enfer (s.d.).

Un vieux bas-bleu, Paris, J. Bry aîné, 1849.

Dokumente, die das Leben von Adèle Esquiros betreffen[1]

Geburtsurkunde

Préfecture du Département de la Seine
Extrait du Registre des Actes de Naissance de l'ancien 11e arrond. de Paris
année 1819

L'an mil huit cent dix-neuf, le treizième jour du mois de décembre une heure de relevée, par devant nous Antoine Marie Fieffé, adjoint au Maire du onzième arrondissement, faisant les fonctions d'officier de l'Etat Civil, est comparu, Pierre, François, Battanchon, élève en médecine, âgé de trente quatre ans, demeurant à Paris, rue du Cloître Saint Benoit, 12, quartier de la Sorbonne, lequel nous a déclaré que le jour d'hier, douze, à sept heures du matin, il est né, susdite demeure, un enfant du sexe féminin, qu'il nous présente, auquel il donne le prénom de Adèle; se reconnaissant pour être le père de l'enfant et l'avoir eu de Marie, Madelaine, Rose Nouvion, rentière, âgée de trente-deux ans, native de Rébait (Seine et Marne). Les dites déclaration et présentation faites en présence de M. François, Victor, Louis Robin, propriétaire, âgé de soixante-deux ans, demeurant rue de la harpe, 85, premier témoin et de M. Pierre, Denis, Méa, tailleur, âgé de cinquante deux ans, demeurant place de la Sorbonne, 2, second témoin; Et ont le père et les témoins signé avec nous le présent acte, après lecture. Signé: Fieffé, Battanchon, Robin, Méa. En marge est écrit: Par l'acte de leur mariage célébré en cette mairie, le trois juillet mil huit cent vingt deux, porté aux registres 53, n° 258, Pierre François Battanchon, propriétaire, et Marie, Rose Nouvion, son épouse,

---

1 Die Dokumente wurden mir auf meine Anfrage hin von den einzelnen Pariser Mairies liebenswürdigerweise in Kopie zugesandt. Sie hier wiederzugeben, scheint mir hilfreich für alle, die sich mit der Biographie der Schriftstellerin beschäftigen wollen, da über ihr Leben nur wenige Informationen erhalten sind. Fehler in Orthographie und Zeichengebung entstammen den Originalstandesamtseintragungen.

ont reconnu pour leur fille l'enfant dénommé en l'acte ci-contre. Paris, le quinze juillet mil huit cent vingt-deux. Signé: Fieffé adjoint. En marge est encore écrit: Enrégistré à Paris, le trois avril mil huit cent quarante, f° 190. R. C. G;, Reçu deux francs vingt centimes. Signé: Frestier

Pour copie conforme, Paris, 9 août 1861

Le Secretaire Général de la préfecture de la Seine

Heiratsurkunde

Préfecture du Département de la Seine
7 août 1847
Extrait du Registre des Actes de Mariage du Onzième Arrondissement
Ancien

L'an mil huit cent quarante sept, le septième jour du mois d'août, onze heures du matin, par devant nous Augustin Artus Desprez, chevalier de la légion d'honneur notaire à Paris adjoint à M. le Maire du onzième arrondissement de Paris remplissant les fonctions d'officier de l'Etat Civil sont comparus en l'hotel de la Mairie, M. Alphonse François Henry Esquiros homme de lettres, demeurant à Paris rue du pot de fer n° 14 onzième arrondissement né à Paris sur le huitième arrondissement le vingt-quatre mai mil huit cent douze, fils majeure de M. Alexandre François Esquiros rentier et de D^e Henriette Malin son épouse domiciliés à Montrouge près Paris tous deux présents et consentant. - Et D^{elle} Adèle Battanchon, institutrice demeurante à Paris rue du Pot de fer n° 14 onzième arrondissement sur lequel elle est née le douze décembre mil huit cent dix neuf fille majeure de M. Pierre François Battanchon propriétaire demeurant à Paris rue du Montparnasse n° 1 présent et consentant et de D^e Marie Rose Nouvion son épouse décédée à Paris sur notre arrondissement le vingt trois mars mil huit cent quarante quatre. - Lesquels nous ont requis de procéder à la célébration du mariage projeté entre eux dont les publications ont été faites Devant la principale porte de notre Mairie les dimanche quatre et onze juillet derniers à l'heure de midi. Aucune opposition ne nous ayant été signifiée faisant droit à leur réquisition avons procédé publiquement au dit mariage et après avoir donné lecture des actes de naissance des futurs époux, des actes de décès et de publications produits annexés et paraphés ainsi que du chapitre six du titre du Code civil intitulé Du Mariage. Avons demandé au futur époux et à la future épouse s'ils veulent se prendre pour mari et pour femme, chacun d'eux ayant répondu séparément et affirmativement déclarons au nom de la loi que M. Alphonse François Henry Esquiros et D^elle Adèle Battanchon sont unis par le mariage. - De tout ce avons dressé actes en présence de M.M. Angel Blaize, avocat à la Cour Royale agé de trente cinq ans demeurant rue Jacob 20 ami de l'époux; François Etienne Berthommiere ancien militaire, chevalier de la légion d'honneur âgé de soixante deux ans demeurant à Petit Vau (Seine et Oise), oncle de l'époux; Edouard Battanchon artiste peintre agé de vingt un ans, demeurant rue du Montparnasse n° 1 frère de l'épouse et Antoine Fouignet, professeur de langues agé de cinquante cinq ans demeurant rue fontaine Molière 18 ami de l'épouse, lesquels après qu'il leur en a aussi été donné lecture l'ont signé avec nous les père et mère de l'époux, le père de l'épouse et les parties contractantes. Signé: Alphonse Esquiros, A. Battanchon Esquiros, Henriette Malin, D^me François Battanchon, Berthommiere, Blaize, Battanchon, Fouignet et Desprez

Pour extrait conforme

Paris le 10 Août 1861

Le Secrétaire Général de la Préfecture de la Seine

Todesurkunde

L'an mil huit cent quatre vingt six le vingt trois décembre à midi. Acte de décès de Adèle Battanchon âgée de soixante sept ans née à Paris femme de lettres, décédée en son domicile rue de Bagnolet 156 le vingt deux décembre courant à une heure du matin, fille de Pierre François Battanchon et de Marie Rose Nouvion époux décédés Veuve de Alexandre François Esquiros. Dressé par nous Athanase Jacquet adjoint au Maire, officier de l'Etat Civil du vingtième arrondissement de Paris - Sur la déclaration de Alexandre Barbe, âgé de quarante un ans, concierge, même maison et de Louis Mahaut, âgé de trente deux ans couvreur rue Bretonneau 14, qui ont signé avec nous après lecture.

Lexikonartikel "bas-bleu"
aus: Grand Dictionnaire universel du XIXe siècle, Band 2, Paris
1867, S. 296 f

Bas-bleu s. m. Par dénigr. Femme auteur, bel esprit, pédante: *Beaucoup de femmes se font* Bas-bleus *quand nul ne se soucie de voir la couleur de leurs jarretières.* (E. Guinot.) *Le* BAS-Bleu *est l'héritière en droite ligne des femmes savantes de Molière.* (Boitard.) *En France, excepté les* BAS-BLEUS, *toutes les femmes ont de l'esprit.* (Mme. de Gir.) - Par ext. Etat de bas-bleu, de femme auteur: *La femme incomprise est une aspirante au* BAS-BLEU. (Boitard.)

- Encycl. La locution *bas-bleu* paraît avoir pris naissance en Angleterre; elle n'est que la traduction littérale du sobriquet *blue-stocking* par lequel les Anglais imaginèrent de ridiculiser les femmes qui, négligeant les soins de leur ménage, s'occupaient de littérature et passaient leur temps à écrire de la prose ou des vers. L'origine de ce sobriquet est racontée de diverses manières et paraît se rattacher à mistress Montague, qui s'est fait un nom dans les lettres anglaises. Cette dame, dont l'esprit était réellement distingué, préférant les plaisirs intellectuels aux frivoles amusements du monde, réunissait chez elle, une fois par semaine, celles de ses amies qui partageaient ses goûts, et pour qui une conversation instructive et agréable offrait plus de charmes que le jeu ou la danse. Quelques hommes étaient admis dans ces réunions; l'un des plus assidus était un certain Stillingfleet, auteur de plusieurs ouvrages qui eurent du succès dans son temps. Ce Stillingfleet avait la manie de porter toujours des *bas bleus*, et le public railleur appela les soirées de mistress Montague le *club des bas bleus*; puis, par une extension toute naturelle, le nom de *bas-bleu* fut donné à chacune des dames qui fréquentaient ce club. Selon une autre version, mistress Montague réunissait dans son cercle tous les hommes de lettres les plus distingués de l'Angleterre; il ne s'agit plus de femmes, comme on voit. Un étranger illustre, qui venait d'arriver en Angleterre, témoigna le désir d'être introduit chez cette dame; on lui proposa de l'y conduire immédiatement, mais il refusa cette offre en s'excusant sur ce qu'il était encore en habit de voyage. La chose fut rapportée à la belle lady, et elle répondit que l'étranger faisait beaucoup trop de cérémonies et que, dès qu'on avait de l'esprit ou du savoir, on pouvait se présenter chez elle, même en *bas bleus*. Mills, dans son *History of Chivalry*, donne à la locution une origine toute différente: il se forma, dit-il, à Venise, en 1400, une société littéraire qui prit le nom de *Societa della Calza* (société du bas), et dont tous les membres s'engageaient à porter des *bas bleus*, comme signe distinctif; cette société fut connue d'abord en France, et c'est là que la dénomination de *bas-bleu* prit naissance; elle s'introduisit ensuite en Angleterre, ou elle fut généralement appliquée aux femmes de lettres; mais Mills ne nous dit pas pourquoi.

Sans rejeter aucune de ces versions, qui peuvent toutes avoir leur part de vérité, ne pourrait-on pas dire qu'on a nommé *bas-bleus* les femmes auteurs, parce qu'elles semblent vouloir usurper une fonction qui n'est ordinairement remplie que par les hommes. On sait, en effet, que les femmes portent ordinairement des bas blancs, parce qu'elles aiment à montrer leurs jambes, quand elles sont bien faites, et que la couleur blanche en fait mieux ressortir les formes. Dans les pays où la mode est différente, on voit, il est vrai, les femmes porter des bas de couleur; mais ils sont rouges alors ou d'une couleur très-voyante; la couleur bleue est trop terne pour qu'elle ait jamais été adoptée, si ce n'est par de grossières paysannes. Mais quand une femme affiche la prétention de paraître savante, elle renonce en quelque sorte aux goûts et peut-être aux charmes de son sexe, elle devient un homme, et il n'y a plus de raison pour qu'elle ne porte pas des *bas bleus*. Cette explication scandalisera peut-être quelques-uns de nos réformateurs modernes qui veulent émanciper la femme, comme ils disent, qui la poussent à cultiver toutes les carrières, à se faire recevoir bachelière et doctoresse, qui voudraient la voir professer dans les chaires publiques, practiquer la médecine et la chirurgie, plaider devant les tribunaux, monter peut-être sur le siège des juges; nous le regretterions bien sincèrement, mais nous devons faire observer que c'est le peuple, c'est-à-dire tout le monde, qui crée les locutions nouvelles, et *tout le monde* n'est pas encore convaincu que la femme doit renoncer à charmer l'homme par sa douceur, par sa grâce, par sa beauté, pour se faire admirer de lui par l'eclat seul du génie. Loin de nous, d'ailleurs, la pensée de nier le génie de certaines femmes; nous en connaissons, même parmi les vivantes, qui sont dignes d'être placées au premier rang parmi les écrivains et parmi les personnages illustres; mais ce sont des exceptions, et nous croyons qu'il n'est pas à désirer que l'exception devienne la règle.

Literaturverzeichnis

Primärliteratur

Juliette Adam

Idées anti-proudhoniennes, Paris, A. Taride, 1858.
Jalousie de jeune fille, Paris, Librairie de la <Nouvelle Revue>, 1889.
La chanson des nouveaux époux, Paris, L. Conquet, 1882.
Laide, Paris, C. Lévy, 1878.
L'éducation de Laure, Paris, M. Lévy frères, 1869.
Mes sentiments et nos idées avant 1870, Paris, A. Lemerre, 1905.
Mon village, Paris, Collection Hetzel, M. Lévy frères, 1860.
Païenne, Paris, P. Ollendorff, 1883.
Récits d'une paysanne, Paris, Collection Hetzel, Librairie Claye, 1862.
Saine et sauve, Paris, M. Lévy frères, 1870.

André Léo

Aline-Ali, Paris, Librairie Internationale, A. Lacroix, Verboeckhoven et Cie., 1869.
Attendre-Espérer, Paris, Hachette et Cie., 1868.
La famille Audroit et l'éducation nouvelle, Paris, E. Duruy, 1899.
La femme et les moeurs, Paris, Au journal "Le droit des femmes" 1869.
"La femme en Italie", in: *Ordre Social*, n. 6, S. 175-183.
La justice des choses, 2 tomes, Poitiers, P. Planchier, 1891.
L'enfant des Rudère, Paris, Bureau du Siècle, 1881.
Les désirs de Marinette, Paris, Hachette et Cie., 1868.
Les deux filles de Monsieur Plichon, Paris, Hachette et Cie., 1868.
Observations d'une mère de famille à M. Duruy, Paris, A. Faure, 1865.
Un divorce, Paris, Librairie Internationale, A. Lacroix, Verboeckhoven et Cie., 1866.

Une vieille fille, Paris, A. Faure, 1864.
Un mariage scandaleux, Paris, A. Faure, 1863.

Adèle Esquiros

Histoire des Amants Célèbres, Paris, Au bureau des Publications Natio-
nales, 1847 (zusammen mit Alphonse Esquiros).
Histoire d'une sous-maîtresse, Paris, E. Pick, 1861.
L'amour, Paris, J. Bry aîné 1860.
Les amours étranges, Paris, A. Courcier, 1853.
Les marchandes d'amour, Paris, E. Pick, 1865.
Regrets. - Souvenirs d'enfance. - Consolation. - Jalousie., Paris, impr. de
Benard, 1849 (zusammen mit Alphonse Esquiros).
"Un vieux bas-bleu", in: *Les Veillées Littéraires*, Choix de romans, nou-
velles, poésies, pièces de théâtre etc. par les meilleurs écrivains anciens
et modernes, Paris, J. Bry aîné, 1849, T. II, S. 1-14.

Michelet

"Fragment d'un mémoire sur l'éducation des femmes au moyen âge", in:
Jules Michelet, *Oeuvres complètes*, Paris, Flammarion, Band 3, 1973, S.
887-891.
L'amour, Paris, Hachette et Cie., 1873.
La femme, Paris, Champs Flammarion, 1981.
La sorcière, Paris, M. Didier, 1952.
"Les femmes de la révolution", in: Jules Michelet, *Oeuvres complètes*,
Paris, Flammarion, Band 16, 1980, S. 361-561.

Proudhon

Amour et mariage, Bruxelles und Leipzig, Aug. Schnée, [1861] (In Band II, S. 168, wird ein Brief vom 15.12.1860 erwähnt.).

La pornocratie ou Les femmes dans les temps modernes, Paris, Librairie Internationale, A. Lacroix et Cie., 1875.

Lettres à sa femme, Paris, B. Grasset, 1950.

Sekundärliteratur

A

Abensour, Léon, *La femme et le féminisme avant la Révolution*, Genève, Slatkine - Megariotis Reprints, 1977 (Réimpression de l'éditon de Paris, 1923).

Agulhon, Maurice, "Un usage de la femme au XIXe siècle: l'allégorie de la République", in: *Romantisme*, n° 13-14, 1976, S. 143-152.

Albistur, Maïté/Armogathe, Daniel, *Histoire du féminisme français* (tome 1: Du moyen âge à nos jours, tome 2: De l'empire napoléonien à nos jours), Paris, éditions des femmes 1977.

Alcover, Madeleine, *Poullain de la Barre: Une aventure philosophique*, Papers on French Seventeenth Century Literature, Biblio 17, Paris/Seattle/Tübingen 1981.

Alff, Wilhelm, *Michelets Ideen*, Inaugural-Dissertation zur Erlangung des Doktorgrades der Philosophischen Fakultät der Universität Köln 1961 (laut Vorbemerkung ist der Inhalt auf dem Stand von 1954), veröffentlicht in der Reihe: Kölner Romanistische Arbeiten, Neue Folge, Heft 30, 1966.

Amartin-Serin, Anne, *La question de la femme en France de 1858 à 1860*, Thèse de doctorat de 3e cycle présentée devant l'Université de Nancy II sous la direction de M. le professeur René Guise, 1983.

André Léo (1824-1900) une journaliste de la Commune, veröffentlicht in der Reihe: Le Lérot rêveur, n° 44, mars 1987.

Arico, Santo L., "Mme Juliette Adam et Victor Hugo, An unpublished souvenir", in: *Romance Notes*, XXVI, n° 1, 1985, S. 109-114.

ders., "Mme Juliette Adam et Victor Hugo: a second and third unpublished souvenir", in: *Studi francesi*, n° CII, 1990, S. 437-441.

Aron, Jean-Paul, Hg., *Misérable et glorieuse la femme du XIXe siècle*, Paris, Fayard, 1980.

Aubert, Jean-Marie, *La femme, Antiféminisme et christianisme*, Paris, Cerf/Desclée, 1975.

B

Baader, Renate/Fricke, Dietmar, Hgg., *Die französische Autorin vom Mittelalter bis zur Gegenwart*, Wiesbaden, Athenaion, 1979.

Badinter, Elisabeth, *L'amour en plus, Histoire de l'amour maternel (XVIIe-XXe siècle)*, Paris, Flammarion, 1980.

dies., *L'un est l'autre, Des relations entre hommes et femmes*, Paris, Editions Odile Jacob, 1986.

Badinter, Elisabeth et Robert, *Condorcet, Un intellectuel en politique*, Paris, Fayard, 1988.

Barbey d'Aurevilly, Jules, *Les bas-bleus*, Paris, V. Palmé, 1878.

ders., *Les vieilles actrices, Le musée des antiques, Antiques et bleues*, Paris, Librairie des Auteurs modernes, 1884.

Barthes, Roland, *Michelet*, aus dem Französischen von Peter Geble, Frankfurt am Main 1980.

Beauvoir, Simone de, *Le deuxième sexe*, Paris, Gallimard, 1949.

Bellet, Roger, "André Léo, écrivain-idéologue", in: *Romantisme*, n° 77, 1992, S. 61-66.

ders., *La femme dans l'idéologie du Grand Dictionnaire Universel de Pierre Larousse*, in: *La femme au XIXe siècle, Littérature et ideologie*, Lyon, Presses Universitaires, 1978, S. 19-27.

ders., *Presse et journalisme sous le Second Empire*, Paris, Armand Colin, 1967.

Benedikt, Heinrich, *Das Zeitalter der Emanzipationen, 1815-1848*, Wien/Köln/Graz, Hermann Böhlaus Nachf., 1977.

Bihlmeyer, Karl/Tuchle, Hermann, *Histoire de l'Eglise*, tome IV, L'Eglise contemporaine, Mulhouse, Salvator, 1967 (traduit par Marcel Grandclaudon, adapté par Marie-Humbert Vicaire O.P.; L'original a paru sous le titre *KIRCHENGESCHICHTE*, Bd. II <Die Neuzeit u. die neueste Zeit>).

Blanc-Péridier, Adrienne, *Une princesse de la troisième République, Juliette Adam*, Paris, Editions "Education Intégrale", Collection "Vie et Progrès", 1936.

Bouglé, Camille, *Proudhon*, Paris, Librairie Félix Alcan, 1930.

Bourgin, Hubert, *Proudhon*, Paris, Société nouvelle de librairie et d'édition (Librairie Georges Bellais), 1901.

Bulciolu, Maria Teresa, *L'école saint-simonienne et la femme, Notes et documents pour une histoire du rôle de la femme dans la société saint-simonienne, 1828-1833*, Pisa, Goliardica, 1980.

C

Cabanis, José, *Michelet, le prêtre et la femme*, Paris, Gallimard, 1978.

Calo, Jeanne, *La création de la femme chez Michelet*, Paris, Nizet, 1975.

Cormier, Manon, *Madame Juliette Adam, ou l'aurore de la IIIe république*, Bordeaux, Delmas, 1934.

Cuvillier, Armand, *Proudhon*, Paris, Editions sociales internationales, 1937.

D

Dansette, Adrien, *Histoire religieuse de la France contemporaine, L'Eglise catholique dans la mêlée politique et sociale*, Edition revue et corrigée, Paris, Flammarion, 1965.

Das Bild der Menschheit, Baden-Baden, Holle Verlag, 1976.

Daumard, Adeline, *La bourgeoisie parisienne de 1815 à 1848*, Thèse principale pour le Doctorat ès Lettres, Université de Paris, Paris, Ecole Pratique des Hautes Etudes, 1963.

dies., *Les bourgeois et la bourgeoisie en France depuis 1815*, Paris, Aubier-Montaigne, 1987.

Dauphin, Cécile, *Histoire d'un stéréotype: la vieille fille*, in: *Madame ou Mademoiselle?, Itinéraires de la solitude féminine, XVIIIe-XXe siècle*, Paris, Montalba, 1984, S. 207-231.

Délion, Paul, *Les membres de la Commune et du Comité central*, Paris, A. Lemerre, 1871.

Dethloff, Uwe, *Condorcet - ein Intellektueller der französischen Revolution*, Vortrag an der Philosophischen Fakultät der Universität des Saarlandes, Saarbrücken 1989.

ders., *Die literarische Demontage des bürgerlichen Patriarchalismus, Zur Entwicklung des Weiblichkeitsbildes im französischen Roman des 19. Jahrhunderts*, Tübingen, Stauffenburg Verlag, 1988.

ders., "Le féminisme dans la révolution française: Condorcet et Olympe de Gouges", in: *Les Cahiers de Varsovie*, 18/1991, S. 63-72.

Devance, Louis, "Femme, famille, travail et morale sexuelle dans l'idéologie de 1848", in: *Romantisme*, n° 13-14, 1976, S. 79-103.

Dezon-Jones, Elayne, *Les écritures féminines*, Paris, Magnard, 1983.

Didier, Béatrice, *L'écriture-femme*, Paris, PUF, 1981.

Dik, Anje, *Juliette Adam et George Sand, L'hommage d'une femme-écrivain*, in: *George Sand, Recherches nouvelles*, sous la direction de Françoise van Rossum-Guyon, Groupe de recherches sur George Sand de l'université d'Amsterdam, 1983, S. 243-254.

Dolléans, Edouard, *Proudhon*, Paris, Gallimard, 1948.

E

Eaubonne, Françoise d', *Les femmes avant le patriarcat*, Paris, Payot, 1977.

Elliott, Anatole, *Madame Adam (Juliette Lamber) par un de ses camarades*, Paris, Plon-Nourrit et Cie., 1922.

Engelken, Karen, *Frauen im Alten Israel, Eine begriffsgeschichtliche und sozialrechtliche Studie zur Stellung der Frau im Alten Testament*, Stuttgart, Berlin, Köln, Verlag W. Kohlhammer, 1990 (Dissertation vom WS 1987/88).

<Et c'est moi, Juliette!>, Madame Adam, 1836-1936, Edition de La Saga, Société des amis de Gif et d'alentour, Gif-sur-Yvette, Saga, 1988.

F

Faillie, Marie-Henriette, *La femme et le code civil dans la Comédie humaine d'Honoré de Balzac*, Paris, Didier, 1968.

Femmes de lettres au XIXe siècle, autour de Louise Colet, sous la direction de Roger Bellet, Presses Universitaires de Lyon, 1982.

G

Gastaldello, Fernanda, *André Léo, Quel socialisme?*, Unveröffentlichte Dissertation, Padua 1979[1].

dies., "André Léo, scrittrice d'avanguardia", in: *Francia*, n. 39-40, S. 25-42.[2]

Gnüg, Hiltrud/Möhrmann, Renate, Hgg., *Frauen, Literatur, Geschichte, Schreibende Frauen vom Mittelalter bis zur Gegenwart*, Stuttgart, J. B. Metzler, 1985.

H

Hegenbarth-Rösgen, Annelie, *Soziale Normen und Rollen im Roman, Dargestellt am Beispiel der éducation des filles bei Zola, den Brüdern Goncourt, Daudet, Huysmans und Prévost*, München, Fink Verlag, 1982.

Hilgar, Marie-France, "Literary currents in the works of Juliette Adam", in: *Continental, Latin-Americain and Francophone women writers*, Selected papers from the Wichita State University conference on foreign literature, 1984-1985, hrsg. von Myers, Eunice, and Adamson, Ginette, Lanham/New York/London, UP of America, 1988, S. 13-19.

Hofmann, Werner, Hg., *Eva und die Zukunft, Das Bild der Frau seit der Französischen Revolution*, München und Hamburger Kunsthalle, Prestel-Verlag, 1986.

Hyland, Jean Scammon, and Thomas, Daniel H., Juliette Adam, She devil or <Grande Française>?, in: Goldberger, Avriel H., Hg., *Woman as mediatrix, Essays on nineteenth-century European woman writers*, New York/London, Eurospan, 1987, S. 159-170.

---

1 Die Dissertation ist nicht veröffentlicht. Auszüge sind in Fotokopie einzusehen bei der Association André Léo, 13 rue de la Chaîne, 86000 Poitiers.
2 Die Autorin wies mich auf Anfrage brieflich darauf hin, daß dieser Artikel die wesentlichen Punkte der oben erwähnten Dissertation zusammenfaßt.

K

Kelly, Joan, "Early Feminist Theory and the Querelle des femmes, 1400-1789", in: Signs, Autumn 1982, Vol. 8, Nr. 1, S. 4-28.

Klausner, Emmanuelle, "Alexandre Dumas fils dans la cité des femmes", in: L'avant-scène théâtre, n° 782, 15 janvier 1986, S. 4-9.

Kniebiehler, Yvonne, "Le discours médical sur la femme: constantes et ruptures", in: Romantisme, n° 13-14, 1976, S. 41-55.

L

Labrusse-Riou, Catherine, Droit de la famille, 1. Les personnes, Paris, Masson, 1984.

dies., L'égalité des époux en droit allemand, Paris, L.G.D.J., 1965.

La femme, De la belle Hélène au mouvement de libération des femmes, Paris - Bruxelles - Montréal, Bordas, 1974.

La femme: Hier et aujourd'hui, Journées du Laus 1966, Dans un monde en mutation... la femme, Paris 1967 (Cet ouvrage est un cahier de la Revue Orientations, 77 Rue de Vaugirard, Paris 6e).

Lejeune-Resnick, Evelyne, Les femmes-écrivains sous la monarchie de Juillet (Société et littérature), Université de Paris-IV, Thèse pour le doctorat de 3ème cycle sous la direction de madame Ambiere, 1983.

Lequin, Yves, Hg., Histoire des français XIXe-XXe siècles, 3 Bände, Paris, A. Colin, 1983/84.

Lubac, Henri de, Proudhon et le christianisme, Paris, Editions Du Seuil, 1945.

M

Maillard, Firmin, Histoire des Journaux publiés à Paris pendant le siège et sous la Commune, Paris, E. Dentu 1871.

Maillot, Alphonse, Eve, ma mère, Etude sur la femme dans l'Ancien Testament, Paris, Letouzey & Ané, 1989.

ders., Marie, ma soeur, Etude sur la femme dans le Nouveau Testament, Paris, Letouzey & Ané, 1990.

Malaurie, Philippe/Aynès, Laurent, *Cours de droit civil, La famille*, Paris, Cujas, 1987.

Manns, Peter, Hg., *Die Heiligen in ihrer Zeit*, Mainz, Matthias-Grünewald-Verlag, 1966.

Marotin, François, *Le petit journal et la femme en 1865*, in: *La femme au XIXe siècle, Littérature et idéologie*, Lyon, Presses Universitaires, 1978, S. 97-112.

Marty, Gabriel/Raynaud, Pierre, *Droit Civil, Les personnes*, 3e édition, Paris, Sirey, 1976.

Menschik, Jutta, *Feminismus, Geschichte, Theorie, Praxis*, Köln, Pahl-Rugenstein, 1977.

Mey, Dorothea, *Die Liebe und das Geld, Zum Mythos und zur Lebenswirklichkeit von Hausfrauen und Kurtisanen in der Mitte des 19. Jahrhunderts in Frankreich*, Weinheim und Basel, Beltz Verlag, 1987.

Michaud, Stéphane, *Muse et madone, Visages de la femme de la Révolution française aux apparitions de Lourdes*, Paris, Editions du Seuil, 1985.

Mignat, Madeleine, *La femme*, Collection Points Chauds N°12, Bibliothèque centrale de prêt du Haut-Rhin , Colmar 1977.

Mitchell, Juliet, *Frauen - die längste Revolution, Feminismus, Literatur, Psychoanalyse*, Frankfurt am Main, Fischer, 1987.

Monod, Gabriel, *Jules Michelet, Etudes sur sa vie et ses oeuvres*, Avec des fragments inédits, Paris, Hachette et Cie., 1905.

Morcos, Saad, *Juliette Adam*, Thèse pour le Doctorat ès Lettres présentée à la Faculté des Lettres et Sciences Humaines de l'Université de Paris, Le Caire 1961.

ders., *Juliette Adam et Pierre Loti: leur dialogue*, Publication intégrale de leur correspondance entre 1880 et 1887, avec une introduction et des notes. Thèse complémentaire pour le doctorat ès lettres présentée à la Faculté des Lettres et Sciences Humaines de l'Université de Paris, Paris 1961.

Moreau, Thérèse, *Le bas-bleu: une monstruosité littéraire et sociale*, in: *Roman et société*, Actes du colloque international de Valencienne, Mai 1983, Cahiers de l'Uer Froissart, Les valenciennes, n° 8 hiver 1983, numéro spécial, S. 227-234.

O

Ourliac, Paul/Gazzaniga, Jean-Louis, *Histoire du droit privé français de l'An mil au Code civil*, Paris, Albin Michel, 1985.

P

Paris Guide par les principaux écrivains et artistes de la France, 2ème partie La Vie, Paris, Lacroix, Verboeckhoven et Cie., 1867.

Pich, Edgard, "Littérature et codes sociaux: l'anti-féminisme sous le Second Empire", in: *Romantisme*, n° 13-14, 1976, S. 167-182.

Pillard, Guy-Edouard, *La déesse Mélusine, Mythologie d'une fée*, Maulévrier, Hérault-Editions, 1989.

Q

Quéré, France, *Les femmes de l'Evangile*, Paris, Du Seuil, 1982.

S

Sarde, Michèle, *Regard sur les Françaises, Xe siècle - XXe siècle*, Paris, Stock, 1983.

Schaps, Regina, *Hysterie und Weiblichkeit, Wissenschaftsmythen über die Frau*, Frankfurt/New York, Campus Verlag, 1982.

Schmale, Irene, "...wenn man nach ihnen suchte, fände man viele begabte Frauen auf der Welt", in: *Frau und Mutter*, Nr. 10, 1991, S. 26-29 und Nr. 11, 1991, S. 26-28.

Sieburg, Friedrich, *Napoleon, Die Hundert Tage*, Stuttgart 1956.

Simon, Alfred, "Le sexe et l'écrivain", in: *Esprit*, 28e année, n° 289, novembre 1960, S. 1872-1888.

Slama, Béatrice, "Un chantier est ouvert...", Notes sur un inventaire des textes de femmes du XIXe siècle, in: *Romantisme*, n° 77, 1992, S. 87-94.

Steinsaltz, Adin, *Hommes et femmes de la Bible*, Paris, Albin Michel, 1990.

T

Tetu, Jean-François, *Remarques sur le statut juridique de la femme au XIXe siècle*, in: *La femme au XIXe siècle, Littérature et idéologie*, Lyon, Presses Universitaires, 1978, S. 5-17.

Thomas, Edith, *Les "Pétroleuses"*, Paris, Gallimard, 1963.

Thomas, Jean-Paul, *Proudhon, lecteur de Fourier*, Paris, Ecole des Hautes Etudes en Sciences Sociales, Les travaux de l'atelier Proudhon, 1986.

Tryml, Inge, "Une grande figure méconnue, André Léo (1824-1900) sous l'Empire et la Commune", in: *La Commune*, n° 15, mars 1980.

Turgeon, Charles, *Le féminisme français*, 2 Bände, Paris, Librairie de la Société du Recueil général des Lois et des Arrêts, 1902.

W

Wajeman, Gérard, "Psyché de la femme: note sur l'hystérique au XIXe siècle", in: *Romantisme*, n° 13-14, 1976, S. 57-66.

Weill, Alex, et Terré, François, *Droit Civil, Les personnes, la famille, les incapacités*, 5e édition, Paris, Dalloz, 1983.

Z

Zielonka, Anthony, *Alphonse Esquiros (1812-1876), A study of his works*, Paris, Genève, Champion - Slatkine, 1985.

ders., "Le féminisme d'Adèle Esquiros", in: *Studi Francesi*, n° XCIV, 1988, S. 91-102.